AF329438

BYZANTIUM OCCIDENTAL

OU

ÉTUDES ET RECHERCHES

HISTORIQUES ET PHILOLOGIQUES

SUR

NOS ORIGINES.

PAR

E.-M. MASSE.

Tome Premier.

Et vocavit Deus Aridam, terram
congregationesque aquarum,
appellavit Maria.
Genes., cap. 1, v. 10

MARSEILLE,

MARIUS OLIVE, RUE PARADIS, 47.

1847.

DU ROMANCIUM OCCIDENTAL

OU

ÉTUDES ET RECHERCHES

HISTORIQUES & PHILOLOGIQUES

SUR

NOS ORIGINES.

MARSEILLE. — IMPRIMERIE MARIUS OLIVE, RUE PARADIS, 47.

DU

ROMANCIUM OCCIDENTAL

OU

ÉTUDES ET RECHERCHES

HISTORIQUES ET PHILOLOGIQUES

SUR

NOS ORIGINES.

PAR

E.-M. MASSE.

Et vocavit Deus Aridam, terram,
congregationesque aquarum,
appellavit Maria.
Genes., cap. 1, v. 10.

MARSEILLE,

MARIUS OLIVE, RUE PARADIS, 47.

1847.

1864

AVANT-PROPOS.

J'ai assisté à la quatorzième session du Congrès Scientifique de France, convoqué à Marseille. J'avais dessein de prendre part aux travaux de la quatrième section, qui avait à s'occuper d'Archéologie et d'Histoire, et je comptais lire un mémoire sur un point encore obscur de l'histoire ancienne de Marseille, croyant pouvoir l'éclaircir enfin par l'application de quelques principes de Linguistique à la Topographie.

Les objets traités dans ce mémoire tenaient à plusieurs des questions solennellement proposées par le programme; mais il n'était pas facile de les détacher l'un de l'autre pour les ramener séparément et d'une manière précise à l'une de ces questions.

A propos de l'origine des Ligures, la langue Basque ayant été présentée par un orateur comme une langue primitive d'où s'étaient épandues, dans le midi de la France, les dénominations topographiques, ces monuments qui remontent si haut dans le cours des âges, il me sembla qu'on pouvait réclamer, en faveur de l'Asie occidentale, un privilége qu'on ne lui conteste plus guères, et montrer que les langues parlées encore dans l'Islande, dans le pays de Galles, dans la Basse-Bretagne et dans la Biscaye, n'ont pour toute richesse que des débris informes, mais reconnaissables jusqu'à un certain point, des idiomes orientaux, soit Japétiques, soit Sémitiques. Le point de départ de mon excursion aventureuse fut le verset de la Genèse donné pour épigraphe au présent écrit.

C'était remonter bien haut pour revenir ensuite aux Ligures. Force fut de m'arrêter en présence de la question imminente, et ce que j'avais à dire fut renvoyé à un temps plus opportun.

Mon mémoire avait pour titre : *Recherches sur quelques origines de notre pays et de notre langue;* mais quand le Secrétaire de la quatrième section, dans la réunion générale du soir, ayant à rendre compte de notre séance particulière du matin, et trompé sur ma voie par le point de départ que j'avais accidentellement pris, annonça

un ouvrage sur le radical *Ar* dont j'avais offert
la lecture; il donna, sans le vouloir, un autre
cours à mes idées; ce qui n'avait été qu'accessoire
m'apparut alors comme devant être objet principal, et je résolus de traiter, s'il m'était possible,
dans toute sa grandeur et sa magnificence, ce
radical merveilleux jeté aux oreilles humaines
dès l'origine des temps par la même voix qui
avait fait surgir le monde.

J'ai conservé de mon premier travail les principales assises; je ne pouvais pas absolument
donner suite à cet essai de linguistique sans
l'intervention de quelques lieux qui me servent
de témoignages, et dont l'exacte description m'a
suggéré plus d'une fois les corollaires au premier
aspect fort étranges, les conséquences inouïes
d'un verset de la Bible, devenu pour moi, en
toute conviction, le fondement de la science des
mots épars dans le monde occidental. Ce que
je montrerai, est-ce de l'or ou du cuivre? Les
experts prononceront; et s'il y a mélange, ils
feront le départ.

Mais ce qu'on ne pourra pas m'enlever, c'est la
joie que mes recherches et la composition de
cet écrit m'ont souvent donnée. J'ai traversé les
champs de la Belgique, alors que les fleurs de lin
sont épanouies et qu'un lambeau de la voûte
azurée semble être descendu, par un beau soleil

de printemps, sur cette terre de prédilection; eh bien! j'ai toujours préféré à cette vue du ciel renversé, l'apparition d'une petite fleur bleue que l'on rencontre, aux plus beaux jours de l'année, dans les ravins les plus rocailleux et les plus déserts de mon pays; charmante fleur qui souvent passe toute une saison sans qu'un œil humain la contemple et vienne rendre jaloux le rayon de soleil qui la colore et les brises timides qui se glissent à l'envi dans les plus profondes et les plus âpres solitudes pour caresser sa tige flexible et la faire ondoyer avec un doux et ravissant murmure.

C'est à la science des livres, c'est à ces mémoires humaines qu'on appelle des bibliothèques vivantes, à ces miroirs qui réfléchissent tout, mais n'engendrent rien, que ces champs de la Belgique, trompeuse image des cieux, peuvent être comparés. Point d'ombres, point d'anfractuosités capricieuses, point de rochers qui surplombent et menacent, point de contrastes qui émeuvent dans ces riches campagnes où vient se peindre l'azur des cieux, moins splendidement encore que sur les eaux de la mer sans bornes, alors que doucement agitées par la brise, elles se détachent à la surface en ondes infinies, dont chacune réfléchit les rayons d'or du soleil, sur un fonds d'azur. Mais au milieu des innombrables fragments qui se sont détachés un à un de toutes ces roches, que les siècles ont sillonnées, gercées, cariées, déformées, bouleversées de mille manières, voir poindre tout-à-coup cette petite fleur bleue, dont j'ai parlé; c'est retrouver dans cette vallée de larmes qu'on appele la vie, au bord de ce torrent qui nous emporte et nous meurtrit, le souvenir du sourire maternel, une espérance de gloire, une promesse d'amitié, les plus douces choses enfin qui puissent faire la joie, toujours si passagère, du cœur, et peupler un moment d'agréables fantômes la plus désolée solitude; c'est encore, au milieu des ténèbres qui enveloppent les âges écoulés, entrevoir un point lumineux, qui en éclaire tout-à-coup une portion toujours trop peu considérable sans doute, mais qui ne saurait être jamais trop vivement appréciée.

Quand un de ces points lumineux m'est apparu, à moi qui marche depuis longtemps dans le désert sans cortège de livres, sans accointance de savants; quand ces pensées dont je vais faire part se sont présentées tout-à-coup à mon esprit, comme une de ces fleurs rares et longtemps délaissées qui enchantent la solitude, oh! j'en étais ému bien autrement que des souvenirs les plus doux de tendresse et d'amour, que des espérances les plus éclatantes de gloire, que des promesses les plus solennelles d'amitié! Je m'inclinais devant celui qui daignait me les envoyer, le louant et le bénissant comme un simple mortel peut le faire, saisissant avec ardeur ces dons inattendus, mais trop inhabile, on ne s'en apercevra que trop, à les convertir en une manne qui rassasie tous ceux qui en voudront prendre, comme fesait cet aliment céleste que Dieu laissait tomber autrefois dans le désert de Sin pour les besoins du peuple d'Israël.

DU ROMANCIUM OCCIDENTAL

OU

ÉTUDES ET RECHERCHES

HISTORIQUES ET PHILOLOGIQUES

SUR

NOS ORIGINES.

I.

QUE faut-il entendre par ce mot *Romancium* ? c'est le même que celui de Roman et de Romance ; mais on voit tout de suite pourquoi j'ai dû l'employer exclusivement aux deux autres.

Un *Romancium* n'est pas, du reste, ce que feu M. Raynouard entendait par langue Romane ou Roman provençal, né, disait-il, du latin, comme toutes les langues du Midi, improprement appelées, d'après son système, *néo-latines*. Un *Romancium* n'est pas le fils de langues savantes qui l'auraient précédé ; tout au contraire, les langues les mieux faites, les plus artistement travaillées, sont émanées d'un *Romancium* primitif. La langue latine a eu son *Romancium* comme la langue grecque. C'est par un même *Romancium* que le Provençal, l'Italien, l'Espagnol, le Portugais sont parents avec le latin du siècle d'Auguste et même avec le grec d'Homère. Les langues du nord ont aussi leur *Romancium*, et ce qu'on ne peut trop admirer, c'est que le *Romancium* du nord et celui du midi ont des points de contact plus fréquents qu'il ne paraît à première vue. Les mêmes radicaux, les mêmes éléments primitifs de langage se retrouvent plus ou moins dans tous les idiomes de l'occident.

Il y avait autrefois un latin que les auteurs nomment *lingua rustica*, *vulgaris*, *militaris*, *provincialis*, *usualis* et que Sidoine Apollinaire appelle *Celtici sermonis squama*.

Le mot *Romancium* a la même origine que le nom de Rome ; il signifie tout ce qu'on peut voir de plus agreste, de plus inculte. Je ferai connaître en son lieu le radical particulier dont se forma jadis le nom de la ville immortelle.

Pour comprendre comment un *Romancium*, puis une langue ont existé, il m'est venu une idée que voici : On ne peut mieux comparer les radicaux primitifs, qu'à ces roseaux, à ces branches de palmier avec lesquels, par art et industrie, les fellahs d'Egypte, dans les champs sablonneux que le Nil arrose, parviennent à dresser le monticule factice où ils se proposent de bâtir un village. Les roseaux, les branches de palmier sont enfoncés dans le sable à de petits intervalles, dans le sens de la longueur et de la largeur qu'on veut donner à l'éminence, à la butte qu'il s'agit de former. Le vent pousse les sables contre ces roseaux qui les arrêtent et deviennent par là autant de centres d'agglomération. L'*Astragalus Thragacantha* des dunes de Mont-Rédon peut fournir un exemple de ce qui se passe dans les champs qui bordent le Nil. Les premiers pieux ayant disparu sous le sable, on en plante d'autres autour desquels se forme une agrégation nouvelle, et l'on continue de faire ainsi jusqu'à ce que l'aire du village projeté ait acquis la hauteur nécessaire pour rester au-dessus des eaux dans les plus grandes inondations.

Voilà de quelle manière, autour de quelques radicaux primitifs, se sont formés, par agrégation, les divers et infinis vocabulaires des peuples.

Comme dans les buttes artificielles, ouvrages du vent et des fellahs, l'œuvre des langues présente plusieurs stratifications de radicaux, non semblables par la forme, mais égaux par le sens.

Deux stratifications principales se laissent d'abord apercevoir, celle de l'*Ar* et celle du *Cau*, en autres termes celle de l'*Ararat*, de la montagne des montagnes, sur laquelle s'arrêta l'*arche* du déluge, et celle du *Caucase* ou montagne des *Ases*. Peut-être parviendrons-nous à trouver que *Cau* n'est qu'une transformation de *Ar*, comme *Ase* lui-même n'est autre que *Are*; mais, à première vue, on ne peut qu'admettre à

la tête du *Romancium* occidental ces deux radicaux
dont la forme diffère avec un sens égal.

Du reste, il m'a paru que, dans le midi de l'Europe
et dans le nord de l'Afrique, le radical *Ar*, celui qui
annonce plus particulièrement la souche araméenne,
domine.

Pour remonter jusqu'à nos origines et parvenir
jusqu'à ces hautes sources des langues dont les eaux
sont partout épandues, j'ai pensé depuis longtemps
qu'il fallait se garder un peu des livres.

Sous le rapport moral, les livres aujourd'hui ne sont
que trop souvent des coffres à poisons; relativement
aux sciences historiques, ce ne sont guères que des
cercueils à momies. Dans les livres, une fois que des
mots ou des choses ont été vus sous un certain aspect
vrai ou faux, cet aspect ne change plus, ou du moins
il ne saurait être rectifié qu'à grand'peine.

Il est pourtant un livre dont j'aurais eu tort de
me garder, un livre merveilleux, de quelque manière
qu'on l'envisage, un livre antique dont les récits enchantèrent mon enfance, firent naître les plus douces
rêveries de ma jeunesse et ne refusent pas à mes vieux
jours l'ineffable secret de leurs charmes. Oh! ce livre
ne me quitte point, et avec le langage de ceux qui
m'entourent, il m'aide à plonger un regard, bien
fugitif, sur les arcanes du passé, dans les archives du
genre humain.

Avec le langage, on peut constamment retrouver
dans les mots leur vie propre, leur véritable sens,
qui n'est autre que leur sens actuel conforme toujours

au sens le plus ancien. Aussi pour les recherches qui m'occupent, j'ai consulté beaucoup le vocabulaire de nos marins et de nos paysans, et je ne saurais dire combien ce genre d'enquête m'a procuré d'étonnantes rencontres, m'a révélé de concordances admirables.

Ce que j'ai fait, d'autres pourront le faire ailleurs et avec plus de succès. Le belvédère d'où j'ai contemplé l'horizon linguistique peut se transporter partout ; on gagne à le changer incessamment de place. Il n'y a pas d'étude plus appropriée à la vie de province et qui s'accorde mieux avec les recherches à faire sur les véritables fondements de notre histoire.

II

Et vocavit Deus Aridam, terram, congregationesque aquarum appelavit Maria. Et Dieu appela *Aridà* c'est-à-dire assemblage des *Ar*, des hauteurs, des montagnes ce que les hommes appellent *Terra* ; et les réunions des eaux, il les appela *Maria*. *Ar*, la hauteur; *Mar*, l'absence de la hauteur, le niveau. Plus tard, je tâcherai d'expliquer *Terra*.

Que *Ar* signifie montagne, ceci le prouve : dans tous les dictionnaires latins, *Armagedon*, mot tiré de la Bible, est traduit par Mont de Mageddo.

La consonne M dans *Mar* exerce une fonction négative ou qui se rapproche plus ou moins de la négation.

Les autres consonnes ont aussi un sens et des fonctions propres.

Dieu donna aussi le nom de *Cœlum* au firmament ; il appela *Dies*, la lumière, et *Nox* les ténèbres.

Les modifications et les accidents de la durée comme de l'espace reçurent leurs noms de Dieu-même.

Dieu ayant formé de limon tous les animaux de la terre et tous les oiseaux du ciel, les amena devant Adam, afin qu'il les nommât; et tous les noms que donna Adam subsistent encore.

Les noms que fournit le radical *Ar* sont presque tous topographiques. En disant que *Cœlum*, *Lux*, *Nox* et même *Dies* peuvent être ramenés à ce radical, je donnerai une première idée de son extrême fécondité, du nombre et de la diversité de ses évolutions, de ses métamorphoses.

Je n'affirme pas cependant que *Ar* soit le générateur unique. Je crois seulement qu'avec ce radical on peut aller fort loin, et d'autant plus loin qu'on est moins étranger aux langues orientales, en y comprenant le grec.

Quand je considère le point où il m'a été donné d'arriver, moi qui n'ai à mon service qu'un peu de latin et mon provençal, je compte beaucoup sur les rencontres heureuses que pourront faire de plus savants et de plus habiles que moi. Je ne me donne que pour un explorateur de hasard. Allons donc tous ensemble aux découvertes, aventuriers et docteurs, matelots et capitaines. Que Dieu nous précède pour nous montrer la voie, comme il précéda les Hébreux dans leur long et pénible voyage à travers les solitudes! Qu'il soit pour nous cette colonne de feu qui les éclairait pendant la nuit! Hélas! cette nuit qui nous environne ici-bas est bien plus profonde, les ténèbres dont nous

sommes enveloppés dans le monde moral sont bien
plus épaisses que le noir vêtement dont se couvre la
terre quand l'astre du jour nous retire ses rayons.

III.

Pour dégager le radical *Ar* des langes dont il fut
enveloppé , même dans les temps les plus rapprochés
de son apparition dans le monde , quelques indispensables considérations nous viendront en aide.

L'homme des anciens jours ayant peu de vocables à
sa portée, les a vêtus de mille façons pour leur faire
exprimer ce qu'il voulait dire. Les noms topographiques sortis de la bouche de Dieu même ont servi, avec
ou sans annexe, et au moyen de combinaisons, de
substitutions, de permutations advenues, soit aux
voyelles, soit aux consonnes, à exprimer non seulement les conditions de l'étendue, les accidents de la
nature morte , mais encore un grand nombre d'actes
et de mouvements de la nature vivante. Avec le même
radical on a donné un nom aux objets directement
contraires, à la hauteur comme à la profondeur , au
contenant et au contenu , à la cause ainsi qu'à l'effet ,
à l'acte et à ses conséquences ; on est même descendu,
sans modification, du grand au petit , du composé à
ses éléments, du tout à la partie, tant l'homme dans
son indigence et son ambition est tourmenté par le
besoin de généraliser ses idées et d'amplifier ses
moyens !

Mais généraliser ses idées , ce n'est pas toujours les
féconder : trop souvent on les frappe par là de stéri-

lité, et plus fatalement encore on en fait un instrument de dommage et d'erreur. La synthèse n'appartient qu'à Dieu et aux sciences fondées sur sa parole éternelle. Avec les sciences purement humaines, la synthèse, excellent moyen pour réunir et mettre en faisceau les connaissances acquises, pour reconnaître le point où l'on vient d'arriver, n'est presque jamais qu'un drapeau menteur, un signe de perdition élevé par l'ignorance.

Ainsi firent les peuples d'autrefois avec un petit nombre de jalons plantés dans le sable des choses humaines, comme les roseaux des pauvres Fellahs dans les alluvions mouvantes du Nil, lorsqu'ils veulent se donner une butte factice, une montagne de secours qui domine les inondations futures ; mais pour les mots, le vent ne souffla pas toujours du même point de l'horizon ; de là, dans les idées, des contradictions choquantes, des quiproquos déplorables et de fatales erreurs.

Des considérations d'un autre ordre viendront ensuite.

Un philologue pour qui la langue parlée est plus à rechercher que la langue écrite, a droit de corriger l'orthographe vulgaire, dès qu'il reconnaît, entre cette orthographe et la langue telle que des bouches humaines ont pu l'articuler, un défaut de correspondance qui, dès les premiers pas, rendrait impossible toute investigation ; car il veut étudier des sons et non pas des caractères d'écriture.

Ensuite, il est dans toutes les langues un fait géné-

ral auquel on doit rapporter la permutation des voyelles et des consonnes, ainsi que l'emploi de certaines
aspirations et affixes ; l'organe de la voix n'est pas
absolument le même chez tous les hommes, et même
de nation à nation, d'une localité à une autre, d'individu à individu, il diffère. Avec une certaine paresse
dans l'organe et des habitudes de prononciation involontairement prises, des voyelles sonores et brèves se
changent dans la bouche en voyelles traînantes, tandis qu'un organe délicat et vif, relevant les voyelles
sourdes, les rend plus aiguës et plus claires.

Nous mettons peu de différence, par exemple, entre *æ*, *œ* et *e* ; les latins en mettaient davantage, surtout avant le siècle d'Auguste. Les lettres *j* et *g* auxquelles nous faisons peu d'attention et qui s'échappent
de nos lèvres d'une manière fort leste, sont rudement
aspirées dans la prononciation espagnole. *S* au commencement d'un mot n'a pas l'air d'une aspiration, et
pourtant cette lettre en est bien une dans *Semi* qui n'est
autre que *Hemi*, *Hemicyclum*, *Semicirculus*. H, qui
pour nous est un signe convenu pour rompre le souffle
de la voix, n'est pas toujours aspiré dans notre langue.
Il y a des aspirations d'habitude et des aspirations
adoptées pour le sens. D'autres accidents de la voix
se rencontrent encore, qui recouvrent et déguisent
un radical de manière à le rendre difficilement recon-
naissable.

Après ces observations sur lesquelles nous reviendrons au besoin, hâtons-nous d'embrasser la magnifique perspective qui s'ouvre devant le radical *Ar*.

IV.

Ar diversement modifié par l'expression de circonstances qui le plus souvent échappent aux investigations les plus obstinées qu'on puisse faire de nos jours , époque si tardive dans la longue succession des siècles écoulés , *Ar* peut signifier hauteur et les eaux qui tombent de la hauteur , montagne et torrent : le mont Ararat , par exemple , et le fleuve Araxe , ainsi que toutes ces rivières que les Arabes appellent El-Arach ; l'Arcadie , pays de montagnes , le plus rude , le plus sauvage , le plus torrentiel du Péloponèse , et dont les peuples , selon Xénophon , étaient les seuls de la Grèce qui se pussent dire autochtones (1) ; l'Arménie , l'Argolide , l'Argovie , l'Aragon, l'Armaguac , etc., etc. , puis l'Aar , l'Arar , l'Arno , et une multitude d'autres montagnes , d'autres fleuves , d'autres cours d'eau qui, dans leur nom ancien ou dans leur nom moderne, présentent le radical *Ar* bien distinct, malgré les adjonctions modificatives qui l'accompagnent, le restreignent , le recouvrent quelquefois , mais ne l'étouffent jamais.

L'*Arar*, c'était proprement une rivière tombant dans une autre rivière, la Saône dans le Rhône, et *Rhodanus* était pour *Ar Rhodanus*, le fleuve des Rhodiens, ainsi appelé à cause d'une colonie que cette nation

(1) Il est inutile de prévenir que nous n'admettons pas cette qualification antique ; les peuples n'ont pas poussé sur la terre comme des champignons. Autochtone veut dire né du sol.

commerçante avait établie à Arles , dont le nom d'ailleurs renferme le radical *Ar* , de même qu'une autre ville d'Arles située dans le Roussillon.

La ville d'Eguilles, en Provence , est nommée dans les anciens titres *Castrum de Arquillâ* (Château de la Crète), et dans le provençal actuel *Aguilho*. Dans la basse latinité *Agulha*, corruption de *Arquilla*, signifiait obélisque, flèche d'église. L'église des Accoules à Marseille est nommée dans les titres *de las Agulhas*. On trouve même cette expression *devès las Agulhas* , vers les Accoules. Ceux qui font venir Accoules de *Accoas* , arceaux, arcs-boutants, s'écartent fort peu de l'étimologie que j'ai cru devoir préférer , par cette raison que les *Agulhas* ou flèches d'église devaient être plus remarquables en Provence que de simples arceaux en dehors. L'un et l'autre de ces noms viennent de *Ar*. Mais la filiation par *Arquilla* est plus simple et plus directe.

Le *mont inacessible* du Dauphiné , regardé longtemps comme une des sept merveilles de cette province , est appelé *Aiguilles-fort* (*fort* pour montagne), dans une pièce constatant l'ascension que le 26 juin 1492, Antoine de Ville , seigneur de Domp-Jullien et de Beaupré , gouverneur de Montélimart, y fit par ordre de Charles VIII.

Virgile a dit , en parlant d'une ville antique dont le radical *Ar* servait à former le nom :

> . . . . *Locus* ARDEA *quondam*
> *Dictus avis : et nunc magnum manet* ARDEA *nomen,*
> *Sed fortuna fuit.*

En latin, on appelait *Ardua* les élévations les plus rudes et de l'accès le plus difficile : ARDUA *Alpium præsidiis claudere. Neritos* ARDUA *saxis.*

Un lieu haut, rempli de pierres et dépouillé de végétation, s'appelle en langage basque, *Arriega*, en provençal *Sarrié.* S est ici une sorte d'aspiration.

Il y avait en Italie une région des *Arauni* montagnards qui se disaient les frères des Romains.

Est-ce les Espagnols qui ont donné à des montagnards du Chili le nom d'*Araucans*, ou bien l'ont-ils trouvé déjà usité dans ces régions ?

Arpinum, cette bourgade à jamais célèbre pour avoir été le berceau du grand orateur romain, a dû signifier peut-être autant que notre *puech-pinos*, Puy-pin, Pey-pin, etc. (colline à pins.)

Aretium (Arezzo), la ville principale des Apennins, enfermait aussi dans son nom l'idée de montagne.

Un historien plein d'imagination, Florus, disait sous le règne d'Adrien : « Il fut un temps où Tibur et « Préneste, nos maisons de plaisance pendant l'été, « étaient l'objet des vœux de conquête offerts au Ca- « pitole ; nous redoutions alors les bocages d'Aricie ; « nous pouvions triompher sans rougir des villages « innommés des Sabins et des Latins, et Corioles don- « nait un titre qu'on ne croyait pas indigne d'un géné- « ral victorieux. » Le nom d'Aricie témoigne que ce lieu était dans les montagnes, au milieu des bois. Nous aurons peut-être occasion d'expliquer plus tard Tibur, Préneste, Corioles, les Sabins et les Latins.

La ville d'*Ariminum* était ainsi appelée, selon quelques-uns, à cause de la rivière qui coulait le long de ses murailles. Dans les derniers temps de la république romaine, une grande célébrité fut acquise à ce courant d'eau qui n'est pas fort considérable. On l'appelait alors le Rubicon. Mais, à une époque antérieure, cette rivière, pour avoir fait donner le nom d'*Arimium*, aujourd'hui Rimini, à la ville qu'elle baigne, devait avoir déjà dans son propre nom le radical *Ar*.

Proche d'Argos, il y avait le mont Arachnéen.

L'Armorique, appelée depuis Aquitaine, *Aquitania*, région des eaux, comprenait tout le plat pays que borde en partie la Loire et qu'arrosent les eaux venues de l'*Arvernia*, aujourd'hui l'Auvergne, des Cévennes et des Pyrénées. Le second élément d'*Armorique* viendra plus tard.

Le chanteur *Arion*, enlevé par un dauphin, n'était-ce pas un montagnard séduit, entraîné par les charmes de la mer ? Cette fable personnifie la double poésie des rochers et des flots, merveilleuse poésie qu'on pourrait appeler complète, lorsqu'aux mers de Sicile, par exemple, de cette île chère aux Muses, *Sicelides Musæ*, sous un ciel bleu, par un beau jour de printemps ou d'automne, s'étalent dans un même cadre des flots capricieusement sillonnés par la brise, des voiles blanches qui bondissent sur les eaux comme des faons de biche, des villes dont les maisons, les remparts et les tours se mirent dans l'onde et semblent lui sourire, des coteaux ombragés d'oliviers et de pampres verdoyants, un mont superbe, couvert de

neige, et qui, arsenal de destruction au milieu d'une
nature si paisible, exhale des nuages de fumée ou
vomit des torrents de flammes : magnifique spectacle,
harmonie ineffable, où se présentent à l'homme tant
de rapports avec ses joies, ses passions, ses alarmes
de chaque jour et sa vie !

> Quod mare non novit, quæ nescit arcana tellus ?

Le nom des *Ardennes* vient, selon quelques-uns,
de ce que les Celtes nommaient *Ard* ou hauteur cette
région remarquable que traverse une chaîne de montagnes d'autant plus hautes, en apparence, que leurs
pentes sont assez rapides et que leurs crètes décharnées semblent se rapprocher davantage du ciel dont
elles prennent et usurpent insensiblement la couleur.

Le radical *Ar* se présente fort communément dans
les noms topographiques du Midi. D'un côté la vallée
d'Aran, qui touche au Roussillon, l'Ardèche, l'Ar-
riége, le lieu appelé Beth-Arran, la Garonne, l'Hérault
en latin *Arauris;* de l'autre, l'Artuby ou la Nartuby,
qui coule vers Grasse, puis l'Argens, rivière deux
fois célèbre dans l'histoire. Lépidus venant d'Espagne
par le Languedoc, y prit position avec son armée
pour s'opposer à Antoine qui arrivait d'Italie par les
Alpes. Ils firent mieux que de combattre, ils s'entendi-
rent, et ce fut au pont d'Argens que se forma le second triumvirat (1). Le 24 février 1596, le duc de

---

(1) *Ex Rhodano castra movi, et continuis itineribus ad forum
Vocontium veni, et ultra castra ad flumen Argenteum contra
Antonium feci,* dit Lépidus dans une lettre écrite à Cicéron.

Guise atteignit sur le bord de l'Argens le duc d'Eper-
non, qui ne voulait pas croire qu'un fils des Lorrains
l'eût remplacé; et qui, poursuivi à la nage, abandonna
pour toujours la Provence, où sa mémoire ne fut jamais accompagnée de bénédictions (1). Au voisinage de
Toulon, il y a l'Aran et l'Arrèpe : le premier passe
entre le Castellet et la Cadière; l'autre fertilise les jardins d'Ollioules. Les paysans savent bien ne pas confondre le val d'Arèn (de sable), avec le pont et le
ruisseau d'Aran, bien que l'origine soit la même, car
Arena vient d'*Ar* ou des montagnes comme le torrent.
Près de la Ciotat, un ruisseau qu'on appelait autrefois
l'Arquet, le petit *Ar*, est devenu *Liouquet*, et a donné
ce nom au quartier qu'il traverse.

Dans les temps de la domination romaine, cette rivière qui coule dans l'arrondissement d'Aix et qui fut
toute rougie du sang des Ambrons, était nommée *Lar*.
Il y a dans la Péninsule italique le *Nar*, fleuve d'Om-
brié, et un autre *Nar* appelé le *Nar* blanc, par la raison que Virgile indique.

> . . . . Audiit amnis
> Sulfureâ Nar albus aquâ . . . .

Un troisième *Nar* roule ses eaux dans l'Illyrie. Dans
les provinces algériennes ce nom de Nahr paraît être
commun à plusieurs cours d'eau ; il est accompagné
d'adjonctions exprimant des circonstances diverses.

Dans la mythologie égyptienne, l'union du Nil avec

(1) Cette affaire donna lieu au dicton encore usité de nos jours :
adiou, la Valetto, l'asé f..té qué ti regretto.

la terre qu'il féconde, était exprimée par *Aroueris*, *Ar*, *Arou* « fleuve », *eris* « terre. » *Ahar*, précédé de *N*, que nous apprendrons à connaître plus tard, était le nom propre du Nil, *Nahar*.

Le *Nahar-Malcha* ou « Canal royal » faisait la jonction de l'Euphrate avec le Tigre. L'Euripe vient aussi de *Ar* avec transformations et modifications.

Quelquefois, comme dans *Isara*, Isère, *Ar* est non pas suivi, mais précédé d'un modificatif. Il est presque tout pur, ou pour mieux dire il est redoublé dans l'Arrach, ce torrent qui devient fleuve ou mer par occasion, et qui, en l'année 1846, a causé tant de ravages dans la Mitidja, en mêlant ses eaux déjà si vastes et si impétueuses, avec les eaux de l'Oued-el-Kebir, de la Chiffa, du Mazafran. On ne peut méconnaître non plus le radical *ar* dans le Tarn, dans le Réno, dans la Roër et même dans le Rhin.

N'oublions pas le Var et le Gard, non plus que Jarret, ruisseau du territoire de Marseille, dont le nom est un diminutif de *Jar* ou *Gar*. Le Jourdain s'appelait *Jardin*, et ce nom voulait dire fleuve qui vient de haut. Dans le petit glossaire qui est à la suite de la Vulgate, on lit que *Jordanis* signifie fleuve du jugement; mais cela revient au même; le jugement venait toujours de haut. Dans la bulle d'Urbain V de 1368, qui établit la juridiction ecclésiastique de l'abbaye de Saint Victor, on trouve *eundo per iter rectum usque ad Jarretum qui dicitur de Albaneâ*; il y avait donc deux Jarrets, celui de Marseille et celui d'Aubagne. C'était un nom générique, puisqu'on lit plus

bas : *Aquam Ibelini*, l'eau de l'Uveaune, nom particulier du Jarret d'Aubagne. On trouve aussi dans
certains actes *Gerrenus*. Le mot *Jarro*, cruche, n'est
pas autre que celui de Jarret. Les jardins tirent aussi
leur nom d'*Ar* courant d'eau, et le verbe arroser provient plus franchement encore du même radical. La
différence est grande pourtant d'un jardin bien soigné
bien peigné, à un lieu ardu.

C'est le bruit des torrents qui était pour les Latins
Sonus argutus; on transporta cette épithète au murmure des forêts, *Argutum nemus*. Combien de fois, loin
de mon pays, en des jardins publics dus à la magnificence des rois, ne me suis-je pas dit : Oh! qui me
rendra le murmure des pins? Ce murmure n'est pas
réjouissant comme celui d'un frais ruisseau; mais je
l'entendais dans ma patrie quand soufflait la brise de
l'ouest, quand l'automne, cette saison chère aux rê-
veurs, nous apportant des jours d'une sérénité parfaite, incitait à parcourir, libre et content, l'esprit
en travail et l'âme en joie, des hauteurs aux formes
bizarres, des collines agrestes, au pied desquelles s'é-
tend et se prolonge en demi-cercle ce golfe si beau,
dont mes premiers regards, mes regards d'enfant,
mesurèrent l'étendue, alors que toutes ces collines
couvertes d'oliviers, tous ces vignobles dont le pam-
pre commençait à prendre la couleur d'or de l'arrière
saison, toutes ces plages, toutes ces eaux bleues, tous
ces flots qui scintillaient au soleil, toutes ces montagnes
lointaines, au-delà desquelles je ne supposais rien,
me paraissait être l'immense univers, l'univers connu.

Et les vœux de Daphnis dans Théocrite, combien de fois ne les ai-je pas faits ? Comme cet ami des montagnes et des bois, je me disais : Non je ne souhaite point de posséder la terre de Pélops, ni d'avoir des talents d'or, ni de courir plus vite que les vents; mais sous cette roche que voilà, auprès de ce que j'aime, et suivant des yeux sur la colline nos troupeaux confondus, je chanterai, et j'aurai devant moi la mer de Sicile.

L'*Argiletum* était un quartier de Rome habité par les ouvriers et qui devait être bruyant comme en ces jours antiques, où le roi Evandre, *Romanœ conditor arcis*, montrait à Énée en ces mêmes lieux une forêt,

> Necnon et sacri monstrat nemus Argileti,

où l'hospitalité avait été violée par le meurtre d'Argus.

> Testaturque locum et Letum docet hospitis Argi.

Virgile, comme on voit, fait ici un jeu de mots pour trouver une étymologie. Le peuple en général ne procède pas autrement. Sans nous arrêter à ce que pouvait être cet Argus, nous observerons qu'*Argivus*, grec, vient de *Ar*, de même que la nef *Argo*. La nef *Argo* était construite avec du bois coupé dans la montagne, et ce n'est pas, je l'imagine, le constructeur qui lui donna son propre nom.

La signification de *Ar* s'étendait au creux formé par le torrent, à ce que nous appelons aujourd'hui le lit, par une métaphore bien pâle, bien débile, ou le *ravin*, expression plus précise à la fois et plus pittoresque. Le *ravin* où se trouve le radical *Ar*, mais renversé, porte en espagnol le nom d'*Arrezil*. Cette même langue donne au myrte, si commun dans nos vallons du Midi, le nom d'*Arrayan*, et aux lieux qui sont couverts de ce charmant arbuste, dont la verdure est si fraîche et si belle, les Espagnols donnent le nom d'*Arrayanales*.

Arundo, roseau, vient comme *Arena*, sable, de *Ar*, torrent. C'est au bord des eaux courantes que les roseaux aiment à croître, et l'arène est le résultat des chocs rudes, pressés, infinis, de la trituration que le torrent exerce sur les cailloux qu'il roule.

Nous avons en Provence un excellent raisin fort doux, et qui prospère dans les terrains caillouteux, arides; on l'appèle *Aragnan*.

Dans une histoire des guerres de Grenade, on lit : *Despues de aver passado todos per la orden ya dicha*, Arrancaron *todos juntos de tropel tan ligeros qual el viento*. *Arrancar*, signifie se précipiter comme un torrent.

Il y a un vieux mot provençal *raiça*, ou mieux *ar-raiça*, qu'on traduit en français par l'expression bizarre de *grain*, *grain* de vent, *grain* de pluie, et qui veut dire pluie ou souffle d'air, aussi rapide, aussi impétueux qu'un torrent. On entend par *aizé* le souffle léger d'un vent qui se décide à peine et dont la direction ne se révèle encore que par celle des nuages presque immobiles. L'aizé *ven daou mistraou*, disent nos marins. Avec *Ar* ou seulement R, l'*aizé*, le doux *halitus* des Latins, devient *raiça*, quelque chose de furieux, d'indomptable comme un torrent qui se précipite des montagnes pour ravager la vallée.

Quand des nuages de poussière s'élèvent dans le désert, que les cris de rage des guerriers, les hurlements des femmes, des enfants, des vieillards, le bêlement des brebis effrayées, le beuglement lugubre des bœufs que la terreur gagne et fait délirer, se mêlent en un bruit horrible qui assourdit au loin les échos, c'est une *razzia* ou *arrazia* qui se précipite comme un torrent contre des douars naguères paisibles et fortunés ; il passe ce torrent avec son inconcevable fureur, et les troupeaux ont disparu, et les silos sont vides, et les tentes ôu les gourbis brûlent, et sur la terre ensanglantée gisent à demi-morts ou versant des larmes de désespoir, les vieillards, les enfants et les femmes qu'il a dédaigné d'emporter.

Ar se trouve aussi avec le même sens de désordre, de fureur, dans *Rabies*, *Arrabiato*, enragé, etc., mots pris au hasard et qui peuvent en faire découvrir bien d'autres avec un peu d'attention et presque sans étude. Les Arabes, par exemple, ces pillards, ces ravageurs de la plaine, ces torrents destructeurs, ne tiraient-ils pas leur nom des montagnes d'où ils se précipitèrent une première fois pour commencer leurs excursions ? Le pays d'*Aram* n'était-ce pas un pays de montagnes, la Syrie ? L'Assyrie même était proprement l'*Ar-Syria*, la *Syrie* d'en-haut, par opposition à la *Cœlesyria*, la Syrie creuse, la Syrie des vallées ?

Nous avons en provençal un verbe qui correspond à *Arrancar*, c'est *Embarar*, emporter avec soi, entraîner à la manière d'un torrent. Dans le sens de hauteur, *Arrambar*, c'est accoster, aborder, *Ambire*.

L'arôme tire son nom des *ar*, des collines agrestes, sauvages, hérissées sur lesquelles croissent et trouvent à vivre une infinité de plantes aromatiques. L'arome des montagnes qui bordent les mers de Marseille et qui sont parsemées sinon couvertes de cistes, de thyms, d'aspics et de romarins, se fait sentir de loin aux navigateurs, le matin, surtout quand un vent de terre s'élève, et avant même que les plus hautes cîmes de la côte se dessinent au-dessus de l'horizon. *Relligio Aroma Scientiæ*, a dit un saint Père; les hommes qui lisent seraient trop heureux, si cet arome qui réjouit et fortifie l'âme s'exhalait de tous les livres qu'on jette à profusion sous leur main.

On dit que le mot *reite* par lequel on exprime une certaine manière d'accommoder le poisson tient au grec. Je lui crois une origine commune avec *aroma*. On fait entrer dans la *reite* une foule d'ingrédiens aromatiques, à l'exemple des pêcheurs qui, dans leur simple *bouillabaisse* ou *faoucade*, mettent du thym et du fenouil cueillis au moment même sur les collines qui les abritent au-dessus de la grève chérie, comptant pour alimenter leur foyer d'un jour sur la broussaille des environs.

Le mot Harangue est composé de *Har*, discours élevé ou prononcé d'un lieu haut, d'une tribune; et d'*ang*, qui aiguillonne, excite, presse. D'*ang* est aussi formé le verbe latin *angere*, d'où viennent *angustus*, *angustia*, et qui s'applique plus directement encore à ce qui afflige, à ce qui tourmente, à ce qui suffoque et étrangle.

· A Rouen, le corps des officiers royaux s'appelait la Harelle, et le cri, la clameur de *Haro*, c'était l'appel à la justice, au tribunal du duc ou du roi, et l'ordre d'y comparaître.

Il est une exclamation fort usitée dans le Midi parmi les gens de campagne et surtout de montagnes, chassant devant eux leurs bêtes de somme. Le cri excitatif *arri !* n'est autre que *ar ;* même, on pourrait voir dans l'*i* final l'impératif de *ire*, que du reste on emploie séparément et dans les mêmes circonstances; deux mots signifiant l'un *montagne*, et l'autre *va*, seraient alors associés dans l'exclamation rustique. Mais du reste une telle origine en caressant l'imagination, peut toutefois être fallacieuse; j'y tiens peu : dans l'océan des étymologies on rencontre beaucoup de phosphorescences dont il faut se méfier.

J'ai lu quelque part que le jurement dont les muletiers d'Espagne et de Portugal se servent pour hâter l'allure de leurs mules, *arra-mula*, ou *arraïva-mula*, est le *arr* des Hébreux et des Arabes, terme d'imprécation, d'exécration, serment solennel, d'où est venu le mot arrhes (denier à Dieu) que les juifs ont introduit sans doute; mais en même temps on trouve que ce juron signifie à proprement parler, *propellere*, *abigere*. On l'expliquerait alors par l'usage de précipiter certains criminels du haut des montagnes, du haut des villes qui étaient toutes bâties sur des hauteurs. Ces muletiers diraient donc à leurs bêtes : va aussi vite que si l'on te précipitait du haut d'une montagne en bas.

Le mot espagnol *arrabal*, *arraval*, rendu en français par faubourg, aurait un sens analogue à celui d'*arraïva*. L'*arrabal*, c'est ce qui est au-dessous de la ville bâtie sur une hauteur. En provençal on donne à l'*arrabal* espagnol le nom d'*aferragi*. J'aurai occasion de revenir sur ce mot.

Notre verbe arriver a-t-il voulu dire d'abord parvenir à la hauteur et par conséquent à la ville? Cette étymologie est aussi naturelle que celle de parvenir *ad ripam* à la rive, qui du reste, ne va qu'aux navigateurs. En espagnol, *arriba*, *arriva* c'est en haut, en contre-mont; *abaxo* en bas. Les deux régions qui s'étendent à droite et à gauche de la Havane, dans l'île de Cuba, portent l'une, et c'est la plus montueuse, le nom de *Volta-arriba*, et l'autre celui de *Volta-abaxo*, côté d'en haut, côté d'en bas. Les *Vegas* ou plaines de la *Volta-abaxo*, fournissent le meilleur tabac du pays.

Quoiqu'il en soit, l'interjection *arri*, origine incontestable du substantif espagnol *arriero* et peut être aussi de l'*arabadji* oriental, deux titres qu'on donne aux conducteurs de bêtes de somme, chefs de convoi, etc., me rappelle deux petites anecdotes qu'on me permettra, je l'espère, d'attacher à cette œuvre de patience qui ne doit pas aller jusqu'à l'ennui, s'il est possible.

On raconte que Dante, errant au milieu des Apennins proscrit et fugitif, lui ce grand poëte qui fut assez mal adroit dans les affaires de ce monde, fit rencontre d'un rustre qui, tout en poussant un âne devant soi, déclamait avec intelligence quelques-unes des plus belles tercines de la *divina commedia*, de ces tercines devenues populaires, comme tout ce qui est beau est appelé à le devenir. Le poëte fut doucement ému, comme on peut croire; mais il y avait une amertume à côté de cette émotion; est-ce que les joies d'ici-bas sont jamais complètes? Le chanteur s'interrompait souvent pour crier *arri* à sa bête, rompant mal-à-propos la mesure et troublant l'harmonie comme le sens des vers. Pour une oreille délicate, c'était faire grincer comme à plaisir les cordes d'un instrument sonore; pour le cœur d'un père, c'était pire encore. N'y pouvant plus tenir « Bon homme, s'écria le poëte indigné, ces *arri* là ne sont pas dans mes vers! » Figurez-vous maintenant tout ce que cette rencontre d'un rustre qui n'était pas sans esprit et d'un grand génie malheureux, put produire de poétique!

Le maréchal de Catinat faisait la guerre vers le Piémont. Voulant connaître un jour par lui-même ce qui se passait dans le pays ennemi, il prit les habits d'un charbonnier et s'avança dans les terres piémontaises avec une bourrique qu'il chassait devant lui à grands coups de bâton et au cri de *arri, Catinat!* donnant ainsi, pour n'éveiller aucun soupçon, à l'animal stupide et méprisé qu'il rouait de coups, son propre nom, le nom du chef de l'armée française, ce nom qui devait être en horreur à tous les bons piémontais.

Les conducteurs de bêtes de somme en Provence, nos *arriéros* ont un saint dont ils célèbrent la fête le lendemain de la Saint-Jean d'été. Parce qu'ils l'appellent

Sant-Aroï : on a supposé que c'était le ministre des finances, le saint argentier du roi Dagobert, dont le calendrier marque la fête au 1ᵉʳ décembre. J'ai idée que *Sant-Aroï* est un protecteur spécial des bêtes de somme qui, le 25 juin, tout enrubannées et parées de mille fantaisies galantes, à la réserve toutefois des ânes chargés d'ornements ridicules, sont menées à la porte de l'église paroissiale pour recevoir la bénédiction du curé. Dans la soirée, il y a des courses qui donnent lieu quelquefois à des accidents. Ces fêtes et ces jeux ressemblent à ce que les Arabes appellent *fantasias.* Mais ils y mettent plus de pompe, de vivacité et d'entrain. Les Espagnols et les Portugais ont aussi quelque chose de semblable.

Un homme hargneux, c'est un homme qui a toujours à redire, comme un muletier impatient qui va sans cesse disant *arri* à sa bête.

Les Grecs actuels, et je crois la plupart des Levantins, ne disent point *arri*, mais *ligou, ligou !* Etait-ce l'exclamation des antiques Hellènes, et ceux-ci donnaient-ils à dessein le nom des Liguriens à leurs ânes? des Liguriens, ces pirates obstinés, infatigables, qui avaient si longtemps inquiété la navigation des Grecs et troublé leur commerce? *Faire ligou* en provençal veut dire montrer avec affectation et pour en donner envie un objet qu'on ne veut point livrer. Si, pour expliquer cette raillerie, il fallait remonter à l'époque où les pirates liguriens furent enfin chassés des mers qu'ils avaient si longtemps infestées, ce ne serait pas le seul dicton, la seule trivialité que les âges les plus lointains et les plus obscurs nous auraient transmis.

Le son *ar* ou *har* exigeant qu'on pousse la voix en haut avec une certaine violence dut naturellement appartenir dans l'origine à la hauteur qu'il faut gravir, au but qu'il est difficile d'atteindre en allant devant soi, et qui demandant plus d'efforts dans la marche, rend la respiration pénible, entrecoupée. On peut croire que les mots latins *halitus*, *anhelitus* ont eu jadis au lieu de *l* ce *r* qui commence le mot râle et qui est dans *Harrasser*, « fatiguer beaucoup. » Je pense qu'il est ainsi dans *Haridelle*, dans la bête faible qu'on est obligé d'exciter souvent par le cri impulsif *arri*. Je ferai cependant une observation.

Hara signifiait en latin étable, toit pour des animaux. Plaute, Varron et Columelle ont employé ce terme. On trouve que *Hardo* équivalait autrefois dans notre occident à *beaucoup* et même à *trop*. *Hardo* serait donc venu de *Hara*, lieu où l'on enfermait beaucoup de bêtes. Le nom de *hardes* qu'on donne à une certaine quantité de vêtements n'aurait pas une autre origine ; ajoutez-y farde et fardeau ; *F* est ici pour *H* comme dans *Hacer*, (le même mot en espagnol que *facere* en latin), comme dans *homme* et *femme*, deux vocables qui n'en sont qu'un, avec la seule différence qui se trouve entre l'aspiration forte *H* opposée à *F* de fluer, de faible, de flexible, et entre l'émission sonore de *O* et la prononciation timide et sourde de *E*.

Le mot « hazard » me paraît être venu d'une vieille expression dont on a pu se servir, et qui serait telle : *Als* ou *as ardo*, au troupeau, au premier venu dans la foule, au tas, frappe que frappe, etc.

On appelait aussi *Hardelle* un troupeau de bêtes chétives ; delà pourrait être venu, en passant du tout à la partiè, notre mot *haridelle*.

Dans je ne sais plus quel vieux livre j'ai rencontré cette expression inconvenante « Hardelle » de princes. Je crois que c'est dans la Satyre Ménippée.

Quant à *trop* qu'on ne distinguait pas autrefois de beaucoup, et qui aurait formé *troupe* et *troupeau*, il en est un exemple frappant dans le jargon créole de nos colonies, jargon introduit par les boucaniers, sorte de gens qui n'appartenaient pas aux classes distinguées de la métropole et qui importaient en Amérique les locutions les plus populaires de leur temps. *Trop* dans la bouche d'une créole ne rend que *beaucoup*, et telle personne à qui l'on dira, je vous aime *trop*, peut croire sans risque qu'on ne l'aime pas encore assez.

Revenons au radical *Ar*, et puisque nous l'avons déjà vu se développer avec tant de richesse, rappelons, avant de nous remettre à le suivre dans sa marche triomphante à travers les âges, que Leibnitz rangeait en deux classes les principales langues connues ; il y aurait eu, selon lui, les Japétiennes et les Araméennes. Je pense que, par langues connues, Leibnitz n'entendait que celles dont l'Asie-Occidentale, l'Europe toute entière et le nord de l'Afrique sont en possession ; à ce compte, les langues du nord pourraient être considérées comme Japétiennes ; et il resterait pour les idiomes dont la source fut au pays d'Aram, toutes celles où le radical *Ar* apparaît le plus, soit avec la franchise et la netteté que nous avons jusqu'ici admirée, soit avec les déguisements de toute sorte que nous aurons bientôt occasion de rencontrer et que j'essayerai de mettre en évidence; toutefois, il m'a semblé que ce radical et ses déguisements infinis avaient passé dès l'origine des choses dans la branche dite Japétienne; quant aux langues parlées dans le reste du monde, il serait téméraire de croire qu'elles n'offriraient point de traces au moyen desquelles on remonterait, bien qu'avec beaucoup de peine, à la source commune du pays d'Aram. Du reste, la distinction de langage Araméen était usitée même avant Leibnitz, comme nous le verrons.

V.

Une des plus importantes dérivations de *Ar*, torrent, est celle de *Arare* (labourer). On dit aujourd'hui d'un torrent qu'il sillonne la plaine, mais cette métaphore, de nos jours triviale, ne pouvait être d'usage avant l'invention de la charrue. Une fois inventée, la charrue et l'œuvre qu'elle fait eurent besoin d'un nom. Ce nom fut bientôt trouvé. Le soc de la charrue ouvrait devant lui et séparait la terre comme le font des flots impétueux qui tombent du haut des montagnes. Le sillon de la charrue fut comparé à un *Ar*; ouvrir des sillons s'appela dès-lors *Arare*, et la charrue elle-même reçut le nom d'*Aratrum* chez les Latins, qui en prirent le radical, comme tant d'autres, dans le *Romancium* occidental.

La *Raro* est encore en provençal le sillon divisoire

laissé ouvert entre deux champs, la *raye* qui les dis-
tingue et les sépare. L'*Arbiter*, l'arbitre *(ar pater)*, fut
dans l'origine celui qui avait à prononcer sur les débats
et contestations promptes à survenir pour des champs
limitrophes et des sillons divisoires. L'unité de mesure
pour les terrains s'appelle encore arpent.

Dans *arbor* se montrent deux éléments bien distincts : *ar*, c'est le sol productif; *bor*, c'est l'onomatopée
du bruit que font les rameaux et les feuilles quand
le vent les agite. De *bor* a procédé bruit, bruire,
bruyant, etc. *Arbos* était l'arbre fruitier; de la seconde
partie d'*arbos* est venu bois.

D'autres appelations proviennent de *bor*. Nous
aurons occasion d'en parler. En voici deux qui me
paraissent les plus saillantes. Le bois sacré de *Tibur*
devait être un bois très-bruyant. Ce *it* qui précède
bur correspond au *très* français. Le Tibre aussi était
très-bruyant. Une autre origine se présente. Il n'est
pas impossible que *tib* appartienne à *terere*, briser,
user en frottant, et que *cris* soit cette même terre
mariée au Nil et formant avec lui *aroueris*, comme
nous l'avons vu. Je ne dois pas oublier une troisième
explication qui peut-être est plus rationnelle. J'en
parlerai en même temps que de l'Ebre, fleuve d'Espagne, et des autres noms de lieu dont *aber* est le
radical.

Du reste, par une de ces anticipations inévitables
dans un sujet comme celui-ci, je me hasarde à dire
que T est une lettre impulsive, qui suit S dans l'alphabet et qui, dans un certain ordre philologique, le

devance, comme le fait précède le résultat, la cause, l'effet; ainsi quand on jete le grain dans le sillon que la charrue vient d'ouvrir, cela s'appelle *serere*. *Sequi*, *sequor* c'est continuer une œuvre entamée, faire un second pas après un premier.

On donna le nom d'*arva* aux terres dûment préparées pour recevoir la semence. Le provençal *gura* se rapproche plus d'*arva* que le français *guéret*. *Armentum* était proprement le gros bétail qu'on employait au labourage.

Il y a tout lieu de croire que les patriotes d'autrefois, à quelque nation qu'ils appartinssent, ne combattaient pas précisément pour leurs *autels* et leurs foyers, mais bien pour leurs sillons et leurs foyers, *pro aris et focis* pour leurs champs et leurs maisons.

Vico dit que le mot *arare* vient d'*ara*; je ne pense pas autrement; mais c'est d'*ar*, *ara*, *are* signifiant le ravin que creusent des eaux rapides en se précipitant sur les terres. Je parlerai bientôt d'*ara*, hauteur, autel; mais il me semble que l'*ara Saturni*, l'autel du Dieu qu' avait enseigné aux hommes l'art d'ensemencer les terres, comme son nom l'indique, devait être un sillon et non pas cet autel où une police féroce aurait égorgé les vagabonds et les malfaiteurs entrés dans les champs pour y faire dommage et déprédation.

Toutefois, en se rappelant que les Athéniens punissaient de la peine de mort le simple vol de fruits, l'*ara Saturni* pourrait bien avoir eu la destination expiatoire que généralement on lui donne, sans que pour cela le verbe *arare* ait eu pour origine *ara*, autel (1).

Et c'était bien pour avoir enseigné l'art d'arracher à la terre d'autres biens que ses productions spontanées, c'était pour l'avoir forcée à verser régulièrement de son sein les aliments nécessaires à ceux dont elle sollicite les travaux, que les anciens virent dans Saturne le père des Dieux et des hommes. Pour un tel bienfait, on lui sacrifiait des enfants. L'agriculture avait aboli sans retour l'antropophagie, dont les sacrifices offerts à Saturne par certains peuples étaient restés comme un témoignage abominable, mais non pas tout-à-fait sans motif ni logique. Saturne avait sauvé l'espèce humaine; en reconnaissance, on crut devoir lui donner en sacrifice les premiers-nés des hommes. Des Dieux à nous comme des hommes en tr'eux, rien ne paraissait devoir être gratuit. Oh ! que la morale de l'Evangile avait besoin de redresser la société antique, de l'élever au-dessus de la matière!

Une courte digression sur les mythes figurant les travaux de l'agriculture ne sera point hors de propos, ce me semble.

Saturne qui dévore ses enfants, c'est le sillon qui recouvre les grains, qui les engloutit, qui les absorbe, mais pour les rendre à l'homme, d'abord en herbe, puis en épis. Cacher le blé en terre avec la charrue, c'était *aruare*, selon Columelle. Il se peut que le nom d'*aruspex* donné à celui qui visitait les entrailles,

(1) *Arare*, c'était le labour en général: *lirare*, c'était former ces élévations de terre qui sont entre deux raies.

l'intérieur des victimes, pour en tirer des conjectures fatidiques, soit venu d'*aruare*; *aruspex*, qui visite, qui examine l'intérieur.

Une double origine pourrait être assignée au verbe *ardere*, brûler; les feux qu'on faisait sur les montagnes à plusieurs fins et l'incendie des bois et des friches précédant leur mise en culture. Les premiers travaux agricoles ont été liés intimément à l'usage du feu.

Je pense qu'on ne doit point confondre Saturne avec Janus, comme on le fait quelquefois. Saturne, c'est l'ensemencement des terres; Janus, c'est la substitution des maisons aux grottes des montagnes, aux cabanes de feuillages. Janus d'où *janua* fut le premier qui ferma d'une porte sa demeure. Aux *ares* qui étaient les champs ouverts, les biens au soleil, succédèrent les *lares*, les biens recueillis, les récoltes enfermées, mises en sûreté dans les maisons. Ces vers d'Horace :

> Positosque vernas, ditis examen domûs
> Circum renidentes Lares,

nous donnent le sens général de *domus* et de *lares*. Les *lares* étaient le foyer, les dieux protecteurs de tout ce qui était autour du foyer, *circùm renidentes* Lares, et qui formait la richesse d'une maison *ditis examen domûs*. Sur les côtes de la Provence nous appelons vent *lar* un vent doux qui aide à la navigation côtière, et qui, dans le mois de juin amène et favorise la grenaison des blés et des légumes. *Larc* signifie aussi pâturage; la *Larc* dans le territoire d'Auriol est une montagne pastorale et non plus simplement *aride*. Le nom de Larissa que portaient plusieurs villes de l'antiquité exprimait soit des pâturages, soit l'appropriation qu'on avait faite d'un *ar*, montagne, à la construction de demeures formant une cité. Aux rois d'Etrurie était souvent donné le titre de *Lar*, *Lartis*, et Pline mentionne une ville de l'Abruzze appelée *Larinum*, ce qui en langage étrusque rappelait l'idée de prince, d'autorité principale.

La lettre L m'a paru porter avec elle un sens de dérivation privée, de particularisation, de protection spéciale, d'individualité, d'abstraction; nous le verrons mieux par la suite.

Ces deux époques de la vie des peuples, Saturne et Janus, ont dû être distinguées; les Arabes du Tell avec leurs silos et leurs tentes ne sont encore que peu éloignés de la première.

Numa qui, selon toute apparence, figure lui-même une autre époque (Numa, *nomos*, loi), abolit la mémoire de Saturne et lui substitua celle de Janus. Saturne fut réprouvé, non pour lui-même, mais pour les abominables sacrifices que lui offrait une reconnaissance exagérée dont le sens même s'était perdu. Rome ne se vit plus souillée par des sacrifices humains; mais son peuple, les enfants de la louve, avaient un fond de férocité qu'on crut devoir satisfaire et maintenir par les combats de gladiateurs; monstrueux sacrifices, offerts non plus à un Dieu, mais à un peuple; punitions converties en amusement pour les masses qui se convient toujours volontiers à des spectacles pareils!

A l'immolation des enfants, succéda le vœu des

Vestales ; c'était bien une autre immolation, moins odieuse, du reste : elle donnait droit à des priviléges, à des honneurs considérables.

Ici nous pourrons jeter un coup-d'œil sur les étrangetés de certains peuples anciens, que j'appellerais volontiers rustiques et sauvages, en comparaison des Ioniens, des citoyens d'Athènes et de Sibaris. Aux lieux où l'Eurotas roulait ses flots tumultueux et pleins de fraîcheur, en face du Taygète, âpres et rudes monts souvent blanchis par les neiges, sous des platanes séculaires, aux larges feuilles, les filles de Sparte, en présence des vieillards et des jeunes hommes, et sans croire faillir à la pudeur, dansaient nues dans toute leur innocence et leur beauté ; les vieillards et les jeunes hommes n'accordaient leur admiration qu'à la grande taille, à la vigueur, à la souplesse, qui promettaient les enfants les plus forts et les mieux constitués pour faire la guerre et dompter les peuples voisins. Le mariage ensuite devait être devancé par un rapt. Chez les Romains, au contraire, le mariage était accompagné de formalités solennelles, mais tous n'y avaient pas droit. Comme à Sparte on cherchait par le mariage à propager l'excellence, la suprématie, non plus d'une cité sur des cités rivales, mais d'un certain nombre de familles sur toutes les autres. Puis à Sparte, on semblait violer la pudeur comme à plaisir, tandis qu'à Rome, et par suite d'idées religieuses, la mort, une mort terrible, attendait les infortunées qui osaient frustrer *Vesta* de leur virginité.

Plutarque, en parlant du fondateur dont la mémoire avait été substituée à celle de Saturne, dit dans la traduction d'Amyot : « Ce Janus ou Roi, ou demi-« Dieu qu'il fût, au premier temps fut civil et politi-« que, car il changea le vivre des hommes qui avant « lui était rude, âpre et sauvage en manière de vivre « plus honnête, plus douce, plus civile. C'est la raison « pour laquelle on le peint aujourd'hui avec deux « visages, l'un devant et l'autre derrière, pour ce « changement de la vie des hommes, etc. »

La femme de Saturne, Cybèle, ou la terre, avait plusieurs noms : *Ops*, *Rhea*, *Vesta*, *Magna mater*, *Dindymena*, *Berecynthia*. Le nom de Cybèle est dans la même catégorie que ceux de Cyrus, Cyaxare, etc. *Ops* présente l'idée de richesse, de fécondité ; c'est l'opposé d'*Inops*. *Rhea* paraît tenir à ce radical que déjà nous avons entrevu et qui exprime tout ce qui est rude, inculte, sauvage :

> Era l'animo mio ROZZO e selvaggio,

dit Danté. La figue sauvage s'appelle encore dans nos contrées : *figo* RO, etc., etc.

Annius de Viterbe, en ses commentaires sur les origines de Caton, dit que la femme de Janus ou Vesta s'appelait autrement *Aricia*, nom qui, en langage *Araméen*, ajoute-t-il, signifie terre. Je pense que le langage araméen, pour Annius de Viterbe, ou plutôt pour Vigenère, qui le cite à sa manière, n'est autre que la langue arabe, la langue du pays d'Aram, où se propagea d'abord la parole de Dieu, *et vocavit Deus* ARIDAM *terram*.

Le nom d'*Aricia* nous signale la terre sillonnée, labourée. *Vesta* ou *Vasta* désignerait un état antérieur, celui où la terre avait été dépouillée par le feu de la végétation spontanée qui s'opposait, luxuriante et fière, à l'agriculture, à la végétation préparée, forcée, à la production que l'homme fait naître en rapport avec ses besoins. Vesta était la gardienne du feu et du froment, *ignis et farris*, du feu qui avait aidé à défricher et du froment et autres grains sortis du sillon, produits, engendrés ou faits par le sillon, fils du sillon, *f-ar*.

Farrago, d'où vient fourrage, est un mélange de toute sorte de grains. En Provence on appelle *Ferrage*, *Farrayo*, et en d'autres provinces *Farge*, d'où le nom de famille *Lafarge*, non seulement l'aire où les gerbes sont foulées sous les pieds des mulets et des chevaux, et qui jadis était toujours sur la même hauteur que le village, mais encore les terres extrêmement riches, qui, situées auprès et au-dessous d'une commune, reçoivent les eaux grasses et d'écoulement qui leur apportent beaucoup d'engrais. C'est là proprement les *biens-fonds* ou profonds, désignation devenue générale. Un fonds de terre n'était d'abord qu'un *Ferrage*, autrement dit un *Cros*, apte à recevoir des lieux environnants du limon et des engrais apportés par les eaux. La meilleure terre d'un domaine en est appelée quelquefois le *Ferrajoun* ou *Fourrajoun*. C'est que l'adjectif latin *Ferax* (Sardinia ferax), le vieux mot français feurre, fouarre, le mot actuel fourrage, ont une même origine que revendique aussi le verbe fourrer ;

il se fourre partout comme l'herbe dans un *Ferrage* ;
un bois fourré, c'est un bois plein d'arbres.

Arista signifiant barbe de l'épi de blé, est le même
mot que arête de poisson, arête ou crète de montagne.
Le verbe Hérisser, le nom de Hérisson rappellent la
même idée qu'*Arista*. Seulement E a remplacé A.

Haricot a la même origine que Far ; F des Latins
devient H en espagnol, *Facere*, *Hacere*.

L'aire, ou fourrière (1), l'espace vide auprès d'un
village où se font les foires, où arrivent les bêtes
étrangères chargées, où l'on met les charrettes, les
grosses pièces de bois en dépôt, s'appelle plus particulièrement *afferrage* ; on fait alors dériver ce mot
d'*Afferre* comme l'*apport*-Paris, d'apporter.

Pour expliquer les noms de Cérès et de Triptolème,
on peut avoir recours aux verbes *Serere* et *Terere*, qui
probablement sont identiques, le *C* doux et le T per-
mutant assez volontiers dans la prononciation ; semer,
c'est-à-dire d'un tas prendre beaucoup de grains pour
les répandre un à un, ou casser, briser, c'est-à-dire
réduire une masse en une infinité de petits fragments,
ce sont deux opérations qui se ressemblent assez pour
qu'il y ait eu confusion dans la manière d'en rendre
compte par la parole. D'ailleurs *terere* signifie aussi
moudre, opération analogue aux précédentes, et la
dernière qu'on fait subir au grain. Dans *serere* comme
dans *terere*, ce n'est pas sans cause que *e* plus faible,
moins éclatant que *a*, l'a remplacé pour exprimer

____

(1) *Fourrière* vient de *foras*, dehors.

l'acte de prendre dans un tas de simples poignées, et de réduire de grosses mottes de terre en mottes exiguës.

Les pêcheurs et les paysans des environs de Marseille donnent encore au pain le même nom que lui donnaient les Grecs; ils l'appellent *Artoun.* J'ai entendu quelquefois un paysan dire à sa femme : *Catarino*, *esquïo-mi un artoun*, Catherine, glisse-moi un pain. En d'autres cantons, on dit *poarjo-mi*, en latin *porrige.* Au reste, le mot « esquif » vient du verbe *Esquiar.*

Il y avait à Syracuse et probablement en d'autres lieux, des hommes que leur pauvreté réduisait à travailler aux champs comme des esclaves sans l'être ; on les appelait *Arotiæ.*

Quoi qu'il en soit, Triptolème venu de l'Attique, apprit à Eumelus, qui était dans l'Achaïe, à semer du blé et à bâtir des villes. La première qu'il bâtit fut appelée Aroë, du nom même que les Grecs donnent à la culture des terres.

Il y aurait bien d'autres observations à faire tant sur les mythes relatifs à l'agriculture que sur les procédés et les instruments qu'elle emploie. Ce principe qu'il n'y a pas de reproduction sans destruction, qu'il faut sacrifier la semence pour avoir des récoltes, n'est-il pas écrit dans la fable d'Atys, cher à Cybèle, qui, pour avoir sans réserve satisfait tous ses désirs avec la nymphe Saugaris, et n'avoir tenu compte de l'abstinence qu'on lui avait prescrite, fut changé en pin ? Les champs se recouvriraient aussi de pins et d'autres végétaux

agrestes, si le cultivateur ne savait pas réserver une
partie de sa récolte présente pour ensemencer afin
d'obtenir une récolte future.

VI

Mais tandis que j'avance, errant et attentif, dans ce
royaume des ombres, sans autre guide qu'une inspiration de hasard; tandis qu'avec bien peu de souffle,
c'est-à-dire avec beaucoup d'ignorance, je cherche
une âme dans ces squelettes de mots qui ont eu vie au
commencement des choses humaines; tandis que je
m'efforce, imitant ces deux ombres jeunes et belles
qui vinrent raconter au grand poëte florentin, en
style si touchant et si doux, leur heureuse et courte
existence, suivie d'éternels regrets, et que je m'efforce comme elles d'aller à mon but, aussi droit que
deux colombes vont au nid plein de douceur, où le désir les appelle, il m'arrivera plus d'une fois, il faut
bien s'y attendre, de heurter des fantômes autres que
ceux dont la recherche m'occupe dans le moment actuel; et ces autres fantômes, j'ai besoin aussi de les interroger avant de passer outre. Ainsi, quand on voyage
dans un pays inconnu on est sujet à se détourner de
sa route pour s'assurer mieux qu'on ne l'a pas quittée.
Mais ces écarts à demi-volontaires peuvent me faire
perdre de vue des objets qui étaient devant moi, et
j'ai hâte d'en replacer quelques-uns dans la direction
que je dois suivre.

Je commencerai par l'arche qui s'arrêta sur le mont
Ararat, et je passerai immédiatement à Archéologie,

Archaïsme. L'arche était ce qu'il y avait de plus haut au-dessus de la terre submergée, ce qui restait de visible sur les eaux qui recouvraient les plus hautes montagnes; le point culminant du globe ce jour-là. L'archéologie, l'archaïsme, présentent l'idée de ce qu'il y a de plus enfoncé dans la nuit des temps, comme l'arche de Noé suppose la plus haute élévation vers le ciel. C'est toujours ce même point de vue où *Altus* dit également haut et profond.

L'effet de *C* après *Ar* consiste à porter la pensée du point le plus bas où l'*an* commence à s'élever jusqu'au point culminant, et du point culminant à ce point extrême de la descente, lequel correspond au point le plus bas de la montée. C'est en ce sens qu'un coffre est une arche, *Arca*. L'*Arcanum* est ce que l'*Arca* renferme. L'*Arcanum* de l'arche, c'était le secret du monde qu'elle renfermait dans son sein. L'archéologie s'occupe de rechercher le secret des monuments antiques; l'archaïsme, c'est le secret des langages qu'on ne parle plus; c'est une forme des temps passés adaptée souvent plus mal que bien au langage moderne.

L'arche ou les arches d'un pont réunissant les deux bords opposés d'un courant d'eau, jettent sur le fleuve un couvert qui supplée au défaut de continuité entre les deux rives, tandis que l'*Arca* forme elle-même cette interruption de continuité entre l'extérieur et l'intérieur. La même expression sert ainsi pour des effets divers.

On peut supposer un verbe *Arcare* qui aurait signifié l'acte de joindre les deux terrains séparés par le fleuve, et d'aller de l'un à l'autre bord. Ce verbe, les Italiens l'ont dans *Varcare* qui n'a de plus que la consonne *V* servant en quelque sorte d'aspiration. De *Varcare* est venu *barca*, barque, avec le changement de *V* en *B*.

Le verbe arrêter, *arrestar* en provençal, vient de *ar*, *ar stat*, une rivière, une montagne est là qui empêche de passer. J'avais cru quelque temps que ce verbe avait pour origine rêt (filet), en provençal *arret*; mais il est bien plus simple de le dériver immédiatement d'*ar*, dont *arrêt*, élévation factice, obstacle imprévu, paraît être un diminutif. Arrêter vient d'*ar* comme araignée, comme *arachné* la filandière. Il y a certainement beaucoup moins d'énergie dans filet et filandière que dans *arrêt*, *aranea* et *arachné*.

L'adjectif Hardi et ses composés, remontent aussi à l'*ar* comme à leur source.

Aura, c'est un vent doux qui vient des montagnes; nos bergers et nos marins appellent *aouro* le souffle léger qui annonce l'aurore et que les poëtes antiques disaient être l'haleine embaumée des coursiers du soleil; *aurora* peut se décomposer ainsi : *auræ hora*, l'heure de la brise légère, de la brise embaumée, qui en passant a recueilli les parfums de la montagne.

Dans ce vers charmant du Père Commire, qui dit en parlant d'un papillon :

> Florem putares nare per liquidum Æthera,

l'*ar* des torrents, des fleuves, de la mer est transporté dans les régions aëriennes; et remarquez bien

la différence délicate qui se trouve entre *nare* et *nature*. Le *T* impulsif de ce dernier verbe révèle la répétition d'un effort, tandis que *nare* n'indique pas la
moindre résistance à vaincre ; le papillon vole comme
l'air s'épand, d'un cours fluide, avec légèreté, en
glissant.

VII

Quand les hommes se mirent à bâtir des villes, on
eût dit qu'ils faisaient effort pour se rapprocher du ciel
comme l'arche, tant ils portaient de soin à ne construire qu'en lieux élevés leurs demeures fixes et per-
manentes ! La crainte des eaux entrait pour quelque
chose dans cette constante précaution. Les anciens,
même à une époque peu reculée, ne faisaient jamais
passer leurs chemins dans le creux des vallons ; on les
tenait à mi-côte autant qu'il se pouvait, surtout dans
les pays où les transports n'avaient lieu qu'avec des
bêtes à bât. Mais la crainte des eaux n'était pas l'unique motif. Les attaques des peuplades voisines étaient
à redouter aussi dans cet ordre de choses qui nécessairement amenait des rivalités, des jalousies, réchauf-
fait et perpétuait les haines, mettait en jeu les mauvais
sentiments de l'homme plutôt que les bons. Quand on
ne pouvait pas s'arranger sur une hauteur, on s'établis-
sait dans une île, au milieu d'un fleuve, ou sur la mer.
La même idée de séparation, de retranchement, de
castration *castrum*, présidait au choix de la place où
devait se dresser soit une ville, soit un camp.

La tour de Babel et la confusion des langues caractérisent parfaitement cette époque de la civilisation antique. L'espèce humaine, en se fractionnant perdit à la fois l'unité de langage et l'unité de culte. L'extrême division des peuples, le besoin de se restreindre, de se cantonner là où s'offraient des moyens de vivre suffisants, expliquent les transformations étranges, inconcevables, inconciliables que subit dans le monde l'idée d'un Dieu créateur et conservateur. La fraternité n'allait point au-delà des groupes d'hommes qui s'étaient réunis une fois. Les peuples divers n'étaient plus frères, ils n'étaient que voisins ; et c'est du voisinage que naissent toujours les inimitiés. Des ennemis ne pouvaient pas avoir un seul et même Dieu, un seul et même protecteur, un seul et même promoteur. Chez une nation qui avait éprouvé les mêmes vicissitudes, qui avait affronté les mêmes périls, surmonté les mêmes misères et reçu la même loi, le mont Garisim et la montagne de Sion devinrent deux métropoles diverses, ennemies. Des modifications furent apportées dans le culte comme dans le langage de ces deux fractions nouvelles : et quels changements ne durent donc pas s'opérer dans la religion et la langue des peuplades depuis plus longtemps détachées du tronc primitif, et qui s'en étaient de plus en plus éloignées pour se mettre à portée de moyens d'existence que d'autres peuplades n'eussent point envahis encore.

Toutefois, malgré les modifications sans nombre que le radical *ar* éprouva, et dont quelques-unes passeront sous nos yeux comme exemples pris entre mille, on le retrouve pur et net dans le langage de peuples bien

séparés et bien distincts. Ce mystérieux radical a triom-
phé des longs efforts que les peuples, en travaillant à
leur langue particulière, ont fait à l'envi pour ne
plus entendre les autres peuples et n'en être plus entendus. Fatal conflit des langues et des mots d'une
même langue avec lesquels, dans chaque grande nation
prise à part, se sont élevées tant de querelles intesti-
nes, tant de tempêtes et de révolutions morales, politiques ou religieuses, dont le résultat infaillible fut
toujours de donner aux idées humaines cette mobilité
qu'on ne peut suivre sans broncher à chaque instant,
cette fixité du fanatisme, qui rend stupide et furieux,
cette incohérence qui ressemble au délire, cette ex-
travagance qui renverse et foudroie les esprits.

Dans ce vers de Virgile :

   Saxa vocant Itali mediis in fluctibus ARAS,

ara se présente comme un rocher de toutes parts isolé ;
on l'a traduit par autel. C'est fort bien ; mais *ara* formé, sans conteste, du radical *ar*, était proprement le
lieu haut où se rassemblaient en des jours solennels,
soit pour faire un sacrifice, soit pour tenir conseil,
les peuplades ou nations d'une même origine. Il y
avait l'*ara Ubiorum*, l'*ara Lugdunensis*, etc.

Le double sens d'autel et de montagne où les nations se groupaient autour d'un autel, s'est conservé à
Rome dans *ara cœli*. L'*ara* n'était point l'*altare*, mais
il en faisait partie ; la Bible dit de Jéroboam : *Et as-
cendit super altare, ut adoleret incensum ;* cet encens
était brûlé sur l'*ara*. Plus bas on lit : *Jeroboam stante
super altare, et thus jacente.*

Quoi qu'il en soit, le radical *ar* qui forme le mot *ara*, et qui figure deux fois dans *altare*, comme nous pourrons le voir dans la suite, est réclamé par l'*arx*, par la citadelle bâtie sur la hauteur. Chez les Arabes du *Tell* la tribu se nomme *aarch*, nom qui rappelle l'idée de maison, de demeure fixe *arx*; pour les nomades, la tribu prend le nom de *Nedjaa*, qui exprime une grande population en marche avec ses troupeaux.

Minerve, dont le temple était bâti sur une hauteur, avait chez les Athéniens le surnom d'*area*. Quand le Dieu de la guerre présidait à la défense des hauteurs, des citadelles, c'était *Ares*; nous verrons comment l'*Ares* des Grecs devint le Mars des Romains. Jupiter *Areus*, c'était Jupiter guerrier. Le mot *Arma*, ce qui servait à défendre l'*arx* ou à s'en emparer, ne pouvait avoir que la même origine.

Area, c'est-à-dire Minerve, était l'inventrice des arts; la religion et les arts sont descendus des hauteurs. *Areté* en grec, c'est la sagesse, et l'on appelait *Aretalogi* ceux qui discouraient sur la vertu. La civilisation a commencé son œuvre, a préludé à ses miracles sur les hauteurs de l'Asie, comme sur les hauteurs de la Grèce. Les hauteurs ont aidé aux méditations de l'homme comme à sa défense. Le temple de Minerve était connexe à la citadelle d'Athènes.

Gloria in Excelsis (1) *Deo*, Gloire à Dieu sur

---

(1) L'Evangile selon saint Luc, porte *in altissimis*, dans les plus hauts, c'est-à-dire dans les cieux. Le canon de la messe dit *in ex-*

les hauteurs, ainsi chantaient les anges quand ils
annoncèrent aux bergers la naissance de celui qui
venait rendre à la société humaine l'unité perdue;
oui, gloire à Dieu, à Dieu seul, sur les hauteurs où
sa loi nous fut donnée, mais où Baal eut ses temples;
sur ces hauteurs, lieux d'élection et quelquefois
d'abomination; sur ces hauteurs d'où s'épandirent
les arts et les sciences de l'homme, tantôt comme une
source limpide et féconde sous les arbres qu'elle fait
naître, tantôt et trop souvent comme des flots bourbeux et mugissants qui portent au loin le ravage et le
deuil! Gloire à Dieu sur les hauteurs, à Dieu seul!
Que les voix impures se taisent, que des voix saintes
surmontent tous ces bruits discordants, tous ces orages,
tous ces tumultes des passions viles qui s'agitent sans
relâche et sans trêve, tous ces bouillonnements horri-
bles d'une science que l'esprit de Dieu n'échauffe plus
et d'où ne s'exhalent que des poisons et la mort!
Gloire à Dieu sur les hauteurs et paix sur la terre aux
hommes de bonne volonté!... Hélas! de nos jours
plus qu'en aucun temps peut-être, l'un n'est pas moins
difficile à obtenir que l'autre. Pour des hommes de
bonne volonté, il n'est plus de paix sur la terre. Ayez
des intentions droites, songez à faire aux autres tout le
bien qui est en votre puissance; la plupart des hommes,
ceux qui parlent, ceux qui agissent le plus, ne voudront voir en vous que les mauvaises intentions dont
ils se préoccupent eux-mêmes. Ils ne jugeront pas de

<hr>

celsis, et le livre des rois appelle *Excelsi* les lieux hauts où Israël,
séparé de Juda, péchait contre Dieu.

l'arbre par ses fruits, mais par la sève qu'ils lui supposent ; ils ne le feront vivre que de leur vie, d'une
vie trop souvent dépravée ; dans l'air qui le caresse ,
ils ne voudront voir que leur propre souffle, le souffle
qu'ils ont pris dans une atmosphère empoisonnée.

Les Arabes et les Espagnols ont le mot *arracife*
dont nous avons fait *récif* et qu'on donne aux sommets
des montagnes sous-marines. Le commandant d'une
galère s'appelait aussi chez eux *Arraiz* et par abréviation *Raïz*. De *Raïz* nos pêcheurs provençaux ont fait
Rey, *lou Rey de la madrago*, *lou Rey de la mar*. *Rey*
en provençal, c'est roi en français et *Rex* en latin.
Rex peut avoir été une abréviation, d'*Arraiz*, et
Regere d'arréger. Ceci n'est qu'une observation faite
en passant, et de laquelle nous pourrons plus tard
tirer quelque déduction.

Je viens de lire dans le récit d'un voyageur allant
à *Rio-Janeiro* ce qui suit : « Bientôt à gauche, on
« voit sortir de l'onde une jolie petite île bien monta-
« gneuse et bien escarpée qu'on appelle l'île *Rase*
« probablement par esprit de contradiction. » Il n'y
a pas d'esprit de contradiction là dedans ; il serait à
désirer qu'il n'y en eût pas davantage autre part et
pour des sujets plus graves. L'île *Rase* des côtes du
Brésil est dans la même catégorie que l'*arraiz* des
Arabes appelé plus communément le *Raïz*, et que
le mot *arracife* devenu *récif*. L'île *Rase* a dû s'appeler
d'abord *Arras*.

Le radical *ar* prenant une acception métaphorique,
a formé *aries*, le bélier, le chef du troupeau, en pro-

vençal *aret*, *arna*, c'est la brebis, la mère d'un agneau.

Il se présente à la tête de tous ces noms de princes orientaux *Artaxercès*, *Arsacès*, *Artaban*, etc.

Il est dans celui d'Aaron, le premier souverain pontife des Juifs, et le petit glossaire qui accompagne la Vulgate, traduit *Aaro* par *mons* ou *montanus*.

Ar commence aussi le mot qui désigne le gouvernement des hommes par les plus puissants et les plus riches d'entre eux, l'aristocratie. Les Athéniens n'avaient-ils pas leurs *archontes*? En d'autres noms composés comme l'étaient toujours ceux des princes d'Orient aux époques les plus reculées et comme le sont encore ceux des Arabes, le radical, expression de la dignité suprême, se présente à la fin; ainsi *Nabonassar*, *Theglatphalassar*, *Nabopolassar*, *Salmanasar*, etc.

Dans le besoin que j'éprouve de grouper mes exemples pour les rendre plus concluants, je suis amené plus d'une fois à faire des anticipations, mais je ne le puis toujours. J'ai déjà montré dans *S*, dans cette consonne sifflante, une sorte d'aspiration qui ne change rien au sens du radical et ne modifie que l'émission vocale. *Sar* et même *Ser* avec une voyelle pour un autre dit autant que *Har* ou *Her*. Tels sont les noms de *Sardanapale*, de *Sarac*, etc. Dans *Asaradon*, *ar* me paraît être devenu *As*; nous verrons des exemples de cette autre transformation.

J'ai lu dans je ne sais plus quel vieux livre que l'archange saint Michel était nommé *Sar Apanim*, prince des *faces* (*face* de *faccre*), ou effets de Dieu. *Tsaïr*, parmi les Arabes désigne encore aujourd'hui le maître absolu, le souverain Seigneur. Le titre de *Tzar* vient plutôt, à ce qu'il me semble, de ces qualifications orientales que de Jules-César.

Je ne sais pourquoi le nom d'Argus me présente l'idée d'une montagne d'observation, d'une vigie, comme on dit aujourd'hui, d'un poste élevé d'où l'on peut découvrir tout ce qui se passe à la ronde et au loin. Les cent yeux d'Argus ne disent-ils point tout cela?

Dans les langues du Nord *Ari* et *Orn* signifient aigle, et le nid des aigles s'appelle en français *aire*.

Nous avons trouvé le radical *ar* dans *aroma*; d'après ce qui précède, on le reconnaîtra peu déguisé dans sarriette, serpolet et dans une infinité d'autres noms qu'il serait fastidieux de rechercher. Les transformations diverses qui passeront sous nos yeux pourront nous le faire supposer dans d'autres catégories de noms, où l'on n'irait pas d'abord le soupçonner.

Le mot latin *Herus*, maître, celui de Héros, le mot germanique *Herr*, l'Italien *Ser*, *Messer*, et même le Catalan *sen*, *monsen* ne sont autres que *ar*, *er*, *har*, etc. Martianus Capella dit que les Héros, comme les demi-Dieux, se tenaient au milieu de l'espace ou de l'air, jusqu'aux limites des montagnes et de la terre, et que les héros étaient ainsi nommés parce que les anciens appelaient la terre *Hera*. *A medietate aëris usque in montium terræque confinia Hemithoi Heroësque versantur, qui ex eo quòd Heram terram veteres dixerunt, Heroës nuncupati*.

De *Hermun*, les Romains avaient fait *Arminius.* J'ai vu traduire *arimannus* par homme vertueux ; mais le mot de vertu doit s'entendre ici dans le sens de force. L'Ariman, l'Hériman fut d'abord l'homme des lieux hauts tenant avec un bras de fer dans sa dépendance et dans la subjection les hommes de la plaine. C'est peut-être le mythe d'Oromase et d'Arimane, de l'étendue riche en produits et de la montagne sauvage d'où se précipitent les torrents et les conquérants qui emportent et détruisent. C'est aux Arimans, Hérimans ou seigneurs et maîtres des époques les plus reculées, que s'appliquaient ces vœux du psalmiste : *Fiat pax in virtute tua et abundantia in turribus tuis !* En style du moyen âge, on pourrait traduire ainsi : Que la paix soit dans ta baronie, et l'abondance dans tes châteaux ! Cette idée sera mieux développée en son lieu.

Aruns, dans l'Enéide, était peut-être un montagnard et *Turnus* un homme ayant des tours, un roi. Dans le nom propre d'un vieux philologue assez distingué, *Arias Montanus*, le dernier nom traduit en latin le premier. Le nom de famille *Arouet*, qui était celui de Voltaire, pourrait bien avoir eu jadis le même sens qu'*Aruns*, et celui d'*Arius* ou *Aërius*, le fameux hérésiarque, ne serait pas venu d'une autre source que le véritable nom du chef des philosophes modernes.

A propos du nom de Voltaire, Domergue, dans sa grammaire française simplifiée, édition de 1782, p. 86, dit, en parlant des noms propres imposés par les circonstances : « que le jeune Arouet, voyageant en « Italie, tomba malade à Volaterra. Toute la ville,

« ajoute notre grammairien, craignit pour les jours de
« ce génie naissant. Les magistrats et les personnes du
« premier rang lui prodiguèrent les soins les plus
« empressés ; et par reconnaissance, il prit le nom de
« *Voltaire*, nom célèbre que les muses prononcent
« avec enthousiasme, et que la religion n'entend jamais
« sans frémir. » Domergue était des plus habiles en
fait de syntaxe et fort méticuleux surtout ; quant aux
origines, il les cherchait, comme on voit, aux rives
prochaines et les prenait sans beaucoup d'examen.
Voltaire n'est jamais allé en Italie ; il ne quitta le nom
de son père, ce qui est toujours assez mal-honnête,
que pour en prendre un autre qui sonnât mieux.

Cette conjecture que je hasarde sur les noms propres
Aruns, *Arias Montanus*, Arouet, peut s'étendre au
nom d'Arnaud, *Arnau*, *Arnaou* en espagnol, et en
portugais *Arnao*, ainsi qu'à celui des Albanais, autrement appelés *Arnautes*, *Arnaouts*, c'est-à-dire montagnards.

Ces *Ardeliones* dont parle Phœdre, est *Ardelionum
quædam Romæ natio*, s'ils n'étaient montagnards
venus des Apennins, de la Sabine ou de toute autre
partie du haut pays pour se mêler de tout à Rome, pour
tirer parti et profit de tout, devaient être au moins de
ces gens qui se donnent de grands airs, et font sonner
bien haut, à une hauteur où n'arrive point leur
mérite, des services réels ou prétendus. Serait-il impossible que la qualification d'*Arléri* donnée en Provence
à un faiseur d'embarras, dont la tête est vide et l'esprit vaniteux, descendît en droite ligne des *Ardeliones*

de Rome ? Arlequin, le Bergamasque, ne serait-il pas aussi de la même famille ?

Aux appellations déjà citées, et en tenant compte des modifications aspiratives ou gutturales dont nous avons signalé la présence, on peut joindre les noms suivants : Sarmet, Jarrier, Gerfroid (ruisseau froid), tandis que Geoffroi, *Gothofredus*, a dû signifier guerrier goth, Garry, Garcin, Garron, Gardon, etc. D'un autre côté, le cap *Boujarron*, sur la côte d'Afrique, c'est le père des montagnes, et par conséquent des tempêtes ; peut-être même qu'un larron, un *laire* en provençal, ne fut d'abord qu'un montagnard descendu dans la plaine pour voler. Ainsi que les noms de lieux, les noms de famille furent tous ou presque tous des adjectifs, des épithètes, des commémoratifs. Aussi, dans ces noms de famille retrouve-t-on des radicaux très anciens, qui peuvent devenir autant de flambeaux dans les profondes et vastes ténèbres de nos origines. Nos sobriquets actuels, quand ils ne sont pas tout-à-fait l'œuvre du caprice populaire, ne renferment-ils pas des fragments précieux d'archaïsme ?

Encore des vues qui se présentent dans ce moment même ! On a beaucoup discuté sur l'origine du mot « asssassin » ; on a parlé d'un *vieux de la montagne*, d'un roi des *Assassins*, c'est-à-dire du chef d'un peuple dont le nom arrivait peut-être sous cette forme aux oreilles de nos croisés. Ne se pourrait-il pas qu'*assassin* eût été primitivement *ararin*, homme du pays d'Aram, montagnard de Syrie, devenu par adoucissement « assassin », comme l'antique *Marsalia* était devenue

Massilia, comme le mot *marra* est devenu *massa*, ainsi que nous pourrons le constater, quand nous en viendrons au radical *as*, ce qui, au train dont nous marchons, et je bénis Dieu de ce développement toujours plus vaste, quoique très irrégulier, ne sera pas de sitôt.

Hœrere qui signifie : être attaché, tenir contre, se coller, ne vient-il pas d'*ar*, ou plutôt de *œr*, et n'exprime-t-il pas la cohésion des roches qui forment une montagne ? Ne semble-t-il pas qu'on veuille dire : être joint ensemble comme les blocs d'une hauteur ?

<h2 style="text-align:center">VIII.</h2>

Nous avons déjà suivi assez loin de son origine le radical *ar*. Notre méthode n'a pas été des plus rigoureuses, il faut l'avouer ; j'aurais dû marcher toujours selon la science ; mais, dans mon entreprise aventureuse, le besoin d'avancer est toujours plus impérieux, plus pressant que l'obligation de bien assurer ses pas. Pourvu qu'on ait l'espoir d'éclaircir plus tard d'inévitables ombres, il est permis, je pense, de n'avoir souci que du but. Continuons de faire ainsi et d'un pas toujours plus ferme, avec une conviction toujours plus intime, gravissons de nouveau la montagne d'où nous sommes une fois descendus ; élevons-nous jusqu'aux plus hautes positions où un radical merveilleux va se placer ; puis, redescendant avec des forces nouvelles, établissons-nous à l'extrême limite de la chûte des eaux courantes, à cette limite où *ar* devient *mar*.

Et d'abord distinguons ces deux stations opposées,

l'une par *aër*, c'est-à-dire, par l'expansion indéfinie, sans limites; l'autre par *aben*, d'où est venu le mot « havre » et qui sera l'expansion restreinte par des rives d'un fleuve.

De la première station nous planerons dans les cieux, nous atteindrons tout ce qui s'en approche, nous arriverons même à ce qui les dépasse et les domine; de la seconde station, nous promènerons des regards plus humbles sur la terre.

Mais des observations un peu détaillées sur la valeur des voyelles et sur leurs permutations fréquentes, comme sur la valeur des consonnes et sur les substitutions auxquelles on les voit se prêter, deviennent de plus en plus nécessaires.

Un savant philologue, M. Roquefort, a cité trente-une manières dont le mot *eau*, réduit de nos jours à trois lettres et au son unique de l'*o*, a été écrit en français. Dans ces trente-une manières, parmi lesquelles ne figurent point les plus récentes et même la manière actuelle, les cinq voyelles, non pas toutes ensemble, mais en différents groupes, plus ou moins incomplets, se combinent entre elles et avec *G*, *Q*, *F*, *V*, et *S*, *V*, *BB*, *W*, ainsi qu'il suit : *eage*, *eague*, *edige*, *eauwe*, *beue*, *effe*, *eque*, *effve*, *eve*, *esve*, *ebbe*, *iaue*, *iawe*, *yaue*, *yawe*, *awe*, *aiwe*, *aive*, *aé*, *aez*, *aige*, *aique*, *aigue*, *aygue*, *aiffe*, *aife*, *aau*, *aie*, *aaige*, *aage*, *age*; et de ce dernier mot, cet habile philologue conclut qu'on doit dire d'une personne trempée de sueur : elle est en *age* (eau), et non pas en *nage*, ce qui n'est, dans le fait, qu'une expression absurde.

Après cette citation, je pourrais croire en avoir assez dit sur les permutations si fréquentes des voyelles : mais comme il faut également connaître leur valeur propre et leur valeur relative, j'apporterai d'autres exemples.

Un philologue italien, Francesco Redi, qui florissait au XVIIe siècle, et qui, avec d'autres bons ouvrages, a laissé des lettres relatives à des questions de langage et au Dictionnaire de la Crusca, répondant à un certain Gio. Carlo de' Dottori, qui lui avait demandé son avis sur le mot *Pirucca*, dont il s'était servi dans une satire, au lieu de *Parrucca*, lui écrit : « Il est vrai que certains jeunes gens châtouilleux (il dirait aujourd'hui *fashionables*) emploient le mot *Perruca* pour se rapprocher du français, car rien ne leur agrée s'il ne vient de France et n'a pas quelque parfum de ce pays, et je m'aperçois déjà que *Perruca* jettera par terre, avec le temps, le mot antique et de bonne souche toscane *Parrucca*, d'autant plus que de l'*e* à l'*a* et de l'*a* à l'*e*, le passage est commun chez les plus anciens auteurs. Ne vous étonnez point si je dis que ce mot est ancien en Toscane. *Ello vi è antico antichissimo* et se dit non-seulement d'une chevelure factice, mais encore d'une chevelure naturelle. » En cette occasion, Francesco Redi cite des vers de Bernardo Bellincioni, florentin, qui furent imprimés en l'année 1493, et qui finissent ainsi :

> .... Cercate sale in zuccha,
>
> Perchè Assalon morì per la parrucca.

et moi je cite ces vers , à mon tour, seulement pour montrer en manière d'épisode, dans *Zucca*, notre mot Nuque, avec la substitution de *n* à *z*.

Revenant à notre propos, ce n'est pas seulement entre l'A et l'E qu'il y a permutation fréquente, mais entre toutes les voyelles. Il est vrai que dans les langues du Midi, la consistance des voyelles est beaucoup plus ferme, les nuances qu'elles servent à exprimer sont plus marquées et plus fixes. Le Midi n'est pas un pays de vapeurs et de brumes. Les langues du Midi ont l'éclat, le son et le poids de l'or. Dans la composition des autres langues occidentales , il est entré du fer qui se couvre de rouille, et du plomb qui pèse et se façonne aisément, mais ne brille guères.

Voici, du reste , en commençant par *aër*, ce qu'on peut rappeler de plus important sur les voyelles et les diphtongues.

Aër est une prolongation de *ar*. La différence de l'*a* à l'*e*, de l'*a* plein et sonore à l'*e* moins retentissant et plus humble, se trouve bien marquée dans *prædicare*, prêcher, publier partout, dire à tout venant, proclamer à son de trompe et cri public, et *prædicere*, dire seulement par avance ou prédire. Dans *aër*, *a* le plus éclatant, le plus grave, le plus élevé des sons, se retourne et décline vers le son *e*, plus faible; ainsi tout bruit en s'épandant perd de sa force, et le son qui va se répétant d'écho en écho est renvoyé toujours plus sourd et plus faible de l'un à l'autre et finit par s'éteindre.

Dans Lucrèce et les plus anciens poètes latins, *œ*

s'écrit *aï*, *lampadæ*, *lampadaï*, etc., *a* s'appuie alors sur un son délié, plus mince, moins plein que *e*, et qui a servi de tout temps à former l'expression de la plainte. Quand Ovide raconte les regrets d'Apollon après la mort d'Hyacinthe, et que, parlant de la fleur à laquelle est resté attaché le nom de ce beau jeune homme, si fatalement tué par son divin ami, il dit que :

> Ipse suos gemitus inscribit, et AI, AI
> Flos habet inscriptum, etc.

C'est l'*a*, interjection d'étonnement, de surprise, d'admiration, descendu à une interjection de plainte que le dieu du jour inscrivit sur la fleur qui était née de ses larmes.

Il y a dans le mot *æger* ou *(aïger)*, malade, une onomatopée qui, je crois, n'est guères aperçue. Æ , *aï* , étant un cri de douleur, on peut dire qu'*æger* est celui qui souffre, qui porte la douleur, *aï*, *aï*.

OE, *oï* est aussi une interjection en provençal, mais elle marque plutôt la joie.

Ou, d'où vient le verbe *huer*, est une interjection d'appel à laquelle répondent les interjections provençales *aou*, *oou*, qui se confondent d'ordinaire.

D'autres voyelles seules ou combinées soit entre elles, soit avec des consonnes, servent à former des interjections, des exclamations. Il n'est pas nécessaire que j'en parle.

Le son A domine dans la foudre qui éclate, dans la branche qui se casse, dans la cascade qui tombe et rebondit pour tomber et rebondir encore, dans l'*Anio* qui se précipite, *præceps Anio*, dans les clameurs de la trompette.

Le son *O* domine dans le bruit du canon, dans le *Sonus horrendus* qui résonne sur toutes les grèves, quand des vagues hautes comme des montagnes, *præ-ruptus aquæ mons*, déferlent sur les galets retentissants ou se brisent contre les rochers couverts d'une blanche écume qui se joue et ruisselle parmi les algues vertes et brunes tour-à-tour pendantes ou échevelées. Le son *Ou* est celui que les échos répètent, les échos lointains assourdis par le bruit du canon ou des vagues. L'*U* français est à l'*U* latin ou italien et espagnol comme l'*E* est à l'*A*; c'est une dégénérescence et comme un avortement; il signale en quelque sorte une prononciation comprimée, glacée. Ce n'est pas l'air du Midi qui a soufflé un pareil son.

Maintenant que nous savons des voyelles ce qui importe le plus, il nous sera moins difficile d'entrevoir quel résultat peut amener leur conjonction avec les diverses consonnes, conjonction nécessaire et d'une obligation inflexible, sans laquelle des voyelles ne seraient qu'un vain son, tandis que des consonnes seraient bien moins encore; on ne pourrait pas même les prononcer.

IX.

A la voyelle *A* de *Ar* viennent se substituer toutes les autres voyelles. Cette substitution modifie le sens primitif, sans le détruire. Pour prononcer les voyelles,

il ne faut qu'une impulsion de voix. On peut dire que
de là et des services continuels, indispensables qu'elles
rendent est provenue cette facilité à se confondre, à
permuter, si l'on veut, du reste, se faire l'idée des
changements de voyelles et de consonnes opérés sans
motif grammatical ni même euphonique, on n'a qu'à
se rappeler certains bouleversements de langage qui
prennent cours chez le peuple et qu'il n'est plus possible de rappeler à l'état normal. Y a-t-il un mot de
notre langue politique actuelle qu'il n'ait déformé et,
si j'ose dire, barbarisé ? Le mot de mairie, par exemple, si simple, si fréquemment employé, n'est-il pas
devenu pour les trois quarts du peuple parlant en
français *Mairerie* ? Que n'a-t-il pas dû faire pour des
mots arrivés jusqu'à lui par le cours des siècles ; quand
les expressions créées de nos jours deviennent à l'instant même si méconnaissables dans sa bouche ! D'habitude il n'adopte rien dans le domaine intellectuel
sans le façonner plus ou moins à ses caprices grossiers,
et sans lui faire exprimer avant tout son ignorance.
Aussi que de précautions ne faudrait-il pas pour l'instruire !

En grammaire toutefois il y a moins de faux jours,
moins d'acceptions défectueuses, moins de contre-sens
invétérés que dans la plupart des autres occupations
de l'intelligence humaine. Il est rare qu'une variation
de son ne modifie pas l'idée à dessein de la présenter
sous d'autres rapports plus ou moins remarquables.

Ainsi dans les radicaux *Er*, *Ir*, *Or*, *Ur*, l'idée
soit de hauteur, de profondeur ou de chute, ne s'efface

jamais, bien qu'elle soit rendue avec plus ou moins d'énergie et d'emphase.

Dans *Eridanus*, le Pô, *Ar* est devenu *Er* par convenance euphonique peut-être et pour n'avoir pas tant de noms de rivières commençant par *Ar*; mais *erigere*, dresser, présente réellement une modification à l'idée de hauteur.

L'*Er* d'*erigere* se trouve dans *Ver*, « printemps, » c'est la saison où les végétaux poussent, montent, se dressent. *V* se confond avec *F*; l'adjectif *Ferax* sort de la même famille que *Ver* « printemps, » ainsi que le verbe *Ferre* et l'adjectif *Ferox*; c'est toujours ce qui pousse, ce qui s'échappe avec énergie de la terre, du corps ou de l'âme. J'oserais même dire que *Verus*, « vrai, » et par conséquent *Veritas* viennent de *Ver* « printemps. » La vérité n'est-ce pas ce qui s'échappe naturellement, par sa seule force, par sa vertu interne comme le germe sort du grain?

La consonne M devant *er* se comporte comme devant *Ar* : *M-erigere* ou *M-ergere* c'est plonger, c'est l'opposé de dresser.

Irasci vient de *Ira*; mais *ira* n'est-ce pas l'acte du serpent ou de tout autre animal qui se dresse gonflé de colère? *Irritare*, ne veut-il pas dire au propre faire dresser quelqu'un de colère? L'adjectif *irritus* exprime fort bien l'anéantissement qui succède à une forte irritation, tandis que *Hirsutus*, hérissé, n'exprime pas avec moins d'énergie la fougue, les élans, les saillies de la colère.

Mirari, au contraire, d'où *Miraculum*, mirer, miroir,

etc., exprime l'acte le plus tranquille, celui d'admirer, de contempler.

Le changement d'*ar* en *or* est un des plus ordinaires et des plus féconds. Il mérite toute notre attention. Je crois n'avoir pas besoin de rappeler que les signes aspiratifs peuvent disparaître sans risque dans les élucubrations philologiques, c'est un flambeau dont on n'a pas toujours besoin.

Ar, ar signifie le commencement, le point de départ de chaque chose; de là *aurora*, naissance du jour : *aura*, c'est proprement le vent doux et frais qui devance l'apparition du soleil.

De *ar* à *aur* le passage est insensible comme de *aur* à *or*. En des mots où il n'est pas amené par quelque modification imperceptible de la pensée, comme dans *aurum*, dont nous avons fait *or*, le premier des métaux, la dipthongue latine se fond, et s'efface; comment subsisterait-elle dans *ora*, « bord, » extrémité? Dans ce monde infini, l'extrémité, la fin de chaque chose étant l'origine, le premier pas d'un autre, les deux radicaux ne pouvaient que se toucher par le son, comme ils se touchent par le sens.

Mais *ora*, « bord », *oros*, « montagne », *orior*, *origo*, *ordior*, *ordo*, etc., ne sont pas les produits les plus remarquables de ce radical; *Hora*, l'heure ou partie du jour indiquée par la position et par l'étendue de l'ombre que les montagnes projettent, ainsi que par l'extrémité même de cette ombre; l'horison, borne de la vue et présentant autour de nous des limites qui ne sont nulle part dans l'univers de Dieu, dont celui des hommes n'est qu'une partie infiniment petite, ont le même radical avec lequel *oros* a été fait. A l'orage qui se forme et commence à gronder dans les montagnes, il ne faut pas non plus chercher une autre origine. Les orgies ont emprunté leur nom aux courses folles et désordonnées qu'on faisait dans les montagnes à l'occasion des fêtes de Bacchus. Les Oréades étaient les nymphes des montagnes, on les rencontrait à l'orée des bois, dans les clairières, jouant et folâtrant par un beau clair de lune. Le thon s'appelait *Orcynus* parce que, dans ses migrations périodiques, il côtoie les montagnes abruptes qui s'élèvent au dessus de la mer sans intermédiaire de plage.

Le nom de la ville d'Auriol peut se traduire par petite montagne; on trouve écrit *Auriolum* et *Oriolum*. *Podiolum*, le Pujol (le petit Puy, le Puget) est le même nom qu'*Oriolum*. Ce dernier qui, selon les apparences, avait précédé *Podiolum* marqué à l'empreinte du moyen âge, a dû se conserver parmi la population comme un de ces indices d'une origine grecque chassés des actes publics par un latin barbare, qui recueillait les plus anciens vocables du pays avec plus de soin et d'amour que les locutions de Cicéron et de Démosthènes. Au reste, le voisinage de Marseille présente fort peu de ces indices; l'antique *Romancium* a persisté presque partout; il a survécu aux importations grecques et romaines, qui, du reste, ne pouvaient que donner sous une autre forme ce qu'on avait déjà.

Dans l'automne de l'an 1376, le Pape Grégoire XI reportant d'Avignon la chaire pontificale à Rome, passa une nuit à Auriol. Dans son itinéraire, écrit en vers latins rimés, on lit :

In montibus et super saxa construitur novella civitas.

Cette *novella civitas* était la ville d'Auriol d'aujour-d'hui. C'est à tort, je pense, qu'on a donné pour origine à ce nom d'Auriol la voie aurélienne. Il faut reconnaître dans ce nom comme dans celui même d'*Aurelius* le radical *ar* dévié en *aur* et *or*. Si, dans les anciennes chartes, on trouve *Castrum de Auriolis*, c'est qu'il y avait dans la vallée deux monticules supportant des maisons, l'un de jour en jour abandonné comme l'ancien Six-Fours, l'autre appelant peu-à-peu les cultivateurs à des habitations nouvelles.

Dans une note de la statistique du canton de la Ciotat publiée en 1841, j'avais supposé que le saint Père était venu à Auriol par la Sainte-Baume où il aurait célébré la messe. L'itinéraire ne le dit pas expressément ; l'idée ne m'en était venue que par ces vers :

In alpibus mula cespitat, campana frangitur, via errata.

Les *Alpes* ou montagnes que j'avais prises pour le plan d'Aups nommé dans quelques titres *Bastita de Alpibus* se trouvent entre la ville d'Aix et celle de Tretz où le saint Père dîna.

In Trecis paratur meridionalis mansio, refectio grata
  Quia civitas amœna.

Il paraît que les Alpes ou montagnes d'Aix à Tretz n'offraient pas de commodes chemins : la mule bronche ; la campane ou brédoule attachée au cou de la mule pour annoncer la venue d'un grand person-

nage se casse et l'on finit par s'égarer ! Pour venir de
Saint-Maximin à Auriol le saint Père passa par *squal-
lantia deserti*, ce qui peut s'appliquer à la Lare, montagne pastorale, comme son nom l'indique. D'ailleurs
l'itinéraire dit en parlant d'Auriol :

In lustris densosis ducitur agnina simplicitas,
Fructibus, seminibus, vinis electis pollet parva communitas.

Dans le nom de la Mauricaude, la plus ancienne
bastide de la vallée d'Auriol, à ce qu'il semble, nous
pourrons étudier encore cette consonne M qui fonc-
tionne d'une manière si tranchée à la tête de quelques
mots déjà cités.

Selon Isidore de Séville, on donnait le nom de *Mau-
riæ* à de longues murailles formant enclos pour quelques vignes, *parietes longi quibus vineæ aliquæ clau-
duntur*, car les Grecs, dit-il, appellent *Macron* ce qui
est long, il aurait pu dire ce qui n'est pas en pointe, ce
qui est opposé à l'escarpement appelé par nos marins
écore ou acore. Isidore de Séville ajoute qu'autrefois
en Afrique et en Espagne on appelait *formatum* ou
formatium les murs de terre que de son temps on appelait en Espagne *tapias*, parce que deux planches perpendiculaires et parallèles servaient à les former plutôt
qu'à les construire. La *Mauricaude* était l'opposée des
Aurengues qui sont sur les hauteurs; on appelle *aurailles*
les terrains en pente, les coteaux défrichés. Les anciens ermitages appelés *Laures* étaient sur le flanc des
montagnes. La consonne *L*, comme nous l'avons déjà
vu, particularisait ces lieux qui, sans être la mou-

tagne même, en formaient une partie plus ou moins considérable. Dans le mot *Lare*, on considère spécialement la montagne comme pâturage ; en vieux français on disait *Larris*.

La Mauricaude était donc un enclos dans la plaine. Les noms de famille Mauric, Mauri, Maury viennent de *Mauria*. Le Maroc est ainsi appelé à cause des belles plaines qui sont au pied de l'Atlas occidental et dont la ville de Maroc est entourée. Les Romains avaient donné ou laissé plus probablement encore à ce pays le nom de Mauritanie. En Algérie, un pays de montagnes s'appelle l'*Aurès*, ce qui est tout l'opposé de *Mauria*. La Maurienne, vallée de Savoie, a quelque rapport avec la Mauritanie.

C'est probablement par une fausse interprétation de nom, qu'on a sculpté à je ne sais quelle époque une tête africaine sur la principale porte de la Mauricaude. Du reste, la seconde partie de ce nom donnera lieu plus tard à quelques observations.

Le nom de famille Maurel, par les mêmes raisons que ci-dessus, est opposé à Aurel ; ici la hauteur, la montagne ; là, selon toute apparence, la plaine. Les Maures ont habité une partie de la Provence ; ils l'ont parcourue et ravagée en plusieurs sens ; mais ce n'est pas une raison pour les voir partout dans notre passé. Au dessus de Ceyreste, une tour ronde, ruinée, est appelée *Mourin Mourié* : cela ne veut pas dire tour des Maures, mais bien « moulin à moudre ». Les moulins à huile étaient tout simplement moulins sans adjonction aucune ; les moulins à farine, étaient plus particulièrement moulins à moudre : *mourin mourié*.

Je ne pouvais pas comprendre qu'on appelât du même nom d'oraison un discours politique de Cicéron, de Démosthènes, d'Isocrate et un entretien pieux avec Dieu ou avec soi-même dans la solitude, sur la montagne, à l'ombre d'un rocher qui domine les flots toujours agités comme notre vie, au murmure des vagues qui se brisent sur des écueils immobiles, comme nos jours sur l'impérissable colonne de l'éternité, loin, bien loin de tous les bruits du monde, de toutes ses folies, de toutes ses tempêtes, et j'ai pensé enfin qu'*orare*, prier, venait de *oros*, et *orare*, parler, discourir, de *Os*.

Orior, je nais, je commence à former ce faisceau de jours qu'on appelle la vie ; les années s'appliquent l'une à l'autre comme les tiges de fleurs que la jeune fille moissonne dans la prairie pour les offrir à ses parents ou pour les déposer sur l'autel de la Vierge en un jour solennel ; un ruban, un fil les attache et les réunit, mais ce fil, jeunes gens qui me lirez peut-être, un ennemi qui s'attache de préférence à tout ce qui rit, à tout ce qui se plaît et se joue et folâtre dans le monde, s'apprête peut-être dans l'ombre à le couper : et alors ce bouquet de jours qui n'étaient encore pour vous que des fleurs ajoutées l'une à l'autre avec toutes les joies, toutes les espérances du printemps, ces fleurs, ces joies, ces espérances, ce faisceau commencé se renverse, s'éparpille à terre et celui qui le formait n'a que le temps de dire *Morior*, je meurs.

Il se forme pour les peuples non pas un faisceau de

jours, mais un faisceau d'idées, de sentiments, d'ins-
titutions, de mœurs, d'aptitudes et de talents qui fait
leur vie. Il y a tout plein d'inégalités, de contrastes dans
ce faisceau, mais cela même le maintient, le fait subsister. Le faible s'appuie sur le fort, le travail des uns
naît de la richesse des autres ; les bras se mettent au
service du génie, la gloire des arts fait la parure des
villes, l'abondance fait le bonheur des campagnes ;
tous, riches et pauvres, faibles et puissants, vivent sans
inquiétude au soleil. Tant que ce faisceau dure dans son
union, le spectacle qu'il présente réjouit le ciel et la
terre ; mais je ne sais quel ciseau d'Atropos, quel instrument de malheur vient couper le fil qui tenait uni
cet admirable faisceau ; soudain il se renverse, toutes
les grandeurs gisent à terre comme l'ormeau renversé
par la tempête sur la vigne qu'il protégait, écrasant
de leur poids ce qui naguères s'appuyait sur elles ; la
source du travail est tarie ; l'usure, ce démon étique qui
s'enfle et n'engraisse jamais, sourit au milieu des ruines
et ramasse tout ce qu'elle peut plus facilement saisir de
ses mains avides. Une prétendue égalité triomphe,
mais pas pour longtemps, pas même pour un jour. Ce
ne sont plus les mérites divers, les gloires de tout genre
qui sont en présence, ce sont les vanités et les écus.
Plus d'aristocraties légitimes ; avec elles, il faut de
la science, du goût, du savoir-vivre, des vertus so-
ciales ; chimères que tout cela ! La démocratie n'a besoin
que de la matière, elle ne vit que de la matière ; les
seuls triomphes de la matière lui conviennent ; mais
où vont les peuples avec ces triomphes extravagants !

On frémit d'y penser. Il se reforme bien quelque chose qui a l'air d'un autre faisceau social. Mais si le renversement du premier a fait naître la démocratie, quand celle-ci est supplantée à son tour, qui apparaît à sa place !

A *Hora*, à ce temps qui passe et qui fuit, répond *Mora* ; mais quelque bref que soit le retard et quelque ennuyeux et fatigant qu'on le trouve quelquefois, il ne peut pas toujours se rapprocher de nous, aussitôt qu'on le voudrait, l'instant qui décidera pour jamais de nos aventures, comme disait un illustre et pieux solitaire (1); et celui qui accumule des années sur sa tête, si le soin de l'avenir, si la pensée d'une autre vie ne le préoccupe point, n'a souvent que le plaisir d'en avoir vu passer une infinité d'autres avant lui, triste plaisir !

Dans *l'Ur Chaldæorum*, il n'est pas difficile de reconnaître l'*Ara* d'autres peuples antiques.

Urgere, c'est presser latéralement pour faire monter, sortir, jaillir. *Mulgere*, ce n'est pas une expression à sens inverse, comme les autres où M intervient. Ici la violence est remplacée par la douceur ; c'est la bergère qui trait ses brebis, c'est l'enfant qui presse le sein maternel : c'est avec le changement de *G* en *C* ce qui adoucit, ce qui appaise, ce qui rend calme, ce qu'il y a de plus caressant et de plus doux dans la vie, *mulcere*, *mulcedo*.

X.

Nous avons vu dans le précédent paragraphe quelques exemples de permutations de voyelles devant *ur*,

(1) L'abbé de Rancé.

et comment l'idée que ce radical représente peut se modifier, sans que le fond cesse d'être le même. Maintenant nous examinerons le résultat des substitutions de diverses consonnes à la liquide R. Nous parlerons d'abord des trois autres liquides L , M , N.

De toutes les substitutions de lettres , la plus fréquente est celle de L à R et *vice versâ*. *Ti basto pas l'armo,* disent nos Provençaux , le *courage* te manque. Évidemment *armo* est l'*alma* des Italiens, âme, cœur, volonté , etc. En général , le son dur imprimé à *R* est signe de barbarie, de rusticité , à moins qu'un tel son ne soit exigé par la réduplication de la lettre ou par l'adjonction d'une autre consonne. Je ne sais par quelle affectation ridicule, par quelle mode sauvage , les maîtres et les maîtresses d'école, en plusieurs lieux que je connais , prescrivent aux enfants de violer cette distinction importante et de prononcer toujours la lettre R de la manière la plus rude. Ce n'est pas la seule observation de ce genre que j'ai eu le déplaisir de faire. Illustres écrivains du grand siècle , et vous qui , dans le seizième , avez commencé d'enrichir notre langue de cette clarté, de cette grâce , de cette douceur , de cette franchise, qui font sa gloire ; de quel supplice vos oreilles ne seraient-elles point affligées, si en traversant nos rues , vous entendiez le français que nos enfants importent de l'école à la maison paternelle , remplie aussitôt des plus étouffantes, des plus enivrantes fumées de l'orgueil humain ; car il faut bien le reconnaître, de tous les dons que fait une ombre, un simulacre, un spectre de science aux gens qui ne savent rien,

et qui, par condition d'état, ne sauront jamais grand'
chose, le plus réel, le plus considérable, le plus productif de travers et de vices, c'est l'orgueil, c'est la
vaine gloire avec toutes leurs prétentions et leurs conséquences funestes, l'orgueil et la vaine gloire, ces
agents si actifs des plus mauvaises passions politiques,
ces torches fatales qui servirent dans tous les temps à
incendier le monde. Ce n'est rien en comparaison que
l'accent provincial dont plusieurs de nos grands écrivains n'ont pu se débarrasser après un long séjour à
Paris, rien, absolument rien. Quelles inconcevables locutions ! quels étranges barbarismes !

Il y aurait un remède à cette affreuse détérioration
qui menace dans l'usage familier notre belle langue ;
ce serait de nous envoyer des maîtres dont un patois
provincial n'aurait pas été la langue maternelle. Peut-
être aussi plus de sévérité serait-elle nécessaire dans
l'examen qu'on fait subir aux maîtres. Il en est aujour-
d'hui qui, en témoignage de leur mérite, présenteraient
bien tout un médailler de pièces en argent et en
bronze, frappées à leur honneur, gloire et encoura-
gement, mais qui ne peuvent pas faire un petit mémoire de cinq à six articles pour obtenir de la commune paiement de fournitures réelles ou prétendues,
sans hérisser leur modeste écrit de cinq à six fautes
de français ou d'orthographe. Mais à qui la faute ? J'ai
lieu de croire néanmoins que depuis 1830, les brevets
et diplômes ont été délivrés avec plus de discerne-
ment et d'attention. Quant aux médailles, c'est toujours sur le dire des comités d'instruction primaire

qu'elles sont accordées ; et ces comités, ne les forme-
t-on pas avec les citoyens que, par toutes conjectures
d'usage et probabilités officielles, on suppose les plus
habiles et les plus indépendants de l'endroit?

On m'a fait entendre que c'était surtout pour la discipline et la bonne tenue morale que les maîtres et
maîtresses d'école étaient solennellement encouragés.
A la bonne heure! Cela vaut toujours mieux que du
mauvais français, qui rend cent fois plus orgueilleux
et plus stupide que le plus fier et le plus arrogant
purisme, si du reste on se met en devoir d'enseigner
convenablement le catéchisme, et si l'on inspire aux
enfants l'amour du travail, cette excellente vertu so-
ciale, la meilleure garantie des vertus chrétiennes.
Qu'on y prenne garde, il y a beaucoup de désœuvrés,
de fainéants, et par suite, de mauvais sujets, qui ne
le seraient point sans l'alphabet, le savoir d'école et
l'orgueil, son compagnon fidèle. Puis tous ces poisons
littéraires qui pullulent et se propagent d'autant plus
vite, que plus de gens savent lire bien ou mal. La
presse tend à devenir un télégraphe électrique ; sera-
ce toujours pour le bien de l'humanité?

J'avance toujours vers mon but, dans la voie que
je me suis tracée et sous le drapeau que j'ai embrassé ;
mais je ressemble un peu aux petites filles qui aiment
tant les fleurs et qui s'arrêtent et se baissent et échappent au bras de leur mère toutes les fois qu'au milieu
des campagnes, une autre fille du printemps, aussi
riante, aussi fraîche, aussi pure qu'elles, douce espérance d'une humble plante comme elles le sont de

leurs parents, toujours attentifs, toujours troublés d'inquiétude et d'amour, les appelle de près ou de loin par sa beauté, par sa grâce, par ses parfums, ainsi qu'elles appelleront peut-être bientôt elles-mêmes, hélas ! hélas ! une main noire, cachée, une main impitoyable, qui fauche et abat des fleurs, elle aussi, comme le font en ce moment leurs blanches et petites mains. Ainsi je me détourne quelquefois, mais non pas toujours pour des fleurs, et je fais effort, on peut le croire, pour m'arrêter le moins longtemps qu'il se peut.

Revenons au radical *ar*, transformé en *ad*, puis en *al* par euphonie ou par besoin de nuances nouvelles dans l'expression. Nous prendrons nos premiers exemples dans le vocabulaire antique des laboureurs, enrichi dès les premiers âges par le vocabulaire plus simple des pasteurs et des chasseurs.

Ador signifiait pur froment, fleur de farine qu'on offrait en sacrifice. *Ador* est l'origine du verbe *adorare*, adorer. C'est pour nous le mystère, le sacrifice de la sainte Hostie, le sacrifice non sanglant, agréable à Dieu, comme celui de nos passions, de nos haines, de notre orgueil, de tous nos vices, le sacrifice des frères offert au père commun. Le mot *adorea* dans Plaute exprime tout ce que la terre produit de biens ; c'était même la gloire militaire, à cause d'une certaine mesure de froment qu'on donnait aux soldats après la victoire. *Adorea* signifiait cette mesure et la victoire elle-même. Or, on a dit *adorea* pour ne pas dire *arorea*, qui eût été horriblement dur. Les Arabes qui n'ont pas de penchant à l'euphémisme ont transmis aux Espagnols le mot *arroz*, riz.

Adeps, graisse, vient de *ador*. *Ex adipe frumenti satiam te. Edere*, manger, me paraît venir de *ador*, avec permutation de voyelles.

Ar paraît être devenu l'adverbe latin *ad*. Dans *ad* il y a toujours une idée d'élévation, *ad ripam*, sur la rive, au-dessus du fleuve. *Apud* renferme quelque idée d'infériorité : *apud Regem*, *apud Patrem*.

Les noms hébreux *Adon*, *adonaï*, *adonias*, signifient dominateur, distributeur des biens, c'est un des noms donnés à Dieu. C'est le tétragrammaton sacré, ou nom de Dieu en quatre lettres.

Dans *adire* D a pris la place de R ; car *audire* correspond à *aures*, oreilles.

Une sorte de froment était connue des Latins sous le nom d'*alica*. Il est question dans Plaute de certaines *alicariæ*, courtisannes de bas étage qui se tenaient aux environs des moulins où l'on faisait de la fromentée. *Alicastrum* dans Columelle est de l'épeautre ou autre grain préparé pour faire du potage. Le verbe *aloro*, *alo* signifie nourrir, fournir de vivres et d'aliments ; *alescere* c'est se nourrir, prendre croissance, et *aletudo*, dans Festus, veut autant dire qu'embonpoint ; *almus*, c'était celui qui nourrissait ; la terre fertile était *alma* ; une nourrice était *alumna*, et le nourrisson *alumnus*. Le ventre s'appelait *alvus*. Une ruche d'abeilles portait le nom d'*alvear*, *alveare*, *alvearium*, et ces noms venaient d'*alvus*, ventre, cavité destinée à recevoir la nourriture, comme *alvus* dérivait de *ar*, du sillon d'où la semence s'échappait, se produisait en aliment.

Des fêtes que les laboureurs et les vignerons célébraient à Athènes en l'honneur de Cérès et de Bacchus, s'appelaient *aloœ*.

Alauda, alouette, voulait dire : l'oiseau des sillons, des champs cultivés. C'était l'alouette que les Gaulois avaient pour emblême et non pas un coq. Une légion romaine composée de Gaulois était nommée *alaudarum legio*, la légion des alouettes. Ces alouettes-là dans l'occasion valaient bien les aigles. Elles savaient, comme l'oiseau royal, monter vers le soleil pour le saluer au moment de sa naissance. Hymne charmant que celui de l'alouette matinale, en cette heure de joie où la rosée des nuits scintille aux premiers feux du jour, comme autant de diamants tombés de la voûte des cieux, de cette voûte qui envoie à la terre tous les rayons qui l'échauffent, toutes les gouttes d'eau qui la fécondent ! Évidemment, *alauda* fut d'abord *arauda*, comme *alaudium*, *alodium*, termes barbares du moyen âge, dont on a longtemps cherché l'explication, n'étaient autres qu'*araudium*, *arodium*, possession libre d'un champ. D'*alaudium*, il nous est resté en provençal *loou*, *laou*, champ ; le droit de *laou*, c'était pour les biens roturiers la redevance que le seigneur exigeait de chaque possesseur nouveau. Ce droit était dû aussi pour le fief qui dépendait d'un fief supérieur, lorsqu'il changeait de maître. Le don des terres était fait à charge de service, le suzerain était le maître de les donner à ceux dont il espérait être le mieux servi, et son choix était décidé dans l'origine par un présent qu'on devait lui faire, et que remplaça par la suite un droit d'investiture qu'il prélevait. Je crois même que le verbe *laudare* a voulu dire donner un champ, un *laou* à chaque soldat ou aux plus méritants, après la conquête d'un pays, et le lieu appelé *Laus Pompeïa* dans la haute Italie, pourrait bien avoir été un champ donné aux soldats de Pompée et peut-être à Pompée lui-même. On appelait encore *Laudème*, avant la révolution, la redevance annuelle imposée sur les terres, le cens dû au seigneur, la censive.

On a pu voir dans ce mot *laou* que la suppression de l'*a* initial n'emporte pas le fond de l'idée. Le même fait a lieu dans la soustraction des autres voyelles, quand elles sont placées au commencement d'un mot. C'est un principe que plusieurs exemples confirmeront plus tard. D'ailleurs *laou* se présente sous une autre forme que nous développerons.

Ajoutons qu'*ouramè* en provençal faucille, et *ouriero* partie de champ où l'on sème du blé entre deux rangs de vignes, viennent d'*or*, *our*, transmutation de *ar*.

On trouvera aussi des provenances de *ar* dans *arbor*, arbre, en italien *albero*, en espagnol *arbol*, en provençal *aoubrè*; dans *labor*, *laborare*, labour, labeur, labourer, en provençal *laourar*. Tous ces mots sont annexes à *ar*, sillon, comme *arva*, champs cultivés, dont l'équivalent français est guérêts, et *ambarvalia*, fêtes où l'on promenait à l'entour des champs l'animal qui devait être sacrifié pour obtenir des dieux la conservation des biens de la terre. Ce que nous disons de *arbor* s'applique à *Herba* où se montre la décroissance de *a* en *e*. Du reste, je ne dis pas adieu à tous ces mots-là ; nous y reviendrons plus d'une fois.

XI.

Dans le provençal de Marseille *al* se prononce *aou*; et *aou*, onomatopée de « Haut », l'est aussi d' « avaler ». *Aou* est le bruit qui sort de la gueule des grands carnivores, quand ils la referment après avoir fait tomber dans l'estomac la pâture qu'on leur a jetée ; c'est aussi le bruit que font les chiens en aboyant, leur gueule tournée vers le ciel, et quand ils jappent à la lune ; comme *baou*, quand ils avertissent de la présence d'un ennemi, quand ils le menacent, quand ils se disposent à l'attaquer.

Aou, d'où avaler, sert à exprimer la perspective retournée de *ar*, *al*, qui d'abord signifie hauteur. Le vieux mot français *avaler* pour dire descendre, l'expression actuelle dévaler, l'aval, le val, la vallée, le *vallum*, retranchement, le *vallus*, pal ou pieu servant à former des palissades, et même le vassal des temps féodaux, autrement appelé *subjectus*, sujet, sont dérivés de *aou*, précédé de *v*, une des lettres qu'on pourrait souvent appeler officieuses, et rentrent dans la catégorie de la perspective *ar*, *al*, prise de haut en bas. Nous retrouverons plus tard ce radical dans *crau* et *grau*, *craou* et *graou*, etc., etc.

Al est de plus pour les langues modernes du Midi, la matrice de la préposition « à », ainsi que des articles italiens, espagnols et français. Les plus anciens auteurs italiens, et surtout en vers, écrivaient séparément allo, alla, agli, alle; a lo, a la, a gli, a le.

Dans la langue espagnole il y a sur ce point quelque permutation de voyelles : el, ella, ello. La préposition *à* s'emploie au datif et à l'accusatif.

Au français est pour *à le*. Avec *al* on a formé *Ala* (1), aîle, *ales*, oiseau; et avec *aou*, *avis*. *Aëtos* qui en grec signifie aigle et vent, provenait de *aër* dérivé lui-même de *ar*; mais *R* final à l'exemple des autres liquides marquant une désinence vague, indéfinie, a été remplacé par *T* qui révèle une idée d'impulsion.

Certes dans l'aigle et le vent, l'idée d'impulsion ne manque pas. Le son *Ta* répond à l'acte de frapper; *Atuar de fuech* en provençal c'est, par le choc du fer, tirer d'un caillou des *étincelles*, *scintillas*; *ata*, dans les langues du Nord, a fourni le radical des mots qui signifient atteindre !

Nous venons de voir qu'*Aëtos* signifiait aigle et vent; l'*Aquila* des latins est devenue par métaphore l'aquilon, et le vautour, *Vultur*, avait donné son nom au Vulturne ou vent de sud-est, vent de Lybie; car l'aigle est l'oiseau de l'Europe septentrionale, des Alpes de Suisse et de Norvège, tandis que le vautour est l'oiseau des montagnes d'Afrique. Si dans le mot *favonius*, vent doux et léger d'Occident, on n'a fait entrer aucune allusion aux petits oiseaux *Aves* qui, dans les premiers

(1) Nos paysans disent l'*Aro*. L'oiseau ouvre des sillons dans les airs avec son aile.

beaux jours du mois d'avril, sont amenés sur nos côtes par le souffle du zéphire, je verrais volontiers dans cette appellation la reconnaissance des Romains, qui aimaient beaucoup les fèves, dont ce vent amène la grenaison. Du reste, on sait que les mots *favere, favor* sont dus aux fèves qui tenaient lieu de bulletins d'élection dans les républiques anciennes et même dans nos communes d'autrefois où le peuple prenait part au choix de ses magistrats. De nos jours on fait encore avec la fève des rois et des reines de quelques heures ; quant aux bulletins d'élection, les faveurs qui en découlent sont tellement proverbiales qu'il serait fastidieux d'en parler.

L'antiquité nous montre beaucoup de villes portant le nom d'*Alba* suivi d'une épithète. N'était-ce qu'un nom ou une agrégation de deux noms ? L'exclamation *Bah* ! qui rend la surprise, l'étonnement et en quelque sorte un renversement subit d'idées, aurait-elle été annexée à *Ar*, *al*, pour désigner une hauteur infranchissable, une montagne qu'on ne peut atteindre, parce qu'elle est fortifiée ? Le nom de Roquefort, Rochefort serait-il aujourd'hui l'équivalent de l'antique *Alba* qu'on trouve encore chez les Arabes sous cette forme rude et primitive *Arbaâ* ? Je suis porté à le croire. Nous verrons plus tard *bal*, *baou*, prendre à lui seul tout le sens d'*alba*, comme le *Puech*, *Puy*, *Pech* etc., ont pris toute l'idée d'*Alpes*.

Non loin de Roquefourcade (Roche-Fourchue) sur la montagne appelée *Lou Baou de la Carrubi*, dans le territoire d'Auriol, se présentent les ruines de deux

murailles en pierres sèches. L'une, tirant du midi au
nord, et déclinant de 9 degrés vers le couchant, a une
longueur de 136 mètres avec 1 mètre 56ᶜᵉˢ d'épaisseur;
elle fait rempart du côté du levant. L'autre qui va de
l'est à l'ouest, et décline de 12 degrés vers le sud, a
une longueur de 36 mètres avec la même épaisseur
que la première. Les côtés du couchant et du midi sont
inaccessibles, le premier, parce que le *baou de la Carrubi* a sa face occidentale taillée à pic, et l'autre, parce que les rochers qui font suite à ce *baou* sont également escarpés. On trouve des restes de poteries gros-
sières sur cette montagne qui peut avoir été une *Alba*.
La ville d'Aubagne, en latin *Albanea*, dut être à son
origine, une *Alba* nouvelle, par rapport à une autre
ou à d'autres *Alba*.

Au moyen âge *Albagia* signifiait sûreté, sauveté,
fermeté d'où ferté, la Ferté-Milon, la Ferté-Gaucher.
Le droit d'aubaine était le présent fait en vue d'être reçu
à sauveté dans une *Alba*. Albaret-sainte-Marie, village
de la Lozère, a dû être une *Alba*, et le nom de la maison d'Albret n'avait pas sans doute une autre origine.

En italien on donne pour correspondants au mot
Albagia ceux de *boria*, *de superbia*, fierté, arrogance.

Les douze tribus d'Israël étaient appelées *Asbats*. Ce
nom n'était autre qu'*Arba*; seulement, *R* a été remplacé par *S*, ce qui n'est pas extraordinaire, comme
nous le verrons.

Sans compter Aubagnan, qui appartient aux Landes,
il y a dans le midi trois autres lieux du nom d'Aubagne.
A moins qu'il n'y ait eu des bains en ces lieux et que

leur nom ne vienne d'*Ad balnea*, leur origine est la même que celle de notre Aubagne des Bouches-du-Rhône.

Il y a dans le Roussillon une chaîne de montagnes plus basses que les Pyrénées et qu'on appelle les *Albéras*. Du *Serrat de la Cabâna del Moro* d'où l'œil embrasse l'immense horison du département des Pyrénées orientales, on promène ses regards à droite sur les fraîches *Albéras*, qui séparent la France de l'Espagne, et à gauche sur les Corbières qui s'étendent dans le bas Languedoc, tandis qu'en face, la vue s'allonge à l'infini sur le bassin de la Méditerranée dont l'azur le plus reculé semble se déteindre et se fondre avec le bleu du ciel. Ces *Albéras*, où se passèrent de beaux faits d'armes dans la campagne de 1792 et 1793 ont pu être appelées ainsi parce qu'elles n'étaient ni trop escarpées, ni fortifiées. Au lieu de la plus vigoureuse, de la plus éclatante des voyelles, E, véritable dégénérescence de A, était intervenu dans la formation de leur nom. Le même instinct avait présidé à la naissance d'Alpes qui voulait dire toute sorte de montagnes pas trop abruptes ni escarpées, bien que sauvages et sans culture. Par extension et de proche en proche, suivant les migrations des peuples venus de l'Orient, le nom d'Alpes fut donné à ces énormes et vastes masses de rochers, à ces géants du globe dont les plus hautes cîmes étaient restées vierges des pas audacieux de l'homme jusqu'à ces dernières années.

Parmi les Alpes mêmes il y a l'*Albora* dont le nom tient de près à celui des *Albéras*. C'est une longue

combe ou hauteur intermédiaire, un col le plus froid
et le plus dangereux de trois qui sont à franchir pour
aller de Coire à Vérone. Les latins avaient surnommé
Graiæ c'est-à-dire grecques, une partie des Alpes. On
estimait qu'Hercule avait passé par là, quand il se ren-
dit de la Grèce en Espagne pour combattre le tyran
Gérion, autrement nommé *Deabus*; *Diabolus* pourrait
bien n'être que le diminutif de *Deabus* et avant Philippe
II, de turbulente et despotique mémoire, il y aurait eu
ainsi en Espagne un autre *démon du midi*. Quoiqu'il en
soit d'Hercule, de Gérion et de Déabus, *Graiæ* me
paraît venir de *Gradi, Gradior; Alpes Graiæ*, c'étaient
les Alpes du passage, comme le Col ou Port du passage dans les Pyrénées. Annibal, quand il vint en Italie
et fit sauter des rochers à force de feu et de vinaigre,
comme on le trouve écrit, fit cette route. Suivant Pé-
trone, César en allant dans la Gaule fit en sens inverse
la même route qu'Annibal.

. . . . Civilia sustulit arma
Alpibus aëriis, ubi Graio nomine pulsæ
Descendunt rupes, et se patiuntur adiri.

Quand on a voulu parler de la neige commençant
à couvrir les monts, on a pu dire *nix albet*, *albescit*
ou *albicat*, c'est à dire la neige est sur les montagnes,
sur les *albes* ou *alpes*, B pour P indifféremment; de là
l'adjectif *albus*, le substantif *albor*. Horace dans ces vers
charmants

> Ac neque jam stabulis gaudet pecus
>   Aut arator igni,
> Nec prata canis ALBICANT pruinis,

n'a-t-il pas voulu, en vrai poète qu'il était, opposer la sévère beauté des hautes montagnes rappelée par *albicant* à la grâce des humbles prairies où apparaissent déjà les pâquerettes, l'un des plus aimables sourires du printemps qui vient de naître. Les Grecs disaient *arges* pour *albus*, c'était au fond la même origine, toujours la montagne, l'*ar* primitif.

C'est à la cîme des montagnes où s'élèvent et s'épandent de plus en plus blanchissantes les premières clartés du matin, que l'aube du jour doit son nom; et *clarus* dont je pourrais expliquer les consonnes CL par une contraction de *Cel* (ciel), n'est-ce pas le ciel même qui, au-dessus des monts, et sur la ligne onduleuse qu'ils forment, se dégage des ténèbres de la nuit, *clarescit*, *cœlum arescit*, le ciel s'élève, se hausse, l'élément *ar* étant pris dans son acception originaire.

J'ai idée que le mont Tarpeïus de Rome fut dans l'origine, *arbeïus*, *arpeïus*. C'était une *alba* ou *arba*, moins considérable d'abord que l'*alba longa* dont bientôt elle devait être l'heureuse rivale. Une des faces de cette montagne où fut dressé le Capitole, était si escarpée et présentait si bien ce qu'en Provence nous appelons un *baou*, qu'on la choisit pour précipiter les malheureux condamnés par la justice ou voués à la mort par les vengeances des partis. La consonne T, dans le son de laquelle est jettée en quelque sorte une impulsion, *ictus*, aura servi à marquer la destination fatale de cet escarpement célèbre. On trouve ce T impulsif dans torrent où l'a de *ar* est changé en *or*, dans *taurus* où il l'est en *au*, et dans *Tiberis* dont nous ferons connaître plus tard l'autre élément.

La roche tarpéienne est près du Capitole ;

on ne saurait trop répéter cette belle expression ; ô vous, qui montrez tant d'ardeur pour vous élever au pouvoir, ambitieux de tous les rangs qui, malgré tant d'exemples contraires, croyez toujours qu'on peut se maintenir par les mêmes moyens qui ont fait arriver, écoutez-moi ; quand les flots de la faveur populaire vous prennent et vous soulèvent et vous poussent fatalement aux grandeurs, quand vous montez au Capitole, n'oubliez pas que des malheureux, condamnés par la justice ou dévoués aux vengeances, y montèrent aussi.

Dans *Erebus* il me semble voir le contraire d'*arba*, d'*alba*. *Erebus*, à mon avis du moins, serait le revers occidental des hautes montagnes au dessus et au delà desquelles commencent à s'épanouir, à s'épandre les premières et les plus douces clartés de l'aurore. Cette pente qui regarde l'Occident est d'autant plus sombre que les rayons du jour en se projetant au dessus ne l'éclairent qu'à mesure de leurs progrès en hauteur. E, comme nous l'avons dit, ne vaut pas A ; c'est un son peu éclatant. Sous un de ces points de vue qui se multiplient de toutes parts, selon qu'on étudie avec plus de soin et de patience l'antiquité, le revers occidental dont nous parlons aura été l'enfer, *infernus*, puisqu'il est en bas, par rapport au sommet déjà revêtu de lumière ; ensuite il aura servi à désigner l'obscurité souterraine, il aura donné l'idée de ce que les anciens entendaient par l'Erèbe.

XII.

Nous avons pu entrevoir dans *Ar* devenu *Al* la matrice des articles et de quelques prépositions ; *Al* est l'article fondamental et, si l'on peut dire, le pivot de la langue arabe. Les espagnols l'ont tellement respecté qu'il est devenu inséparable de presque tous les mots empruntés par eux à cette langue antique. *Al*, chez les Arabes, a servi à indiquer ce que la voix humaine était impuissante à dire, ou plutôt une appellation que Dieu donna dès le commencement des choses a servi à le désigner lui-même.

Le roi des airs, les rois parmi les hommes, tout ce qu'il y a de plus éminent sur la terre, au physique et au moral, avaient pris pour élément principal de leur nom le radical *Ar*. Mais ce qui est au dessus des monts les plus élevés, au dessus du roi des airs, au dessus de toutes les grandeurs de la terre, au dessus du soleil lui-même et des étoiles, quel nom avait-il ? Dans les déserts de l'Arabie, quand la tribu qui voyage s'est arrêtée auprès de la source connue, que les tentes sont dressées et que les chameaux agenouillés commencent à sentir les douceurs du repos, après les longues et rudes fatigues de la journée ; quand la lune épand sur la terre avec amour des rayons reflétés par les collines dont les ombres s'allongent sur le sable, et que les étoiles, scintillant au loin dans l'azur limpide des cieux, semblent rendre hommage à la reine des nuits et faire halte au firmament comme la caravane dans le désert ; quand avec cette lune, avec ces étoiles, avec ces collines nues et ces ombres, tout semble d'or, d'argent et de vermeil dans la solitude, un ancien à la barbe blanche se lève, il fait un signe, les Arabes criards se taisent, les chameaux les imitent, un silence profond s'établit et le vieillard prononce un nom mystérieux que tous répètent à la fois, et tous se prosternent et tous adorent. Ce nom, Mohammed, le prophète, l'avait entendu de la bouche de ses pères, et les pères de ses pères l'avaient entendu avant lui. Il était sur les lèvres des hommes depuis les premiers jours du monde ; on ne savait pas plus en quel temps il fut proféré pour la première fois qu'on ne savait depuis quel âge des peuples le chameau patient voyageait avec les tribus et leur prêtait son assistance. Ce nom était *allah!* les Hébreux en avaient fait Eloah.

Houah! qui est le pronon *lui,* sert aussi à indiquer l'essence divine et réunit à lui seul tous les attributs de la divinité accompaguant comme épithètes le nom d'*allah! Houah!* c'est *ego sum qui sum.* Ce mot placé en tête des écrits revient dans plusieurs occasions. Certaines sectes de moines contemplatifs font profession de le réciter à de certaines heures ; ils se prennent par la main et tournant de toutes leurs forces ils se crient l'un à l'autre *houah! houah!* jusqu'à ce qu'ils perdent haleine et tombent sans connaissance. Dans cet état, ils croient entrer en extase et se mettre en communication avec Dieu même.

Articles ou pronoms poussés à leur plus large exten-

sion vocale, *Allah et Houah* ont été appelés à de merveilleuses fonctions.

Il y a pourtant un mot qui peut-être a précédé
allah ! c'est *Arad ;* il aurait voulu dire « être élevé au
plus haut degré de puissance et de gloire » ; son opposé aurait été *marad* qui, en Hébreu, signifie « se
révolter ». De *marad* serait venu *malum* le mauvais
principe, malade, maladie. En provençal nous disons
marrid pour mauvais, méchant. Les révolutionnaires
de 1793 étaient nommés par le peuple, *leis marrids ;*
ce mot contient une idée de révolte qui n'est pas aussi
explicite dans « méchant ».

Je pourrais ajouter sur *al* et *ar* que l'empereur
Probus, de digne mémoire, fit planter des vignes par
ses soldats, en deux montagnes de l'Illyrie, nommées
Alma et *mons aureus*, dont la première était voisine
de *Sirmium*. Ce *mons aureus* n'annonçait pas plus d'or
que le mont Dore en Auvergne, ni que le mont d'Or
voisin de Lyon et dont les chèvres ont acquis
tant de célébrité. Je pense qu'on peut en dire autant
de la Côte-d'Or en Bourgogne.

XIII.

Rappelons-nous maintenant les vers de Virgile au
sujet d'*Ardea*. Ce nom antique d'*Ardea* qui avait survécu à la ruine d'une ville nommée ainsi par les plus
anciens latins, se retrouve en Espagne sous le nom
d'*Aldéa*, bourgade, village, et peut-être aussi en Afrique
dans celui de *Adouar* ou *Douar*. Il paraît tenir par
quelques éléments à celui d'*Adon* qui signifie Seigneur

ou fondement, *dominus aut basis*, comme on lit dans le petit glossaire de la vulgate. *Don*, *dun*, *dom*, *dum* et par conséquent *dunum*, Châteaudun, *don*, Notre-Dame du *Don*, du rocher fortifié, *domus*, maison, dôme, *duma*, le Puy-de-Dôme en Auvergne, *doumi* ou *Endoumi* rocher rond comme un dôme dans les mers les plus voisines de Marseille, auraient à ce compte pour élément primitif la seconde partie d'Ardéa détachée de la première qui est restée avec le changement d'*al* en *ae* ou *aï* dans le mot composé *œdes*, édifices publics. Virgile avait bien raison de dire :

> . . . . Et nunc magnum manet Ardea nomen.

A la suite d'*œdes* que de noms se présentent encore ! C'est l'*aldus*, l'*alde*, ou *aud* du moyen âge qui me semble avoir des rapports avec l'*œdilis*, l'*œdituus* des latins, avec la seconde partie des noms de famille Raynard, Raynouard, Raynal, Raynaud, avec le nom des Aldes, fameux imprimeurs de Venise, avec ceux d'Aude, d'Audin, d'Aldini, d'Alderic, d'Audric, d'Audry, etc.

Audere d'où vient *audax*, *audacia*, c'est entreprendre ; et quelle plus haute entreprise que d'élever des constructions en pierres, alors que des cavernes, des creux de rocher, des excavations naturelles, seules retraites possibles, étaient disputées à l'homme par les bêtes sauvages.

L'*Aldea* des Espagnols a formé l'*aldeano*, paysan, villageois, *aldeaniego*, homme de rien, gent de village, ce qui ne s'accorde guères avec l'*aldus* dont plus haut

nous avons fait un intendant. Mais il ne faut pas que
ce contraste étonne. La philologie, comme le monde,
est pleine de perspectives retournées. Du petit au
grand, les noms passent et se glissent comme la
fortune. Ce n'est pas la peine d'en faire l'observation.

Aldus, dans un sens qui se rapproche d'édile, avait
été remplacé en Provence par le nom de *subrestan*.
Les *subrestans de la santat*, c'étaient les intendans de
la santé d'aujourd'hui. Quand la peste se déclarait
dans un lieu, on nommait d'abord des *subrestans*, c'é-
tait la première mesure à prendre. Les commissaires ou
juges des marchés et des foires étaient aussi des *subrestans*, des hommes placés au dessus des autres, *suprà*.

En tenant compte d'une forte aspiration gutturale,
le *cadi* des orientaux ne serait pas sans affinité avec
l'*aldus* ou *ald* du moyen âge. *Alderi*, dans les langues
du nord veut dire vieux, et je crois que notre *arleri*
provençal dont le sens un peu vague peut se rendre
par niais, radoteur, provient de la même source. J'ai
déjà parlé d'*arleri*; il pourrait être encore question de
Caïd ou *cadi* quand nous serons à *Caou*.

Alea signifie tout jeu de hasard et particulièrement
le jeu de dés. *Alea* c'est *area*, la crête des montagnes,
l'aire ou nid des aigles, l'aire où l'on bat le blé, la
place où l'on dresse une tente ou qu'on a préparée
pour recevoir les foundements d'une construction quelconque; c'est aussi le champ de bataille où vont à
coup de dés se livrer les combats du sort, ces combats
sinistres dont l'enjeu est le bonheur domestique, le
pain des enfants et des mères.

En provençal on donne à l'*area* ou *alea* des maisons le nom de *luego, luego* d'*ostal*, etc. C'est le *locus* des Latins, le *lugar* des Espagnols; en français nous appelons *lieu* toute réunion plus ou moins considérable de maisons. La place où elles s'élèvent est devenue un nom collectif qui les comprend toutes. Dans le verbe *allevare* qui signifie élever, hausser, dans *allegare* qui veut dire aposter, on trouverait bien quelques atômes philologiques influant sur la formation de *locus* et d'un autre mot qui me paraît tenir aux plus anciennes et plus obscures dérivations du fleuve primitif des langues. Je m'y arrêterai, non pour établir cette fois des certitudes, mais pour semer des conjectures, pour lancer au vent quelques ballons d'essai.

XIV

Afin de prouver l'existence d'une colonie marseillaise dans un lieu où, selon toute apparence, il n'y eut jamais qu'un établissement de poterie, on a voulu trouver une origine grecque aux noms de quelques localités voisines. J'aurai occasion de rappeler ces différents noms, et d'indiquer succinctement quelques recherches que j'ai faites sur cette prétendue ville.

En attendant, je parlerai des Lèques, l'une de ces localités mal à propos parées d'un vêtement grec. Le hameau des Lèques occupe l'extrémité occidentale d'une plage qui porte à l'autre bout quelques vestiges d'où en certaines imaginations faciles se sont élevées par suite de temps et de préoccupations les pompes merveilleuses d'un antique *Tauroentum*, présenté d'ailleurs comme un simple château dans les commentaires de César.

Le mot *leca* veut dire en provençal « pierre plate.» Il a pour synonime *laouvo*, d'où *laouvisso*, couverture de maison ou sol de plancher en pierres plates. On appelle aussi *laouvos* des rescifs ou bas-fonds plats. Du reste, *laouvo* n'est autre que *lapis*; ce dernier nom, a passé au lapin, appelé en vieux français connil. Faire une *leca*, espèce de piège à prendre les petits oiseaux, c'est disposer quatre petits bâtons et deux pierres, dont une plate, en un tel équilibre que les bâtons sur lesquels s'appuie la pierre venant à manquer, elle tombe sur l'animal qui est venu au dessous mordre à l'appât et déranger les soutiens. On a voulu faire venir lèque de *laqueus*, mais bien à tort. *Laqueus* est exactement traduit par lacs, et ne signifie piége que dans un sens général; dresser une *leca*, c'est dresser une pierre plate et non autre chose.

Je connais sur la côte de Provence, trois lieux qui portent le nom de *leca*, ou *lèque*, l'un près du Fur, un second entre le port de Brusc et le cap Sicié et le troisième dans la commune de Saint-Cyr (Var). Sur la carte les deux premiers sont écrits la Lèque, le troisième les Lèques, mais dans les anciens actes on trouve toujours la *leca*. Ces trois hameaux sont bâtis chacun sur un sol de grès calcaire se divisant par couches et feuilles plus ou moins larges, plus ou moins épaisses.

Dans une liste de mots donnés pour Ibériens, et qui certainement appartiennent à un très antique *Romancium*, on trouve que *leket* signifie « lieu habité.» Nos marins disent d'un grément bien net, bien disposé, léger à la fois et solide, *es lek*. Nos jeunes filles du peuple, venant à parler d'un garçon alerte, bien fait et bien mis, le qualifient de *lisket*. *Lek* a donc gardé le sens de net, bien disposé, bien arrangé ; et des pierres plates sont fort convenables en effet pour des constructions en pierres sèches.

Ces constructions ont été les premières de toutes. On voit encore aujourd'hui dans nos campagnes des cabanons ou petits gîtes dressés uniquement avec des pierres plates, sans fer, ni bois, ni mortier. La toiture est formée de pierres plates progressivement en saillie les unes au dessus des autres et finissant par se réunir en voûte. Les Italiens appèlent cette manière de bâtir en pierres sèches *macerie*.

Les ruines de Tirynthe, de la plus ancienne ville de l'Argolide, offrent un exemple de cette construction ; les murs cyclopéens des galeries qu'enferme la citadelle, sont disposés comme les murs de nos vieux gîtes en pierres sèches ; ils surplombent à l'intérieur et les dalles rapprochées forment un encorbellement complet. Comme l'espèce de piéges cités plus haut, les maisons en pierres plates s'appelaient *lecas*, du nom des simples et uniques matériaux qui sans fer, ni bois, ni mortier, avaient servi à les construire. Il y aurait une autre explication à cet antique vocable ; nous la donnerons.

Le mot *lave* pour pierre est employé dans le Jura. C'est le même mot que *llap*, *clap*, d'où *clapier*, tas de pierres amoncelées ; *aclapar*, ensevelir, c'est proprement couvrir de pierres, c'est faire sur un cadavre l'*acervus Mercurii*, le monceau, le petit mont de Mercure ; dans nos montagnes décharnées les tas de pierres qui ne sont pas montjoies ou bornes de territoire, recouvrent ou ont recouvert un cadavre. On a cru quelquefois y trouver des trésors enfouis. Un lieu semblable est appelé l'*homme mort*. Il y a plusieurs de ces *hommes morts* le long de nos anciens chemins de communication. *Lapis* vient aussi de *llap. Clavis*, clé, n'a pas une autre origine. La première clé, la première fermeture ce fut la grande pierre servant à clorre l'entrée de la *leca*, de la tapie, du cabanon.

Je pense que ces *lecas* assises au rivage des mers avaient été bâties pour servir d'asile aux pêcheurs; et peut être la *leuca* ou lieue de chemin tirait-elle son nom de constructions pareilles dressées de distance en distance au bord des voies publiques pour offrir un lieu de repos, un refuge aux voyageurs fatigués ou contrariés par le temps.

Le *dolmen* était plus simple encore que la *leca*; mais il suppose une force de leviers, une réunion de bras, une entente dans la manœuvre que difficilement on peut concevoir, et des moyens de détacher les blocs dont il n'est pas facile de se rendre compte. Le *dolmen* paraît être la première ébauche de l'architecture égyptienne; la *leca*, de l'architecture grecque et romaine.

La *leca* était-elle la tapie des Gaulois, de nos anciens Ligures, des Kabiles d'aujourd'hui dont l'exis-

tence a tant de rapports avec celle de nos premiers
pères ! C'est possible , avec quelque différence peut-
être dans la forme et dans la matière. En pierres plates,
sans mortier ni solives, c'était la *leca* des Ligures , la
xzour des Arabes et peut-être la tour primitive ; en
voûte bâtie , c'était la *fornix* des Romains , l'*escas* du
moyen âge dont je parlerai plus tard; en bois, en terre,
en branchages avec un toît de feuilles et de chaume ,
ou avec des tuiles plates à rebord , c'était le *tugurium*
des Latins, le *gourbi* des peuplades africaines, le carbet
des Indiens, ainsi nommé sans doute par les Espagnols.
La *corba* des Latins d'où vient le mot « corvée » et le
vieux mot « corbeau » pour portefaix, la *gouarbo* , le
gourbin des Provençaux , la corbeille des Français
ont une même origine avec le *gourbi* des arabes.

XIV.

Cras ingens iterabimus æquor. Demain, nous recom-
mencerons à naviguer sur cet immense océan ; ce que
dit Énée à ses compagnons, je puis le dire à mes lecteurs en finissant chaque paragraphe. Le désir de former une synthèse un peu correcte de tous ces aperçus
divers qui se font jour à chaque instant, ne me quitte
jamais; le pouvoir de le faire me manque. A propos
même de l'épigraphe ci-dessus , comment ne pas remarquer tout en fuyant la belle formation du verbe
iterare; I c'est la lettre longue, *littera longa*, c'est l'intervalle sans fin entre le point de départ et le point d'arrivée, qu'au moyen de *T*, consonne impulsive, battante
et qui marque l'effort , il s'agit de laisser derrière soi,

un pas après l'autre. *Iter, i-terere*, c'est broyer sous
ses pieds le sol qui s'allonge devant nous, ainsi qu'on
broie, qu'on réduit en parcelles, en poussière la terre,
t-arra ou *t-erra*, pour la mettre en état de recevoir la
semence. *Iter* d'où l'adverbe *iterùm*, « de nouveau »,
d'où le verbe *iterare*, « recommencer », d'où l'adjectif « itératif », s'applique fort bien à la vie, *vita*, synonime d'*iter* dont en latin elle a pris le *T*. Du moment de
la naissance jusqu'à la mort, c'est toujours à recommencer, il faut refaire toujours le lendemain ce qu'on
a fait la veille. Si du moins avec le temps on devenait
plus habile! Mais c'est à peu-près comme l'histoire politique de chaque jour qui ressemble à celle de tous
les jours de l'année et de toutes les années précédentes, sans que le mieux qui apparaît d'un côté
soit toujours certain de prévaloir sur le pire qui se
découvre au même instant de l'autre !

Le mot même *littera* vient d'*Iter*. Ecrire, tracer des lettres, n'est-ce pas une « itération » *L* est
un article, comme nous l'avons sans doute pressenti
déjà et comme à la suite de ce paragraphe nous le
presssentirons mieux encore. Dans cette œuvre d'a-
venture, je tiens autant à pressentir qu'à voir. Attendu
mon ignorance, je ne puis pas pénétrer au fond des
choses ; ma vue s'arrête toujours à une apparence, à
une superficie plus ou moins intrinsèque. Les habiles
pourront seuls dire si j'ai bien entrevu. En attendant,
reprenons le paragraphe qui précède, il est assez important.

C'est du mot *Area*, « aire, » en provençal *iero*

que j'ai passé, brusquement peut-être, à *Leca*, *lecca* ou *lequa*. Retournons à *iero*. Incontestablement, le nom de la ville d'Hyères, en latin *areœ*, n'est pas autre. Soliers dans lequel on a cru voir le soleil *sol* et *hieros*, temple, lieu réservé, lieu sacré et par suite temple du soleil, pourrait bien n'avoir été que *sola area*, aire unique, alors que ses habitants n'étaient pas encore descendus dans la plaine pour y fonder Soliers-Toucas ou Soliers des *tousques*, (nous verrons plus bas ce que signifie *tousque*), et Soliers-Pont.

La Cadière peut avoir été nommée en un certain temps *quatuor areœ* ou *quadra area*, *quadraria* dont on aura fait Cadière, lequel nom de Cadière aura été traduit en latin par *Cathedra*; car en provençal *cadière* veut dire chaise. — Sur la cloche de la Cadière qui est de l'an 1250, on lit : Jo suis été faite pour l'église de *La Chaise*. La cloche du vieux Bausset un peu oblongue est de l'an 1034. Les habitans de la Cadière étaient appelés quelquefois *seillans*, parce que *sello* veut dire autant que *Cadiero*, mais dans un provençal plus antique et moins poli. Les quatres aires de la communauté de la Cadière auraient été, outre le bourg de ce nom, les Lèques, Saint-Cyr, Bandol.

On appelait *Hiera* un chemin de l'Attique par où les prêtres allaient à *Eleusis*; c'était une voie réservée, une voie sacrée, et pouvait-il y avoir dans nos anciens villages, rien de plus sacré, de plus saint qu'une aire à fouler le blé, un lieu où, sur la foi publique, les citoyens venaient déposer leurs moissons ? Je crois même que dans le nom de Jérusalem, *Hierosolyma*, il se trouve quelque allusion à une aire. On raconte en effet que deux frères ayant mis en partage le champ paternel, il y en eut un qui se plaignit bientôt de son lot, trouvant que le gerbier de son frère était plus gros que le sien. La bonne culture et la sueur des bras pouvaient avoir amené cette différence ; mais enfin il se plaignait et vivement. L'autre frère, qui était un homme bon, prit pendant la nuit de ses propres gerbes pour les ajouter à celles du mécontent, et quand les deux gerbiers eurent été foulés, il se trouva que l'un avait donné autant de blé que l'autre. On dit que la ville de Jérusalem fut depuis fondée sur le champ même où ce fait arriva. Aussi le nom de la ville sainte signifie-t-il vision de paix, vision parfaite, en souvenir de ce qu'un bon frère avait fait autrefois par amour de la paix.

La désignation de *quatre aires* expliquant, du moins selon moi, le nom de la Cadière, aurait de l'analogie avec celle de Six-Fours, *castrum de sex furnis*. La communauté de Six-Fours avait été ainsi nommée dans le moyen âge, parce qu'elle se composait de six fours ou feux. Un four ou feu était une agglomération d'environ trois cents habitans.

En Arabe, un moulin s'appelle *feurne* au singulier ; au pluriel, on dit *arha*, par où l'on voit que dans le four ou dans le moulin on prépare le produit de la terre *Ar* devenu pour nous « f—arine ».

S'agissait-il de lever les tailles, on formait une réunion de biens et de personnes plus ou moins grande, suivant les qualités du terroir, l'industrie et la position plus ou moins avantageuse de la commune par rapport au commerce. On appelait feux avant la révolution ces divisions ou quotes générales.

Il y avait, par exemple, des communes d'un 1/4 de feu et d'autres de 100 feux.

On a dû aussi les appeler *fours* parce qu'on supposait que tous les habitans d'une même division fesaient cuire leur pain au même four ou feu.

J'ai lu dans un livre tout récent qu'on disait autrefois six-forts au lieu de Six-Fours. On pouvait prononcer *fors* pour *fours*, mais c'était toujours le latin *furnus* qu'on voulait traduire. Le mot *fort* pour lieu de défense n'était pas usité. Le *for-l'évêque* à Paris était la prison de la jurisdiction, du *forum* ou *for* de l'évêque. En Provence, on parlait de tours et non pas de forts; on disait aussi *Bar*, même dans le nord de la France. Il y avait aussi des *fertés* « fermetés » en latin *firmitates*; la Ferté-Milon, la Ferté-Gaucher etc., d'ailleurs, en des actes de 1140 à 1260, transcrits dans un cartulaire manuscrit intitulé *Registrum instrumentorum domûs Montis Risi*, « Mont-Rieux » qui appartient aux archives de Draguignan, on rencontre la dénomination *castrum de sex furnis*. L'auteur même qui parle de *six forts* cite ce cartulaire de la chartreuse de Mont-Rieux. Quelle légèreté de critique dans la plupart des auteurs de province !

Je crois aussi que l'auteur en question se trompe quand il appelle *tourrade* une fontaine du village ayant son corps ou bâtiment fait en forme de tour. Cette fontaine a dû s'appeler *tourraque*, *turris aquæ*, ainsi que

la tourraque du territoire d'Auriol. Il ajoute qu'on l'a
depuis appelée *bourrade* à cause d'un consul bourru,
etc. J'ai lieu de supposer que l'auteur n'est pas Provençal ; autrement, il n'aurait pas méconnu ainsi l'*a-
buouragé*, l'abreuvoir, pour en faire la *bourrade*. Si les
gens de Six-Fours lui ont conté cette anecdote d'un
consul bourru, c'est peut-être à la suite d'une première malice qui aura dénaturé d'abord et puis fait
oublier entièrement le véritable nom de la fontaine.
Les exemples de quiproquos pareils ne manquent point.

Quoiqu'il en soit au reste de Six-Fours, de sa fontaine et de son consul bourru, il y avait outre les
feux servant à la répartition de l'impôt général entre
les diverses communes, l'état des foyers ou ménages
de famille, des habitans *lares foventium*, ce qu'on appelle aujourd'hui la matrice cadastrale.

Si le nom de l'ancienne abbaye d'Hyères auprès de
Paris ne vient pas d'*Area* il pourrait être dû à un *ar*,
rivière, courant d'eau quelconque et répondre à l'Espagnol *Arroyo*, qui signifie ruisseau. On peut en dire
autant d'autres lieux qui ont cette même terminaison,
Armentières, *Romiguières*, etc.

Serait-il impossible que la *leca* des côtes de Provence
eût quelque rapport avec cette construction grossière,
chapelle, tombeau ou fort, que, dans l'Afrique septentrionale on appelle *zaouïa* ou marabout, lieu de refuge du faible contre le fort, de l'opprimé contre le
persécuteur et même du meurtrier contre les ressen-
timens irrésistibles, les vengeances soudaines ? Il me
semble voir dans *Marabout* la consonne M s'opposer à

l'idée que présenterait *Arab* ou *Arbâa*. Qu'il y ait ou qu'il n'y ait pas aux lieux de ce genre le tombeau d'un saint musulman, toujours est-il qu'on y trouve un asile. Le *Marâbout* correspond à ce qu'on appelait Sauvetat, Sauve, Saint-Sauve etc., dans le midi de la France, et dans le nord, Fermeté, Ferté. Les asiles de l'antiquité ou petits autels, *arulœ* dont on a fait *asulœ*, *asila* répandus le long des chemins et voies publiques, sont encore debout dans l'Afrique septentrionale et peut-être dans la plupart des pays musulmans. On m'a dit qu'à Tunis, par exemple, le meurtrier qui peut atteindre quelqu'une de ces constructions élevées de distance en distance au bord des chemins, s'y trouve aussitôt en sûreté; des habitations voisines, on lui apporte des secours, des aliments, ainsi que cela se pratiquait dans la Grèce antique.

Quant au hameau des Lèques dont je me suis fort écarté, il est actuellement divisé en trois parties : St.-Louis à l'ouest, les Lèques au centre et *Masse* au levant.

Le nom de St.-Louis provient peut-être des laouvos ou pierres plates. *Laouvisse*, c'est un pavé, un plancher, une couverture en pierres plates. Le nom de saint a pu venir pieusement à la suite de *laouvos*, *laouvis*; on citerait plus d'un exemple à l'appui d'une telle origine, je l'abandonne toutefois; elle pourrait sembler puérile.

Masse est le nom d'une famille qui, au seize et dix-septième siècles, avait des possessions et tenait auberge en ce lieu. Il est une chose à quoi il faut bien prendre garde, quand on est en quête d'origines topographiques ; des noms de famille apparaissent fort souvent comme les noms spéciaux de certaines localités.

Ainsi on a cru voir une origine grecque dans le nom de *Rampale* que porte un domaine situé au levant du golfe des Lèques, mais je me contenterai de dire qu'une famille portant le nom de Rampal existe dans le voisinage et que les terres anciennement possédées par elle ont retenu son nom, mis au féminin suivant l'usage de Provence. Une terre contiguë s'appelle bien *Nartelle* en souvenir d'un particulier nommé Nartet qui en a été propriétaire. Dans une lettre d'Anfossy, secrétaire du comte de Grignan, au sieur de Saint-Bonnet, capitaine des gardes dudit comte, gouverneur de Provence, c'était dans le temps que le duc de Savoie fit son invasion, au commencement du siècle dernier, on assigne un rendez-vous en *des maisons qu'on appèle Rampalles dans le terroir de la Cadière*. La bastide de *Rampale*, située sur le chemin de Bandol, ou pour mieux dire de Toulon, était au commencement du siècle dernier un logis ou auberge. Du reste, le nom de Rampal, eu provençal *Rampaou*, n'est autre que *ramel*, *rameau*. En Italien ou dit *Rampoglio*.

En ce moment, le hasard vient de livrer à mon scalpel toujours aventureux le mot logis et par conséquent loge et si, avec peu d'effort, nous y retrouvons *loouvis*, *loouvisso*, plus haut cités, et peut-être encore ce nom de *leca*, un peu placé ici comme dans une règle de fausse position, et sur lequel je reviendrai plus tard, si nous considérons en outre l'affinité qui existe entre V, G et C, il se pourrait bien que la vraie origine de logis ne fût pas loin des Lèques autant qu'elle peut le paraître à première vue.

Mais laissons un moment logis et loge que je crois bien avoir été *loouvis et loouvisso*, sans quitter toutefois le hameau des Lèques, lieu inconnu, mais qui m'est cher au titre le plus doux, car il fut le berceau d'une honnête famille, inconnue et modeste comme lui.

XV.

La route du littoral, non pas la voie Aurélienne, mais le chemin royal de Marseille à Toulon, traversait le hameau des Lèques dans les temps reculés. Des Lèques, elle remontait vers la Cadière. On gravissait la côte entre la vallée de Saint-Cyr et le plateau de Saint-Côme. Devant quelques maisons des Lèques, on voit encore ce perron ou escalier extérieur de pierre, qui, dans les œuvres de Canaletti, dans celles des peintres flamands et en général dans les tableaux de places et de voies publiques un peu anciens, annonce des auberges.

En voyant ces restes d'un autre âge, combien de fois il m'est arrivé de penser à toutes ces éminences, à tous ces prélats, à tous ces chefs d'ordres religieux, à tous ces messagers de grande importance qui passaient aux Lèques se rendant à Rome, ou en venant, chargés de faveurs spirituelles ou temporelles pour eux-mêmes ou pour d'autres grands de la terre! Je pensais aussi à ces pauvres pèlerins qui avaient pour but unique de leur long et fatigant voyage le pieux espoir d'ob-

tenir le pardon de leurs fautes. Je me figurais le charme des haltes sous la treille, auprès de la mer, cette
voie si périlleuse, et le long de ce chemin battu sans
relâche par des voyageurs qui formaient des vœux
si discordants et poursuivaient des intérêts si divers.
Les haltes les plus agréables que j'ai fait moi-même
en tant de liéux de notre beau pays de France me
revenaient alors en mémoire ; je retrouvais ces propos souvent instructifs avec les autorités du village
réunies par délassement au cabaret, quand ce n'était
pas le maire lui-même qui m'accueillait par devoir
de profession au gîte hospitalier ; je me rappelais
toutes ces rencontres d'artistes cherchant des idées et
du travail, tous ces entretiens avec des paysannes
curieuses qui portaient au marché voisin des œufs,
des poules ou un agneau de lait, toutes ces graves
paroles du vieillard qui allait mettre des échalas à
sa vigne ou presser l'œuvre toujours trop lente de ses
moissonneurs, puis ces troupes de vendangeuses se
dirigeant vers les coteaux, un violon en tête, chantant et dansant et faisant des agaceries aux garçons
qui passaient sur la route et qui leur répondaient, et
celles qui, le soir, rentraient dans les villes, la tête
couronnée de pampres, un panier sous le bras, un
thyrse de vigne chargé de grappes à la main, sveltes
et dégagées comme dans les fresques d'Herculanum ;
puis, ces bonnes gens qui me prenaient quelquefois pour
un inspecteur de je ne sais quel service allant à pied
par monts et par vaux, comme le Califo *Aaron al Ras-
chid* dans les rues de Bagdad ; car ils savent, ces bon-

nes gens, que dans tous les services, il y a beaucoup
de choses, qui, pour aller moins mal, auraient besoin d'être constamment fouillées par un œil de lynx
ou d'inspecteur probe et désintéressé. Un jour ne m'a-t-
on pas pris pour un géomètre explorant les vallées
où pourrait s'allonger en ligne plus ou moins droite un
chemin de fer projeté ; et sur cette idée que la femme
de l'auberge avait lestement répandue, n'ai-je pas
vu accourir les propriétaires menacés, les autorités
hésitantes, les conseillers bénévoles, toute cette cohue
qui se presse d'ordinaire autour de ceux qui ont quelque mission, grande ou petite, de travaux publics!

Parler des voies de fer, bon Dieu, à un intrépide
amateur de voyages pédestres! quel barbare quipro-
quo! A moi qui voyageais sans aucun but d'affaires;
présenter en perspective ces chemins nouveaux qui
doivent les faciliter toutes, les rendre infiniment plus
promptes, ce qui n'est pas toujours un bien, et, s'il se
peut, plus nettes, plus lucides et plus profitables, à
commencer par celles même dont ils sont devenus
l'objet! Eh! mon Dieu! qu'aurai-je à gagner avec des
chemins de fer, à gagner de ce qui me convient,
m'attire et me touche?

Quand Napoléon gravissant le mont Saint-Bernard
s'entretenait avec ce jeune guide qui lui conta en toute
assurance et la pauvreté de sa famille, et ses amours
et les obstacles qu'il prévoyait, croit-on qu'il ne ré-
sulta de ces rustiques paroles que le mariage du
pauvre montagnard, le fond de terre qui lui fut
acheté, et la reconnaissance qu'il garda toute sa vie

et malgré la fortune envers son bienfaiteur ? Oh !
peut-être, quand le Premier Consul, en ces réunions de savants jurisconsultes où l'on élabora le code
civil, donnait des avis si lumineux, présentait des vues
si rapides et si sûres, peut-être telle parole du jeune
guide amoureux, comme de toute autre personne
simple et sincère qu'il avait soumise à ses explorations,
à ses interrogations si vives, si pénétrantes, revenait
en sa mémoire amenant avec elle d'utiles pensées pour
cette grande œuvre à laquelle il présidait, et qui devait être sa plus belle et plus assurée couronne. Croit-
on qu'il n'ait rien appris non plus quand il buvait à
la gourde d'un soldat ou qu'il s'entretenait avec un
jardinier de la Malmaison ! Mais par les chemins de
fer quelles idées pourra-t-on exploiter, je vous prie?
Quelle moisson de sens et d'esprit pourra-t-on faire?
La vie de ce monde est un voyage infiniment labo-
rieux et trop souvent chargé de sottes et misérables
peines, bien qu'il s'y trouve des lieux de repos à pouvoir de temps en temps se reconnaître, reprendre des
forces pour aller plus loin et tirer leçon et profit du
chemin déjà fait ; mais un voyage en chemin de fer,
est-ce autre chose que la foudre qui passe, qui passe
innocemment je le veux, quand rien ne l'arrête, mais
qui renverse, écrase, broie et réduit à néant, d'un seul
coup, l'obstacle, quelqu'il soit, qu'un hasard malheureux lui fait rencontrer. Oh! pauvre civilisation avancée
qui est parvenue à saisir la foudre ; mais si l'on n'est pas
Jupiter lui-même, comment empêcher que la foudre
ne nous brûle quelquefois les mains !

L'abús des livres aplatit l'esprit ; il tend à le ranger dans une sorte de parallélisme stupide, ainsi qu'on reproche à l'enseignement mutuel de le faire. Qu'arrivera-t-il quand les savants iront d'une capitale à l'autre comme des dépêches diplomatiques auxquelles il ne se peut rien ajouter en route ! Le bon temps pour les philosophes de cabinet ! A quelles merveilleuses utopies ne faudra-il pas s'attendre ! Sous le nom d'harmonie et de fraternité, nous voyons déjà s'avancer dans le monde avec une arrogance qui n'est pas du tout fraternelle des systèmes énormément téméraires où , sous prétexte d'améliorer le sort des classes ouvrières et d'obvier au paupérisme, on pose des questions qui renversant tout, ne fondent jamais rien. Eh ! bonnes gens, dont les intentions sont louables, mais les enseignomonto par trop funootoo, o'oot aux ouvriers aux mêmes à se faire leur sort. Tous ceux qui ne fréquentent pas trop les cabarets, tous ceux qui prennent une femme économe et laborieuse, tous ceux qui prêchent d'exemple à leurs enfants et qui tiennent moins à les envoyer aux écoles primaires qu'à leur inspirer de bonne-heure l'amour de l'ordre et du travail, sont heureux autant qu'un homme peut l'être sur la terre, à quelque classe qu'il appartienne. Ce qui égalise les hommes, c'est la vertu propre à chaque état, à chaque condition. D'homme à homme, la tempérance, la sagesse, l'ordre, en un mot la vertu, c'est comme l'égalité de tous devant la loi.

A part de toutes ces rencontres d'artistes évaporés, de jeunes paysannes curieuses, de sémillantes vendan-

geuses, d'impatient moissonneur, il en est une que je
fis un jour, comme j'allais de Château-Roux à Cler-
mont-d'Auvergne, qui me toucha profondément et me
laissa un grave et pieux souvenir. Le long du chemin
que je parcourais, j'avais déjà vu plusieurs grandes
croix, sortant de distance en distance d'une butte de
terre, et cette butte ou calvaire était surmontée d'un
certain nombre de petites croix. Un paysan qui vint à
passer devant un de ces calvaires ôta son chapeau,
s'agenouilla, fit une courte prière et se remit en marche. Il me parut ému ; du revers de la main il essu-
yait une larme dans ses yeux. Je n'osais l'interroger ;
il comprit ma curiosité et vit ma pensée. Il alla au devant. C'est l'usage dans ces campagnes, me dit-il, que
lorsqu'un mort est porté au cimetière en suivant le
même chemin où nous sommes, ses parents plantent une
croix sur le petit calvaire, afin d'obtenir le repos de
son âme. Cette croix-là, il me la montrait du doigt,
c'est moi qui l'ai plantée. Il ne me dit point pour qui ;
une larme coulait sur sa joue, et sa voix s'étouffait ; je
lui pris la main ; je la serrai et lui dis adieu ; il re-
trouva deux ou trois paroles pour me souhaiter un bon
voyage.

Oh ! cet usage des paysans Marchois n'est-il pas plus
touchant que les *milagros* des chemins d'Espagne, que
les croix plantées à la place où un homme a péri de
mort violente ou par accident, que les tombeaux
ou chapelles d'Afrique servant d'asile aux homicides ?
Au pied de la croix du Sauveur déposer la croix
qu'une personne chérie a portée tous les jours en faisant

ce rude chemin qu'on appelle la vie , mettre nos douleurs avec ces autres douleurs qui furent si grandes
par amour pour nous, consacrer nos souffrances à celui
qui a tant souffert , non pas afin de nous exempter de
toute peine , car souffrir et mourir , c'est notre destinée , mais pour nous faire obtenir un prix glorieux de
tous les maux qui auront été notre partage et que nous
aurons endurés avec résignation , une récompense de
tout le bien qu'à son exemple nous aurons fait en ce
monde où le bien paraît de jour en jour plus difficile
à faire, tant nous avons marché vers la perfection
matérielle, qui tient si peu, quoiqu'on veuille dire, à
la perfection morale !

XVI.

Revenons aux chemins de fer. Je les regarde comme
la plus simple et la moins confuse expression de notre
époque. Aller vîte , le plus vîte qu'il se peut ! voilà
bien tout ce qu'on cherche , tout ce qu'on demande
aujourd'hui ! Mais n'y a-t-il pas dans je ne sais quelle
ballade allemande ce refrain sinistre : « Les morts vont
vîte ! les morts vont vîte ! » Est-ce donc comme morts
que nous voulons aller si vîte ? Moralement morts, nous
le sommes peut-être. A voir par quels atroces sinapis-
mes une certaine littérature s'occupe de réveiller notre
sensibilité engourdie , il est évident qu'on nous traite
comme des malades à qui les remèdes extrêmes , les
ressources désespérées peuvent seules convenir ; qu'on
nous regarde comme des gens à-peu-près morts à la
douce vie des arts , aux célestes banquets de l'esprit .

au délassement de l'intelligence par le goût, au pur sentiment du beau qui énivre et transporte, à ces effusions intarissables de grâces naïves qui sortent d'un sentiment profond et vrai.

Et en Economie Politique, dans cette science qui n'en est pas encore une et qui fait tant d'efforts pour obtenir un rang que les faits lui contestent chaque jour, ne s'amuse-t-on pas à jeter les dés sur notre existence actuelle, comme sur les vêtements du Christ, quand il eut rendu le dernier soupir ?

Et la littérature de l'Empire, à part une admirable exception, morte ! Et la peinture de cette époque, morte ! Et l'architecture grecque un moment ressuscitée, morte ! Et six constitutions qui de 1791 à 1830 furent solennellement appelées à vivre, mortes ! Tout ce qu'il y a de plus élevé dans les arts, tout ce qui dans les sociétés humaines aurait le plus de droit à une durée sans fin, mort ! Et c'est pourquoi, sans doute, nous voulons aller si vîte.

Mais quel est donc ce ver qui fait périr sitôt les fleurs de l'esprit, ce ver rongeur qui convertit en râles d'agonie ces puissants échos de l'âme, la littérature et les beaux-arts, qui dessèche et fait tomber en langueur l'histoire, cette création qui devrait être si vive, si passionnée, et qui, au lieu de vie, ne donne que la fièvre aux sciences politiques ? Les sciences naturelles, même en comptant la médecine si conjecturale encore et si aventureuse, font chaque jour des progrès réels, elles s'élèvent, grandissent et se développent avec une magnificence qui de plus en plus étonne et ravit ; mais les œuvres qui dépendent de l'esprit, du goût et de l'âme, parvenues à une certaine hauteur retombent, s'affaissent ou s'égarent en des voies dont on a honte dans les âges qui suivent.

Pour dire ce que j'en pense, j'aurai recours encore à des impressions de voyage, à des souvenirs qui font toute ma science et mon érudition.

C'était durant le cours de cette même pérégrination dont j'ai parlé plus haut. Ce qui me frappa, ce ne fut point quelque chose de touchant et de naïf comme la dévotion des paysans Marchois, mais tout ce qu'on peut voir de plus beau sous la voûte des cieux, un de ces spectacles qu'il n'arrive guère de contempler plus d'une fois dans la vie, même en voyageant beaucoup, et en portant ses joies et ses peines d'un lieu à un autre pendant fort longtemps. Je cheminai à pied, selon ma bonne coutume, sur un plateau élevé ; en face le Mont-Dore qui, au mois de mai, se montrait encore tout couvert de neiges...

Mais, puisque nous sommes devant le Mont-Dore, n'y aurait-il pas à faire ici quelques observations plus convergentes au but de mon ouvrage ? Eh ! oui, sans doute, le Mont-Dore enferme ce même radical *Ar* dont j'ai si longuement parlé déjà sans avoir, de beaucoup s'en faut, épuisé la matière. On peut dire sans exagération que tous les noms de montagnes et de pays montagneux présentent ce fécond radical. Il se trouve dans les divers cantons suisses comme dans le pays qu'en ce moment je traverse et qui était celui des *Arverni*, de ces rudes montagnards se disant les frères des

Romains, par je ne sais quelle tradition d'époques et
de mœurs, sauvages et guerrières. Les modifications,
les métamorphoses de ce radical sont infinies. J'ai
tâché d'en reconnaître quelques-unes, j'en developpe-
rai d'autres ; mes lecteurs sur qui je compte beaucoup en découvriront à leur tour un plus grand nombre. Car, ce livre-ci, je le fais avec eux. Je ne suis
qu'un matelot monté sur la hune pour dire si rien n'apparaît à l'horison ; aperçoit-il des brisants, une terre
qui se confond avec les nuages et qui pourrait bien
n'en être qu'un, vite le capitaine déroule ses cartes,
prend son compas, fait et refait ses calculs et détermine avec précision et justesse le point important que
le pauvre matelot n'avait pu qu'indiquer.

Or, si nous cherchons bien, nous trouverons que le
Mont-Dore ressemble pour l'appellation au Mont-
Taurus d'Asie. Aucun son ne s'approche plus de T que
D ; et T dans Taurus, comme D dans Dore, rend la
même idée qu'expriment les mots — tas — entasser
—entassement. Le Mont-Dore et le Mont-Taurus sont
par excellence des hauteurs entassées les unes sur les
autres.

Di monte in monte e di pensier in pensier,

comme dit Pétrarque, me voilà en présence du radical *Or* que je dois traiter ailleurs, et autant vaut-il,
pour le moment, y joindre *Ur* avec lequel il se confond. L'un et l'autre ne sont que *Ar* avec substitution
de voyelle. *Durum* signifie rocher, entassement de
rochers qui forment pointe, escarpement. L'adjectif—

Dur, — le substantif — Durée, — le verbe — Durer
tiennent à *Durum*. Ce *Durum* est devenu *Dunum* par
l'inclinaison de R en N dont je parlerai plus tard. La
Dunette d'un navire vient de *Durum* de même que la
Hune. Ces deux noms rappellent les petits châteaux
qui, dans les constructions navales du moyen âge,
étaient adaptés soit aux mâts, soit à l'arrière ou à
l'avant d'un navire.

D'après ce qui précède Turin et Tunis seraient un
même nom. Il y avait un nom propre fort commun
jadis, c'est celui de Durand, en italien Durante, d'où
Dante par contraction. Ce nom a dû signifier Châtelain
et n'être pas sans rapport avec la Durandal, cette fa-
meuse épée de Roland. Un autre nom célèbre en Italie,
celui de Doria, aurait eu la même origine que Durante
ou Dante. J'ai vu la signature de ce fameux André
Doria; il m'a semblé qu'on pouvait lire Dorij; et les
vieilles histoires des quinze et seizième siècles disent
Dorie, en citant ce nom illustre que plusieurs hommes
de mérite ont porté.

Arrêtons-nous; simple batteur d'estrade ou cosaque,
si l'on veut, je cours où je puis, je m'attaque à tout ce
qui vient à moi, sans être toujours en mesure de l'emporter, sauf à prendre ma revanche dans une autre
occasion; mais, enfin, replaçons-nous en face du Mont-
Dore qui, lui-même, n'était pas tout-à-fait mon sujet
actuel. Ses neiges rayonnaient avec une éclatante
blancheur aux derniers feux d'un soleil couchant. La
route que je suivais était fort élevée; elle dominait le
paysage tout à l'entour; sous mes pieds de longues et

profondes vallées allaient aboutir aux contreforts sep-
tentrionaux du Mont-Dore ; je les suivais avec plaisir dans leur fuite sinueuse, mes yeux ne se pouvaient rassasier de ce magnifique spectacle, lorsqu'en
tournant, et sur la droite d'un village qui tout-à-coup
s'offrit à moi, une longue haie de houx couverts de
baies rouges attira mes regards, les détournant ainsi
du Mont-Dore sur lequel je les tenais fixés auparavant
avec amour. Ces baies d'un rouge vif allaient se déta-
chant sur cet immense manteau de neiges, voisin des
cieux, comme une bande de pourpre au bas de la
toge d'un sénateur romain. C'était grave et superbe,
d'une beauté éminemment sérieuse ; un horizon loin-
tain de montagnes que le soleil couronne de ses rayons
depuis les premiers jours du monde et parmi lesquelles
mon imagination se prenait à errer sans fin avec cette
vague mélancolie qui n'est autre que le sentiment de
l'infini, quand de sa plus haute et de sa plus vaste
expansion, il s'affaise et retombe sur nous-mêmes, sur
nous, néant et poussière, simple fumée qui s'exhale
devant le trône de l'Éternité !

Eh bien ! cet admirable point de vue, ce mélange
de splendeur et de tristesse qu'étalaient à l'envi sous
mes yeux des montagnes vieilles comme le temps, ma-
riées par d'ineffables harmonies aux lueurs du jour qui
allait mourir, n'était qu'une apparence, une forme extérieure, toute changeante et mobile. Après le coucher
du soleil, cette forme ne devait plus être la même ; le
lendemain, l'air serait moins calme et moins pur ; la
sérénité du ciel serait moins suave ; des nuages voile-

raient ces hautes cimes du Mont-Dore aujourd'hui si resplendissantes, il surviendrait enfin telle autre de ces mille circonstances qui font à jamais que tout ce qui éclate et rayonne sur la terre n'a qu'un temps, comme la beauté d'une fleur, les grâces d'une femme accomplie, l'enchantement d'une victoire. Et voilà pourquoi toutes ces beautés fugitives, on ne peut les contempler qu'avec un sentiment de mélancolie mêlé malgré nous à la plus sincère admiration, car il n'y a de beauté permanente qu'en Dieu et dans les inspirations qu'il envoie aux hommes de bonne volonté.

Ainsi, dans les temps désastreux où se passa mon adolescence, le triomphe remporté par les sections de Marseille contre la Convention, triomphe si court et si fatal, transporta mon cœur de joie presque autant qu'il le serra de tristesse, car je voyais bien, tout jeune que j'étais encore, je voyais bien que cela ne pouvait durer (1). Ainsi, beaucoup plus tard, je n'ai

(1) Et j'avais mes raisons pour voir ainsi. Les noms prononcés avec emphase par les uns et recueillis avec terreur par les autres dans le récit des excès et crimes populaires de l'époque antérieure étaient présentés alors comme des noms de salut à ceux-là même qui naguère frémissaient de les entendre. Les mêmes hommes qui avaient organisé les pendaisons, préliminaires du 10 août, qui avaient été les premiers à parler de République sur les cadavres encore palpitants des 2 et 3 septembre, qui avaient voté la mort du roi avec appel au peuple, après avoir, par des moyens à leur usage, forcé d'avance les plus paisibles citoyens à venir demander cette mort dans les sections convoquées à cet effet, crime inutile, puisque l'illustre victime n'était déjà plus, ces mêmes hommes, avant le 31 mai qui les frappa, venaient de soulever les sections du midi contre les horreurs qu'ils avaient encouragées eux-mêmes, préconisées

pu entendre certains chants de triomphe sans éprouver une mélancolie invincible. Comme les autres,
c'était un triomphe de faction. Une seule victoire sur
l'étranger souvent assure le sort d'un empire. Pour les
factions, il n'en est pas de même. Elles ne peuvent
périr que de langueur et d'ennui ; quand la victoire
les endort, une défaite les ranime.

Je disais donc que ce spectacle dont il me fut donné
de jouir par une belle soirée du mois de mai, tandis
que j'allais de Château-Roux à Clermont, n'était qu'une
apparence, une forme extérieure plus ou moins fuyante
et passagère. En effet, mille charmants détails de forêts
ombreuses, de riantes collines, de vallons solitaires,
de champs où s'étalent et ondoyent au soleil avec leur
vert d'émeraude et des reflets d'or, les moissons futures
qui portent toujours avec elles tant d'espoir souvent
déçu, avaient pour commun vêtement, si j'ose dire,
cet aspect qui m'attirait, me charmait, et dont le gigan-
tesque Mont-Dore était le point de mire, ainsi que l'est
en d'autres paysages de cette noble Auvergne, le Puy-
de-Dôme, couché sous la voûte des cieux et comme en
rapport avec leurs mystères, tel qu'un sphinx énorme
qui garde le secret des destinées de la France.

---

eux-mêmes, fait exécuter eux-mêmes. On a beau vouloir relever
les Girondins. On ne soulèvera jamais la chappe de plomb qui les
recouvre, cette chappe de plomb que jetta le Dante sur les épaules
des hypocrites politiques de son temps. Au reste, ce que les Girondins ont fait en Provence, je l'ai déjà esquissé dans LE SIÈGE DE
TOULON dont je prépare une édition nouvelle corrigée et aug-
mentée.

De ces détails pleins de grâces infinies, il s'en trouve beaucoup, par exemple, sur la route de Thiers à Lyon. En sortant de la première de ces villes, on voit des côtes et des vallons d'une délicieuse fraîcheur. Quel dommage que le bruit monotone et dur des martinets se mêle au murmure des cascades détournées de leur cours pour le service de l'industrie, de leur cours autrefois si capricieux, lorsqu'elles bondissaient de joie parmi les fleurs de la montagne et le long des chênes qui les couvraient de leur feuillage, ne laissant deviner leur fantastique existence que par le bruit des ondes et les filets d'argent qui s'en échappaient au soleil, que par le gazouillement des petits oiseaux qui s'excitaient à chanter en écoutant les flots limpides et luttaient d'harmonie et de plaisir avec les ruisseaux, avec les fleurs, avec les chênes, voltigeant ainsi et folâtrant tout le jour sous les vertes feuillées. Et les bords du Lignon, si chers à nos anciens poètes et qu'on rencontre sur cette même route, que de détails ravissants ne présentent-ils pas? En attendant que nous donnions un nom à ces détails où se trouve la vie et le fondement des plus beaux paysages, voyons à quoi l'on peut comparer l'aspect d'ensemble qui les recouvre comme la peau recouvre la chair.

Les arts savent fixer les formes du beau, de ce beau qui se dissipe et s'évanouit comme les sons d'une lyre harmonieuse. Cette forme du beau fixée par le génie, vouée, consacrée à l'immortalité, c'est ce qu'on appelle le style. Le style c'est l'instrument matériel qui revêt les mouvements de l'âme, les éclairs de l'esprit, qui leur donne un corps, qui leur imprime une action pour les faire passer d'une âme à l'autre, d'une intelligence à l'autre, d'un cœur à l'autre. Le style revêt, mais n'exagère point, n'amplifie point. L'artiste en mourant lègue son style à la postérité ; c'est son *exegi monumentum*, mais ce n'est pas toute sa vie d'artiste. Il y avait autre chose qu'il emporte en mourant ; car le style n'est qu'un effet, ce n'est pas une cause. Les imitateurs, *servum pecus*, s'attachent au style, c'est la forme ou le style qu'on étudie dans les écoles ; mais l'esprit, l'âme et le cœur d'où cette forme est sortie, voilà ce que l'artiste n'a pu léguer, ce qu'il a emporté en mourant. Pour imiter l'artiste et non pas le singer, voilà ce qu'il faudrait lui reprendre : ce n'est pas chose facile.

L'âme de l'artiste a passé comme tout ce qui est grand, comme tout ce qui est beau sur la terre. Elle est allée rejoindre cette beauté qui ne passe point et qui seule envoie, quand il lui plaît, des émanations d'elle-même, pour offrir aux hommes une faible image de ce qu'elle est, de ce qu'elle peut aux jours de ses munificences.

Mais voici ce qui arrive dans les arts : un faiseur de vers s'efforce de mouler son style sur celui de Racine ou de Voltaire ; un peintre cherche à faire naître sous son pinceau les formes que Raphaël aimait le plus ; un statuaire croit, parce qu'il en a le désir, qu'une grandeur divine va s'échapper de son marbre, comme si Michel-Ange soufflait dessus. Plaisant labeur ! C'est comme si un corps étique se couvrait d'une peau fraîche et rosée. Sur cette chair flasque et molle, le style se détend, les rides, les rugosités de la vieillesse apparaissent, au lieu de la peau luisante d'un vigoureux athlète. Et voilà dans tous les arts le sort de ceux qui se donnent pour classiques!

Dans les sciences politiques, il se passe quelque chose de semblable. Ces histoires générales, ces vues d'ensemble qu'on admire et qui supposent, en effet, une force d'esprit peu commune, recouvrent une infinité d'éléments historiques, politiques et moraux qui vont s'effaçant de plus en plus comme dans cette admirable coup d'œil que j'eus le bonheur de saisir un jour, tandis que je passais, voyageur solitaire, sur des hauteurs inférieures, mais opposées au Mont - Dore. La chair, la chair, c'est la chair qu'il nous faut, artistes et philosophes, c'est une chair bien nourrie et non pas une peau fardée; cette chair, ces inspirations, ces études consciencieuses, ces recherches locales, ces méditations profondes qui ont donné des aliments aux plus beaux génies; c'est, ne déplaise à quelques-uns, le genre romantique ou pour parler plus exactement le *Romancium* de l'humanité. Sans un *Romancium*, la langue grecque, la langue latine, ces belles créations de l'esprit humain, n'auraient pas vécu. Si Racine et Voltaire comme Corneille et Bossuet, et plus ces deux-ci que les autres, n'avaient pas ouvert leur âme aux inspirations romantiques, auraient-ils mérité d'avoir des imitateurs qui, tout impuissants qu'ils sont, rendent hommage, par leur faiblesse même, à la vigueur incomparable des maîtres?

XVII.

D'après ma manière de voir, que je n'ose appeler ni système ni méthode, le *Romancium* de l'humanité c'est l'ensemble de toutes les créations de l'esprit spontanées, sauvages, naturelles, sans préméditation, sans art ni culture. *R-om* veut dire cela, comme nous le verrons plus tard, et quand nous aurons acquis des notions suffisantes. « Classe » d'où Classique, veut dire une réunion d'objets disposés dans une même intention, allant vers un même but. C'est une multitude d'*Ar* ou d'êtres plus ou moins saillants, au moral comme au physique, fléchis, contournés en *As*, et réunis par le radical *CL* qui annonce toujours collection, clôture. L'*As*, comme on sait, formait pour les Romains l'unité de poids et de mesure. *Classis* voulait dire une flotte, une réunion de vaisseaux, une troupe, une bande, une corporation quelconque, une armée. C'est avec *As* que les verbes — amasser — assembler — et beaucoup d'autres ont été construits. Je ne saurais trop le répéter, le classique n'existe point par lui-même, pas plus qu'un paysage n'aurait lieu comme aspect, comme tableau, sans les montagnes, les vallées, les cîmes neigeuses, les forêts, les courants d'eau et le soleil. C'est avec les inspirations poétiques et morales recueillies au milieu du peuple et dans les plus infimes conditions, c'est avec les traces du passé ramassées, confrontées, étudiées non pas toujours dans les livres, mais le plus souvent qu'il se peut dans les archives les plus poudreuses, non pas même dans les dépôts des gouvernements, mais dans ceux des villes, des plus petites communes, que se forment d'un côté les plus merveilleux poëmes et que s'élèvent de l'autre les histoires les plus instructives, les plus satisfaisantes.

Ignorer, dédaigner, tenir à mépris les sources de toute production ingénieuse, les ressorts naturels de tout mouvement de pensée, abdiquer sa liberté d'homme pour se mettre dans un alignement quelconque dirigé, commandé par d'autres hommes comme nous, c'est bien là ce qu'on peut appeler un esprit, une conduite, un faire classique.

En songeant à l'innocence d'un simple faiseur de vers faibles et ductiles de mollesse et non pas de grâce, d'un prosateur flasque, sans nerf, sans couleur et sans harmonie, admirateur infécond de quelques beaux génies qu'on ne saurait trop admirer, je n'ose le comprendre parmi les classiques, dont l'existence a besoin d'être de temps en temps inquiétée : laissons-le en paix, lui et ses compagnons; la paix et le repos, c'est le seul châtiment qui leur convienne. Mais ceux qui tiennent encore aux Grecs et aux Romains, à l'exemple de Vergniaud, de Camille Desmoulins, de Robespierre et de tant d'autres dont les réminiscences puériles, les souvenirs d'école excitèrent tant de mauvaises passions et semèrent tant de troubles; ceux qui prennent pour paroles d'évangile des centons de sacristie gâtés par des quolibets de club, recouverts d'un style qui voulant être biblique n'est jamais que prétentieux, et enrichis des plus fausses images qu'un enlumineur littéraire ait pu rencontrer; ceux, qui, fervents démagogues,

après avoir été stupides Bonapartistes, ou qui étant l'un
et l'autre à la fois, accueillent avec tant de bonhommie
la plus arrogante aristocratie qui soit au monde,
l'aristocratie polonaise ; ces bas valets de Napoléon,
jadis employés dans sa police ou dans sa littérature,
qui se décidèrent un jour à donner l'essor aux plus
vieilles idées de liberté, longtemps cachées et pour
cause au fond de leur bourse; et ceux qui fomentent
sans relâche dans les esprits vulgaires et inattentifs
ces perpétuelles exigences, ou plutôt ces caprices per-
fidement appelés besoins politiques, comme si le premier besoin des peuples n'était pas l'ordre et la durée ;
comme si le premier devoir des gouvernements n'était
pas d'assurer, au moyen de l'ordre, cette durée si désirable, cette vie heureuse des nations, toujours menacée
par tant d'ennemis, que tant de passions funestes abrè-
gent et qui surtout se fond comme la neige des montagnes au souffle brûlant de l'orgueil ; et ceux qui décla-
ment à tout propos contre les mauvais gouvernements
oubliant toujours que les gouvernements et les peuples
sont solidaires les uns des autres, et que les crimes de
Néron, par exemple, étaient ceux du peuple Romain
qui l'aimait et l'encourageait, oh! tous ceux-là, sans
exception aucune, je les répute classiques et classiques
fort dangereux !

Il est d'autres classiques, une autre race d'Agam-
mennon qui ne finit jamais, non plus dans le royaume
des idées, mais dans la sphère très-importante des
faits administratifs. De ceux-là aussi, on ne saurait
trop en dire ; mais il faut se borner prudemment à ce

qu'ils laissent d'accessible aux regards du public , à ce qui tombe sous nos sens matériels , et chacun dans sa ville et même dans son village peut en avoir vu quelque chose.

J'aime beaucoup ces causeries de village ; il faudrait qu'on pût souvent les faire pénétrer dans les conseils des rois , comme celles dont Napoléon apportait le souvenir dans les grandes discussions qu'il sut diriger et animer. Mais pour descendre à ces communs propos, à ces pédestres discours , comme dit Horace , j'ai besoin de quelque précaution oratoire , non point envers ceux qui ne vivent pas autrement que moi loin des chemins de perdition et d'orgueil , tant battus aujourd'hui, mais envers ces gens haut-montés qui dédaignent toujours un peu tout ce qui travaille, se démène, pense et fait usage de ses yeux dans les sphères subalternes. Je dois leur dire qu'à moins d'une extrême ingratitude , il me convient d'explorer dans leurs détails les plus intéressants, et il en est qui le sont beaucoup, ces localités, tout exiguës qu'elles soient , dont j'ai fait mon point de départ pour ce voyage de fantaisie où déjà tant de rencontres philologiques ont eu lieu, auxquelles je m'attendais peu , rencontres le plus souvent certaines, quelquefois douteuses et contestables, sans que pourtant on doive désespérer de les voir tôt ou tard réduites à leur plus nette, plus simple et plus vraie expression.

Le port de la Ciotat, dont l'importance comme lieu de relâche a été de tout temps reconnue, n'était par sa nature qu'une plage, bonne et sûre avec le mis-

tral, mais fort périlleuse avec les vents du sud. Dans
les plus anciens temps dont il soit resté quelque vestige, il y avait deux môles, le môle vieux et le petit
môle, *pichoun moou*. Le môle vieux méritait sa qualification à tel point que, dans les âges antérieurs à notre
siècle de lumières, on attribuait aux *masques* ou fées
sa construction merveilleuse ; car en regardant à leur
nombre long-temps peu considérable, nos pères ne
pouvaient pas croire que, même dans les générations
qui les avaient précédés, il se fût trouvé assez de bras
et de moyens pour mener à fin une telle entreprise,
qui, du reste et à ce qu'il paraît, ne fut complétée qu'au
seizième siècle.

A mesure que le bourg s'agrandit, d'autres petits
môles furent construits. Dans leur bon sens romantique, et par prévoyance de pêcheurs et de marins,
nos pères en avaient senti le besoin. Ils avaient des
yeux et de la mémoire, et savaient s'en servir. Ces
petits môles avec enrochement du côté de la haute
mer rompaient la houle du sud qui, dans la mauvaise
saison, a coutume de déferler sur nos plages avec tant
de fracas et de fureur.

Après que le môle vieux eut été agrandi, on jeta les
premières assises du môle neuf. A tous ces travaux
hydrauliques, les pêcheurs et patrons de barques dont
nous sommes les fils un peu méconnaissants, donnè-
rent toujours la meilleure direction. Ces deux instruments romantiques si précieux, la vue et la mémoire,
leur venaient constamment en aide. A l'entrée du port,
derrière le château ou *Beroard*, on laissa une petite

crique entre des rochers abruptes et scabreux c'est-à-
dire àpres, hérissés de pointes. Une partie des grandes houles du Sud s'y divisait, s'y brisait, s'y perdait,
ainsi qu'à l'encontre des cinq ou six petits môles qui
tous s'avançaient dans la direction la plus convenable.
Toutefois les quais éprouvaient toujours quelques dégradations auxquelles il fallait sans cesse obvier, tant
il est difficile de dompter, d'assouplir cette terrible
mer du large !

Quand le premier consul prit à tâche de rétablir ce
que le régime révolutionnaire avait laissé perdre, le
génie civil entreprit des réparations aux quais de la
Ciotat, dont les dégradations successives pendant plusieurs années n'avaient jamais été arrêtées par des
travaux de conservation ; mais on s'aperçut bientôt,
et on le dit, que ces belles lignes, ces lignes classiques dont le papier accueille le tracé avec tant de
gloire et qui font tant de plaisir à l'œil des indifférents, gâteraient notre port ; et cela ne tarda point
d'arriver, mais peu à peu et à mesure que les réparations se poursuivaient d'année en année, d'après le
même système. Plusieurs des petits môles disparurent ;
l'œuvre romantique de nos pères fut sacrifiée, si
bien que la mer du large moins rompue, moins frac-
tionnée se mit à déferler sur nos quais avec plus de
violence qu'autrefois.

Tout à l'entrée du port, à côté du château, il y
avait un rescif appelé la *laouve*, « la roche », sur
lequel, de tout temps, plus d'un naufrage avait eu
lieu. Dans les dernières années qui précédèrent la

révolution , une demande avait été faite pour le recouvrir d'un tourillon servant de signal ; et en laissant
subsister une ouverture entre le rescif et le fort , on
aurait facilité l'échappement de la houle et la dispersion des brisants sur la plage qui se développe au
N. E. et forme un des côtés du golfe. L'assignation
des fonds nécessaires avait même été faite, quand
surgirent les embarras pécuniaires de la révolution (1).

Mais , un simple tourillon proposé par l'ancien régime, cela était trop mesquin pour certains
hommes du régime nouveau, qui voulaient ce régime
plus grand que Louis XIV, plus grand peut-être même
que le grandissime empereur. C'était après 1830. On
résolut de faire une jetée. Si l'on s'était contenté de
couvrir le récif sans aller au-delà , l'œuvre n'aurait
pas été aussi prudente que le simple tourillon , on aurait ajouté une belle ligne à d'autres lignes déjà trop
belles , mais , enfin , le dangereux rescif aurait été
couvert, et c'était un avantage. Mais voici qu'aux
classiques fort respectables du génie civil s'en joignit

(1) La commune avait d'abord demandé une jetée ; en 1784, le
sieur Vallon, ingénieur en chef, vérifia que la jetée proposée coû-
terait 40,000 livres au lieu de 24,000 , comme on l'avait d'abord
annoncé ; que de plus elle serait nuisible à la sûreté du port, ce qui
fut reconnu par les consuls et par plusieurs marins expérimentés ;
au lieu d'un môle, dit-il, il suffira de construire sur cet écueil une
tour servant à la fois de Phare dont le devis ne se monte qu'à
45,000 livres.

Ce document était dans les archives , il a été connu de l'autorité
locale ; mais qu'avait-on à faire de l'avis d'un sieur Vallon, des
consuls et des marins expérimentés de l'an de grâce 1784 !

une bande d'autres qui savent, sinon se faire respec-
ter, du moins se faire craindre.

En 1830, comme après toutes les révolutions politiques, il sortit de terre une *gente nuova*, influente,
tracassante, exagérante, selon l'usage, et plus puissante encore que jamais depuis qu'on a fait de nous,
je sais bien avec quoi, une nation de mendiants; la
jetée parut à ces messieurs trop modeste en longueur;
on aurait cru manquer de patriotisme et mériter d'être
confondus parmi les *Hilotes*, ainsi un Spartiate de l'é-
poque traita-t-il, dans une proclamation publique, tous
ceux qui n'avaient pas intérêt comme lui à montrer
beaucoup de ferveur, on craignit, dis-je, de passer pour
des *Hilotes*, si on ne mendiait pas de nouveau pour
obtenir que la jetée fût prolongée, et elle le fut outre
toute mesure du bon sens.

Ici reprenons haleine, et disons d'abord que je n'ef-
facerai point ce nom de mendiants dont plus d'une
oreille aura été blessée. Avant la révolution, des mendiants de cette sorte s'appelaient des courtisans, et
je ne crois pas qu'au fond de l'âme nos plus fervents
républicains, qui se regardaient eux-mêmes comme des
Spartiates, ayant à leur service une nation d'esclaves
appelés Hilotes, soient bien fâchés qu'on les compare
aux courtisans, aux talons rouges de Versailles. Des
talons au bonnet, il n'y a que la hauteur du corps, et
c'est peu de chose dans ces temps de progrès, d'ascension où nous vivons.

Jusqu'ici au bon sens romantique de nos pères, on
a vu succéder l'ambition classique et toujours crois-

sante des enfants, les belles lignes classiques du Génie, le mépris souverainement classique des idées et des projets d'autrefois, l'imprévoyance classiquement dispendieuse du projet actuel ; mais voilà qu'à cet enchaînement désastreux de choses éminemment classiques fut ajoutée une de ces commissions derrière lesquelles le Génie aime à se retrancher souvent, mais une commission la plus classique qui se puisse imaginer. Aucun homme ayant des connaissances locales tant soit peu étendues n'y fut appelé ; aucun homme à simple bon sens, pêcheur ou navigateur de la côte, patron de barque ou pilote, n'eut occasion d'y prendre la parole. Il est vrai qu'on ne l'eût point écouté ; cela est encore classique et très-classique.

Puis, comme si ce n'était pas assez d'allonger une jetée extravagante, on lui fit faire un crochet en dedans. Ce crochet présente une courbe aussi agréable à l'œil que les plus délicates sinuosités de la statuaire antique ; cela est vrai ; mais il recueille la houle et la rejette dans le port comme une raquette reçoit et renvoie la balle dans l'air, comme la cuiller d'une nourrice ramasse la soupe pour les petits enfants.

Quand ce beau travail fut achevé, on découvrit, mais trop tard, qu'il n'aurait pas fallu pousser si loin l'application de cet adage municipal, électoral et toujours fatal : *On ne saurait jamais trop demander*. Que faire ? On ne pouvait pas enlever du fond de la mer des blocs énormes qu'on y avait jetés à grands frais. Il fallut s'occuper d'une demande nouvelle. Pour atténuer l'effet de cette première raquette, on fit sentir le besoin d'en établir une autre du côté opposé, laquelle renverrait la houle hors du port au lieu de la pousser par l'angle de réflection jusqu'au fin fond de ce port de malheur, sur un point extrême où jamais on ne l'avait vue ronger et décharner les rochers comme elle le fait aujourd'hui.

Mais au lieu d'une jetée nouvelle qui paraissait devoir entraîner une forte dépense, un Anglais venant à se glisser dans le cortége d'un ministre des travaux publics qui visitait notre port et l'atelier de construction des machines à vapeur, proposa et parvint à faire adopter une invention, qui probablement en Angleterre mérite tout le bien qu'on en dit; mais, à la Ciotat, on ne peut en dire que du mal. A quoi cela tient-il ? Nous en dirons quelque chose après avoir salué derechef les premiers auteurs de notre déconvenue, cette *gente nuova*, que je ne suis pas allé chercher et que j'ai trouvée sur mon chemin, moi, voyageur inoffensif, ôtant mon chapeau devant toutes les croix et devant toutes les madones qui s'offrent à ma vue.

La *gente nuova* contre laquelle le Dante fit claquer avec tant de colère et de verve son fouet vengeur, quand il n'espéra plus de la renverser et de se mettre à sa place avec les siens, car il a soin d'ajouter, *e i subiti guadagni* et les fortunes subites, la *gente nuova*, ferment, lave ou scorie des révolutions, cette *gente nuova* toujours prête à faire du despotisme, à l'aide et pour compte des idées républicaines, empêchera toujours que l'ordre se rétablisse d'une manière satisfaisante dans tous les pays où le malheur veut qu'elle apparaisse un jour.

Laisser croître et grandir une multitude autour d'un gouvernement, c'est vouloir tenir sans cesse la balance entre l'anarchie et le despotisme, rude labeur que le temps présent n'apprécie guères et que l'avenir niera peut-être, ne l'ayant point vu. Au reste ; tout gouvernement veut le bien; peut-il vouloir autre chose? Malheureusement, les peuples ou des fractions de peuple, dans mille circonstances fatales, se laissent prendre à des idées, à des passions où domine le désir du mal, et imposent aux gouvernememts l'obligation de le faire.

En Espagne, il y a une douzaine pour le moins de ces races nouvelles, de ces multitudes toutes ennemies du repos, toutes mères et filles des révolutions qui ont déchiré ce malheureux pays. Un jour de triomphe, des années d'intrigues avant, quelques années de profit après, puis un jour de revers que suivent de longues années de désespoir, telle est leur monotone et lamentable histoire, dans laquelle il est bien difficile d'apercevoir quelque chose de noble et de grand.

A ce propos, il me revient deux contes que j'ai entendu faire. M. de Malesherbes, ce bon et digne homme, qui chercha toute sa vie avec tant de zèle un remède aux abus de son temps, mais qui avait trop de confiance en cette espèce humaine, dont il ne faut pas trop médire, puisque nous en faisons partie et que c'est presque involontairement, par surprise et déception, qu'elle met à néant les plus beaux rêves dont elle est borcée, M. de Malesherbes en 1789 ou 90, causant avec son jardinier, lui vantait les avantages de la révo-

lution commencée, « on vous a démuselés, » lui dit-il ;
le jardinier, à ce mot, regarde le magistrat d'un œil pé-
nétrant à la fois et respectueux, un sourire sardonique
entr'ouvre ses lèvres : « Eh oui, Monsieur, réplique-t-
il, on nous a démuselés, mais qui nous remusélera ? »
Cet homme de sens ne comptait pas sur Napoléon ;
mais sans Napoléon, la besogne que prévoyait le jardinier serait encore à faire, et il n'est pas bien sûr
qu'en ce moment elle soit accomplie.

À la fin de 1830, on fit cet autre conte. Il y avait
un sorcier à qui le diable avait donné un mot d'ordre
pour se faire rendre par un génie tel service dont il
aurait besoin. Ce sorcier travaillait, je crois, dans une
cave, comme Marat qui, d'un lieu semblable, faisait
dans son temps de si terribles évocations. Il eut besoin
d'eau pour se laver les mains ; le mot que le diable
lui avait appris fut proféré et un génie apparut auquel
il demanda ce qu'il désirait avoir. Vîte, vîte le farfadet apporte une cruche et la verse dans la cuvette ;
après cette cruche, une autre ; après cette autre, une
autre encore. Le sorcier avait beau dire *assez*, *assez* ;
le farfadet apportait toujours avec une diligence admirable sa cruche d'eau qu'il versait dans la cuvette
d'où elle se répandait à flots dans la cave, car le mot
« *assez* » n'était pas dans le vocabulaire du diable, et
le pauvre sorcier, les sorciers ne songent pas toujours
à tout, avait oublié en se donnant corps et âme pour
un mot, de demander la formule contraire à l'évoca-
tion, c'est-à-dire, le mot propre à défaire ce que l'autre mot aurait fait ; puis le diable, qui est toujours malin,

n'avait eu garde d'enseigner ce qu'on ne demandait pas à savoir ; si bien que, de cruche en cruche, d'*assez* en *assez*, le sorcier fut noyé dans sa cave, à ce que dit le conte, et je suis porté à le croire ; en sa qualité de sorcier ne s'avisant jamais de tout, comme font ces gens-là d'ordinaire, il n'eut pas l'idée de remonter l'escalier par où il était descendu et de reparaître à la lumière du soleil, de ce soleil des vivants qui a tant de vertu pour dissiper les fantômes de la nuit et les aberrations d'un cerveau malade.

Combien de gens qui ne savent qu'un mot, Napoléons de village, Brutus de cabaret, Robespierres des halles, Marats des *grèves*, rossignols et serins de toute espèce, et qui, de ce mot unique, font naître d'irréparables malheurs! Cette *gente nuova*, ces hommes du jour sortis dans toutes les communes du seul mot qu'ils ont appris, et qui vont s'imaginant sans cesse que le gouvernement leur a beaucoup d'obligations, toutes sortes d'obligations, ont introduit ce grand principe municipal dont j'ai déja parlé! Et c'est ce principe en vertu duquel on a fait de nous une nation de mendiants, qui a fini par amener l'embarras où l'on se trouve dans ma petite ville.

On ne saurait trop le répéter, c'est une leçon que l'histoire et surtout celle des temps modernes présente à chaque page : jamais peuple ne vaut mieux que son gouvernement, et le plus grand tort d'un gouvernement est de se laisser dépasser par le peuple. Si de grandes bévues ont été faites un peu partout, dans ces derniers temps, c'est que l'administration n'a pas toujours évité d'être un moment submergée par les flots d'une popularité accidentelle. Il faut avoir quelque temps vécu dans la province, à une certaine époque, pour comprendre tout ce qu'il y avait à la fois d'effrayant et de sot dans la race nouvelle. Il est vrai, qu'au fond, ce n'était que les singes des hommes de 1789 ; et de l'homme à la bête, la différence se conçoit.

Pour atténuer le mal causé par la trop grande extension d'une première faveur, on a sollicité l'octroi d'une autre grâce qui serait plus coûteuse encore. Cette autre demande ayant été écartée par la proposition d'un Anglais, survenue au moment où l'on allait s'occuper de nous, il a fallu se contenter d'un brise-lames flottant, et nous sommes tombés, par suite de nos désirs ambitieux, de Charybde en Scylla, comme on dit, ou, pour parler plus nettement, à l'inconvénient reconnu, il s'en est ajouté un autre. Le port est bloqué, barré comme en temps de guerre ou de peste, et la houle du large se précipite sur nos quais avec une violence qu'on ne lui connaissait pas encore.

Le principe sur lequel repose la construction d'un brise-lames flottant est celui-ci : l'agitation de la mer produite par le vent n'existe qu'à la superficie sur une profondeur qui ne dépasse pas six mètres, et comme un brise-lames flottant cale à cette profondeur, la lame doit se briser contre cet obstacle et s'arrêter.

D'abord, ce principe mérite un profond examen. J'ai vu, par une tempête, la houle du large lancée contre la partie de notre littoral qui est acore rejail-

lir en écume à plus de cent mètres de haut; et ses
gerbes les plus tenues emportées par le vent sur le
revers de nos falaises abruptes, brûlaient et dévoraient
à des distances considérables les blés et les légumes
verts dans les terres cultivées. J'ai peine à croire que
l'agitation des eaux d'où jaillissaient de si hautes gerbes d'écume ne descendît pas à plus de six mètres de
profondeur. Aussi, pour peu que la mer s'enfle et
mugisse, les houles du large passent sous le brise-
lames, et le soulevant comme la pince d'un voleur soulève une porte, vont déferler sur nos quais avec une
violence que le ressac causé par les belles lignes du
génie civil augmente. En même temps, les dix sections que, d'après le principe, on aurait lieu de croire
immobiles, dansent sur la houle et nous font, en ayant
l'air de se moquer de nous et de l'invention anglaise ;
des révérences infinies avec une prestesse incroyable.

Dans notre malheur, nous ne pensions pas que des
hommes dont l'œil n'a pas suivi ce spectacle de déception nous reprocheraient par cette voix de la presse
qui se loue aux trompettes les plus fêlées comme aux
plus harmonieuses, nous ne pensions pas, dis-je,
qu'on nous reprocherait d'avoir raconté ce que nous
avions vu, d'avoir prouvé que nous avons des yeux
pour voir, ce qui, du reste, commence à devenir peu
commun par le temps qui court. Le brise-lames flottant
de la Ciotat est une imitation de celui de Brigthon, qui
a réussi; donc il doit et il a dû réussir à son tour, et
ceux qui disent le contraire, au lieu de rester spectateurs mécontents de ce qui se passe devant eux, de-

vraient bien s'en tenir, avec l'auteur de la lettre qu'on a imaginé d'écrire dans un journal, au rapport laudatif de l'amirauté de Londres. Je crois qu'il conviendrait plutôt de convoquer à la Ciotat des gens de bonne foi et sachant plus d'un mot, auxquels on adjoindrait, par mesure d'ordre, quelques-uns de ces hommes qui ne savent que des choses, mais qui les savent bien.

Et puis, pourquoi tant se fâcher contre une expérience manquée ! Est-ce le premier avortement dont nous sommes témoins ? Hélas ! notre vie se passe à contempler des ruines quotidiennes ; nous marchons de déceptions en déceptions ; on fait litière sous nos pas de châteaux de cartes abattus par le vent ; nous cheminons sans cesse entre le souffle qui soulève et le souffle qui renverse, et notre existence politique est un miracle continuel d'équilibre. Je le répète, une chûte de plus ou de moins, qu'importe dans cette voie où nous trébuchons sans cesse en voulant lever le pied !

Je croyais en avoir fini avec ces classiques, avec ces hommes du jour qui ne savent jamais qu'un mot et le mot le plus ridicule et le plus dangereux, quand on est venu m'annoncer le naufrage du *Dante*, de ce bateau à vapeur auquel on a donné le nom d'un grand poète, louable chercheur de l'unité politique, mais factieux incomplet et par conséquent malheureux comme tout homme de génie dont les affaires triviales, les affaires de ce monde, ne sont pas l'occupation unique. On ne dit pas encore à quelle cause il faut attribuer ce naufrage nouveau. Il y a peu de risque, cependant, à le ranger parmi les naufrages classiques.

Si les bateaux à vapeur de notre marine marchande ne vont pas si souvent à la côte, bien qu'il y ait des temps brumeux, des mers furieuses, des courants trompeurs pour eux comme pour les autres, c'est que leur navigation est romantique dans le sens exact du mot. Une connaissance plus parfaite, plus scrupuleuse de la côte, des capitaines qui sont toujours sur le pont et dont le quart commence à l'instant du départ pour ne finir qu'au moment de l'arrivée, une vigilance infatigable, des yeux d'Argus incessamment ouverts, voilà, je pense, une navigation romantique. On cite beaucoup de capitaines marchands qui, dans la navigation à la vapeur, consacrent au besoin senti d'une extrême vigilance toutes leurs forces, tous leurs moyens, toutes leurs heures. Dans la marine militaire, il en est aussi quelques-uns pour qui le repos classique, le repos légal n'est pas tout-à-fait obligatoire comme le Sabbat des juifs et paraît toujours une imprudence; mais ce sont des exceptions (1).

Honneur à ces Romantiques! Honneur à ces Antées intrépides qui ne paraissent tomber sur le sein de la terre, de la mère commune, que pour se relever avec des forces nouvelles. Aux classiques, la vulgarité qui

---

(1) Depuis que ceci est écrit, la nouvelle de trois autres naufrages du même genre est venue attrister les cœurs qui s'intéressent à la gloire et au beau renom de tout ce qui tient à notre pays. Un honorable député a demandé des explications sur la perte de douze bâtiments à vapeur de l'Etat dans l'espace de deux années, temps pendant lequel l'Angleterre n'en a perdu que deux. Cet honorable député, à ce qu'on peut croire, ne pense pas autrement que nous sur les causes de ces déplorables sinistres.

dégrade les plus belles choses, qui ternit les plus
brillantes couleurs ; le nonchaloir, la routine qui en-
dorment les meilleurs esprits, les rêves qui nourris-
sent d'illusions et que suivent, tout-à-coup, des réveils
affreux ! Aux Romantiques, les ressources que l'inspiration renouvelle sans cesse, le courage qui fait entreprendre, l'ardeur qui soutient dans les entreprises
les plus inouïes, la grandeur de pensées que l'exécution justifie et complète, la constance de volonté que
toujours un perfectionnement quelconque, une découverte quelconque, un simple moyen de découverte
récompense, puis cette grande et sublime satisfaction
qu'à Dieu seul sont dus tous les succès qui remplissent
de joie ! Honneur donc aux Romantiques, tant qu'ils
restent dans la voie honorable ouverte à leurs efforts,
tant qu'ils respectent la religion et la morale, ces
deux grandes émanations du ciel auxquelles je don-
nerais volontiers le nom de romantiques dans le langage des hommes, si la raison ne voulait point qu'on
ne les nomme que divines ! Honneur aux Romantiques,
tant qu'ils ne ressemblent pas au tigre qui, lui aussi,
obéit à ses forces naturelles, à de très-grandes forces,
mais qui ne respecte rien dans l'usage qu'il en fait, et
se jette indifféremment sur les troupeaux et sur les
pasteurs, sur les animaux les plus abjects et sur les
hommes !

XVIII.

Dans quelle interminable digression viennent de se
traîner les paragraphes qui précèdent ! Faire jusqu'à

des contes de sorcier dans cette chasse aux mots qui a bien assez de sa propre sorcellerie, et maintenant que j'ai dit adieu aux classiques de toute sorte pour n'y plus revenir, sans renoncer, toutefois, à deviser encore en passant avec ceux qu'ils regardent, bien à tort, comme leurs rivaux, comme leurs ennemis, il me faut revenir un moment sur mes pas, et jeter un nouveau coup d'œil sur les divers modes d'expansion du radical *Ar*, de cet admirable point de mire auquel j'ai rapporté déjà plusieurs jalons à peu près indubitables.

Une taupe dans mon arrondissement s'appelle *Narboun;* en d'autres pays de Provence on dit *Darbous.* Au fond de l'admirable vallée de Grenade court, en se précipitant des hauteurs de la *Sierra-Nevada*, de la montagne neigeuse, un large et impétueux torrent, le Darro, dont le nom rappelle le Taro des Alpes italiennes et le Tarn de notre France méridionale ; ses ondes fraîches et claires se marient en tumulte à celles du Xénil ou Génil qui n'est pas sans quelque rapport philologique avec la Senne de Bruxelles, avec notre glorieuse Seine, avec la Saône, etc.

Arbou, c'est proprement le nom de la taupe ; dans l'idiome d'Alger, et c'est le seul idiome arabe que j'aurai occasion de citer, *Hàrèts* veut dire : « labourer, » et en hébreu *Argob*, signifie ; « motte de terre ». Observons, en passant, que nous avons la seconde partie d'*Argob* dans cette expression provençale *Man Gobi*, main engourdie, resserrée par le froid, comme la motte de terre par la sécheresse de l'été. Les latins avaient un nom de femme charmant, *Arbuscula*, dont nous avons fait *bouscarle*, ainsi appellons-nous, en terme de caresse, un petit enfant et même une jeune personne que nous aimons. C'est aussi le nom provençal de la fauvette, et il se retrouve : «dans bosque, bocage, bois.»

Arbuscula, qui revient assez à *mon chou*, et qu'en Provence on appellerait la bouscarle, était le nom d'une petite comédienne à qui Horace et Cicéron prirent quelque intérêt. Horace dit qu'elle se moquait des sifflets du parterre, pourvu que les chevaliers l'applaudissent ; voici le passage :

> . . . . Neque te ut miretur turba, labores,
> Contentus paucis lectoribus. An tua demens
> Vilibus in ludis dictari carmina malis ?
> Non ego ; nam satis est equitem mihi plaudere, ut audax,
> Contemptis aliis, explosa Arbuscula dixit

« N'écris pas pour être admiré de la foule ; contente-toi d'un petit nombre de lecteurs ; voudrais-tu follement ne composer que pour les théâtres infimes ? Pour moi, je ne pense pas ainsi : que les chevaliers m'applaudissent, comme disait cette impertinente Arbuscula, peu m'importe les autres ! »

Cette impertinente Arbuscula devait être femme de goût. Aux classiques innocents, la vulgarité innocente comme eux ! Mais gare à cette autre sorte de classiques, imitateurs dangereux de la Grèce et de Rome, qui recherchent la popularité ailleurs que dans le monde des arts et des lettres ! Et même dans ce monde intellectuel, gardons-nous des applaudissements qui subjuguent, oppriment et font faire fausse route. Les grâces, les délicatesses du génie craignent tout contact un peu grossier ; il ne faut aux plus brillantes ailes des papillons que les caresses de l'air et de la lumière.

Mais *Arbuscula*, comme son masculin *Arbusculus*, comme *Arbor*, *Arbos*, dont ils sont un diminutif, vient évidemment de *Ar*, ainsi que *Arbou*, *argob* et *hàrèts*, d'autant plus que *Aràdhi*, en arabe, signifie terres. L'*arare* latin est traduit en provençal par *loourar*, *laourar*, qui a tant de rapport avec *labor*, « labour et labourer »; mais *laourar* c'est bien *Arare* précédé de *L*.

Voilà donc plusieurs mots où le radical *ar* est précédé d'une affixe telle que *D*, *N*, *L*, tandis que dans — bouscarle — ce même radical a été supprimé. Ces deux accidents philologiques ne peuvent trop souvent revenir en mémoire.

Pour que, dans la Vulgate, on ait appelé *Arca* la construction où Noé trouva un asile contre les eaux du Déluge, pour qu'elle ait donné ce même nom au tabernacle, au sanctuaire, au gage d'alliance entre Dieu et les Hébreux, *fœderis arca*, il fallait que ce mot *Arca* fût usité bien anciennement pour dire maison, demeure distinguée. Il ne serait pas impossible qu'on eût donné ce même nom aux grandes bâtisses qui, le long des chemins, offraient un refuge, une retraite assurée aux voyageurs, et dominaient avec un air tout solennel les humbles cabanes, les simples échoppes habitées par le vulgaire du pays. On aura pu dire *Larca* avec l'affixe ou plutôt l'article *L* ; cette consonne ayant pour fonction principale de particulariser, de spécialiser, de mettre à part, de faire distinguer. De *Larça* il n'était pas difficile, avec la voyelle faible *E* de venir à *Lerca, lerque, lerke,* moins sonore et perdant avec l'éclat du son une partie de son énergie. Puis *R* aura été attiré, transformé, absorbé par *C* et l'on aura eu *Lecca, lekke.*

Ce mot *lecca,* d'ailleurs, n'est-il pas le même que le nom italien *Zecca,* donné à l'édifice où l'on bat monnaie? *R* se change aisément en *S* et par suite en *Z*; et de la maison où l'on bat monnaie, comme de l'hôtellerie où l'on compte passer la nuit, de ces deux habitations désirées, on pourrait dire en les apercevant enfin « *Ecca!* la voilà! » *L, S* et *Z,* se sont mis devant comme articles ou consonnes euphoniques. Le mot — Sequin — vient de *Zecca,* qu'on écrivait aussi [illegible].

De plus, nos marins provençaux appelent *Secca, Séque,* un écueil où le navire s'arrête par accident fatal, comme un voyageur le fait volontairement dans une auberge. *Scopulus, Scoglio,* appartiennent à *Secca.* On a traduit les *Seccas* de Barbarie par *Sèches;* mais bien à tort, comme pour tant d'autres expressions provençales qu'on a fait barbares, croyant les rendre françaises.

Sur un chemin qui du littoral, c'est-à-dire du hameau des Lèques va joindre la grande route actuelle de Marseille à Toulon et qui dans le temps passé menait à la montagne par Signes ou par la sainte-Baume, il y a un domaine qui porte le nom de *Laouque.* Si ce nom ne veut pas dire — l'Oie —, une oie qui aurait été l'enseigne d'une auberge, il pourrait bien avoir désigné l'auberge même. Non loin de *Laouque* est un quartier portant le nom de *Lequettes*, les petites Lèques. *Lequettes* pourrait bien signifier petites pierres plates, comme *Lequas* veut dire grande roche, plate et nue. Mais ces deux sens de pierres plates et de constructions en pierres sèches n'ont rien de discordant et peuvent subsister ensemble. *Aouque*, serait venu d'*Alque* et celui-ci d'*Arque* par une substitution fort commune; et les noms de lieux Arques, Arc de l'illustre Pucelle Jeanne, peut-être aussi le nom d'Arras, auraient la même origine que l'Aouque, les Lèques et les Lequettes; mais ici nous irions trop loin et le terrain n'est pas assez préparé. Quoiqu'il en soit, on a dit *les Lèques* comme on dit encore aujourd'hui — les Loges — dans la forêt de Saint-Germain, — les baraques — dans le haut Languedoc et en Auvergne, et comme on disait autrefois — les cabanes — du Bausset, quand ce bourg n'était pas encore descendu dans la plaine et qu'il y avait seulement à la place qu'il occupe aujourd'hui quelques hôtelleries pour recevoir les voyageurs.

En relisant ce paragraphe plein de conjectures, plusieurs mots tout-à-coup sont venus les appuyer : *Ecclesia*, *OEcodomia*, *OEconomia*, *Oicos*, *OEcus*, — grande salle à manger, selon Vitruve, et maison dans Pline, ainsi que *Parochæ*, — provision de vivres allouée aux magistrats romains voyageant pour la république, et *Parœchus*, — pourvoyeur, celui qui traite, le maître du festin. *Oicos*, *OEcus*, voilà pour les Grecs

et les Latins le mot principal auquel se sont aggluti-
nés *lesia*, *domia*, *nomia* et *par*, sur lesquels je n'ai
pas de recherche à faire en ce moment.

Peut-être aussi avait-on donné le nom de *Lesché* à
un petit portique dont il est facile de suivre et de reconnaître les vestiges parmi ces quelques ruines qu'on
appelle *Tauroentum* et dont je parlerai dans la seconde
partie de cet ouvrage. Toutes les bonnes villes de la
Grèce avaient des *Leschés*, rendez-vous des gens
oisifs, comme nos cafés aujourd'hui. Ce *Lesché* dont je
suppose l'existence, destiné à l'exhibition d'objets de
poterie, pourrait avoir laissé son nom au hameau des
Lèques, situé au côté occidental de la plage.

Pour mieux expliquer *Leca*, nous nous adresserons
aussi à *Laouvo*; ces deux mots ont beaucoup d'importance. Je n'ai pas besoin de rappeler le principe en
vertu duquel les trois voyelles *A*, *E*, *O* terminent indifféremment ces deux noms et une infinité d'autres. Je
crois pouvoir désormais aller au but, sans prendre
tant de précautions.

Aouvo en Provençal, c'est *Ar* transformé en *af*, *av*.
Af est le radical d'—affreux. — Quand il est question
d'un désert affreux, on se figure un lieu dépourvu de
végétation, une terre nue, des rochers arides, sans eau
comme sans ombrage. Les verbes latins dont le sens
est déterminé par ce radical sont *afflictare* et *affligere*,
qui signifient ruiner, abattre, briser, désoler. L'*Af*
d'où *laouve* c'est proprement la terre inculte, la terre
dure; travailler la terre dure, cela s'appèle *laourar*,
en italien *lavorare*, en latin *laborare*; *B* pour *V*.

Voici comment *laborare* est rendu par — travailler
— : *Terere ar*, briser, rompre la terre ; de *terere ar*
est venu *traou, traoucar*, — trou, trouer, — et par
suite — travail, travailler —. En provençal un *traou*
c'est une fosse. On appelle *trui* une cuve-vinaire. Le
Trullus, grand salon du palais impérial à Constanti-
nople où se tint le sixième concile général et la Trouille,
ainsi nomme-t-on les restes du palais de Constantin à
Arles, indiqueraient, selon moi, une grande pièce
où l'on descendait par des gradins établis tout autour
et qui avait l'air d'une cuve.

Une *Laouve* est une pierre plate, c'est-à-dire de la
terre dure aplatie. *L* est entré dans la composition
comme affixe ou comme article. *Lapis* n'est autre
chose que *lavis* avec la conversion de *V* en *P*. La lave
ou *laouve* du Vésuve présente parfaitement une terre,
une pâte durcie. Dans la Franche-Comté le mot —
lave — est employé pour pierre.

Par la suite, nous développerons dans *af*, *av*, un
autre caractère qui s'accorde mieux avec la lave des
volcans.

En provençal nous entendons par *Claou*, un champ
fermé ; c'est le sens qu'imprime *C*. Avec *Claou* ou *Clau*
a été fait le verbe *Claudere* que nous traduisons par
— Clorre —, comme *claou* — par clos. *Clavis* n'est
autre que *llapis, lapis*, ou la grosse pierre qui servait
à fermer les gîtes primitifs de l'homme.

J'ai dit que *laou* était le champ. Il paraîtrait que
loou ne serait que la parcelle d'un champ. *O* est
moins sonore, a moins d'énergie que *A*. *Loou* serait à

laou comme *lor* à *lar* ; comme *oritor* ou *olitor* , — jardinier à *arator* — laboureur —.

Esclave est le même mot que *Slaf, Slave. Es* , ce qui tient , ce qui attache , — *laf, lav* — terre —. On a dit que *servus* venait de *servare* ; mais ce verbe parait identique avec *S-arvare*, verbe supposé auquel on pourrait bien prêter cette signification — être sur le champ — travailler au champ. Si l'on considère que les premiers esclaves ont toujours été des enfants mêmes du sol, quand ce sol était envahi par des étrangers , on comprendra mieux le sens de *servare* qui signifie plutôt réserver pour le travail que sauver ou conserver en vie par humanité. En général on peut dire que les peuples Slaves sont les enfants du sol qu'ils habitent et que les nobles qui commandent à ces races ne sont pas de la même origine qu'elles; c'est l'histoire des Hilotes et des Spartiates; c'est l'histoire de toutes les noblesses réelles et primitives c'est-à-dire historiques.

Revenons à *Arca* ou pour mieux dire aux affins que j'ai cru pouvoir ranger autour de ce mot. Nous appellerons dans la même famille l'adverbe *Æquè*, l'adjectif *Æquus*, le substantif *Equus*, — cheval —. Pour les constructions d'architecture et surtout pour celles où ni fer, ni bois, ni ciment ne sont employés, tout doit être fait semblable, pareil. Ces constructions ne pouvant s'appuyer, ni se fortifier que par elles-mêmes, rien n'y étant adapté pour maintenir ou rétablir l'équilibre, il est nécessaire que cet équilibre soit parfait. La difficulté, le mérite du piège appelé *Lèque*, c'est aussi l'équilibre; il doit être établi si subtilement que le moindre contact de la bête le rompe. Un cheval aussi, *equus*, a besoin que son fardeau soit également réparti des deux côtés, que le cavalier soit assis bien à plomb sur son dos; et si les deux côtés d'une porte sont appelés jambages, c'est à cause de l'égalité parfaite qui doit exister entre eux comme entre les jambes d'un cheval ou celles d'un homme.

D'ailleurs *equus* n'est pas le seul nom donné au cheval; on l'appelait aussi *Mannus*, *Caballus*; nous ferons quelques recherches sur ces noms-là.

Dans la plus ancienne latinité on a même dit *eques* pour *equus*, témoin ce vers d'Ennius que Virgile a imité en d'autres termes :

It eques, et plausu cava concutit ungula terram.

J'ai parlé plus haut des ruines de Tyrinthe; de plus experts que moi pourront s'enquérir s'il n'existe pas quelque lien de famille entre Tyrinthe et Labyrinthe; ces deux noms n'étant différenciés que par *Tyr* et par *Lab*, *Lap*, *Lapis*, *Laouve* Il doit y avoir entre eux un certain contact par *rinthe*, *cinthe* ou *inthe*; je ne veux m'occuper en ce moment et à propos de constructions antiques primitives que du rocher de Cordes, situé à trois quarts de lieue de la ville d'Arles. On a creusé dans ce rocher un souterrain, comparé par quelques-uns à une croix latine, mais que M. H. Clair, avocat, dans un savant mémoire sur les monuments d'Arles antique et moderne, dit avoir plutôt la forme d'une épée. Les blocs de pierre qui recouvrent cette bizarre excavation, extraits du rocher même, sont ajustés avec soin, bien que grossièrement taillés. Sur les corridors les plus étroits ont été jetées des dalles assez longues pour en embrasser complètement la largeur. Dans les parties les plus spacieuses deux rangs de dalles opposées s'avancent jusqu'à leur double rencontre sur l'espace à couvrir. Quand la portée des blocs n'arrive pas jusqu'à les faire butter l'un contre l'autre, une troisième dalle jetée en encorbellement par-dessus les autres achève le couvert. N'est-ce pas ici la construction de Tyrinthe, et de nos antiques *Lecas?* Et les pagodes de l'Inde creusées dans le roc, et les dolmens de la Gaule et tant d'autres constructions analogues qu'on trouve dans les pays le plus anciennement habités? Il faudra bien que nous portions un regard, un rapide regard sur tout cela. En attendant, je crois pouvoir dire que le mot *dolmen*, *dolmin*, a quelque rapport avec le verbe *dormire*, et que le nom même de — pagodes — sera probablement expliqué dans la suite de cette revue capricieuse où je voudrais bien que le lecteur se laissât entraîner comme moi par curiosité, par fantaisie.

Les excavations et les constructions du rocher de Cordes ont été attribuées par quelques-uns à des troupes sarrasines, qui occupèrent la ville d'Arles et qui étaient sous les ordres de l'émir de Cordoue. Il y a beaucoup trop de suppositions dans cette idée. La tour de Cordouan, à l'embouchure de la Gironde, est-elle donc aussi d'origine sarrasine? Les Sarrasins, comme César, ont apparu en Provence, et comme lui

on veut les retrouver partout. Le nom de *Cordes* vient
d'ailleurs. A suivre les vulgaires étymologistes, on dirait d'une part que la terre des Gaulois n'a pas été
habitée par eux, et d'un autre côté que ces mêmes
Gaulois, ainsi que les Romains, les Germains, les
Sarrasins ne provenaient pas d'un père commun !

XIX.

D'*Area* on a pu faire *Alea*, et ce dernier mot tant
par la suppression de la voyelle initiale que par l'in-
tercalation d'une de ces consonnes que j'appellerai
ambulatoires et de complaisance, a pu devenir *Leca*.
Nous avons déjà vu plusieurs de ces transformations ;
Helios, le soleil, a pu passer par *Erios* et *Arios* ; Ilium,
la ville de Troye ou plutôt sa citadelle, son capitole,
peut avoir été la transformation d'*Arium* ; l'*Islarus*,
l'Isler, rivière d'Allemagne, l'*Illiberis* le Tech, rivière du
Roussillon, *Illorci* ou Lorca, ville d'Espagne, *Ilerda*,
Lerida, qui a presque gardé son nom antique, *Ilurcis*,
Urgel, *Iluro*, Oléron, l'Illyrie et tant d'autres dénominations géographiques ainsi formées peuvent avoir
eu primitivement à leur tête l'une des cinq voyelles
suivie de la consonne R, comme la ville d'Irun d'aujourd'hui ; mais est-il également probable qu'*Ilex*,
Yeuse, a été *Irex*, et que *Viridis*, verd, par suite de
ces attractions, déviations et permutations que nous
apprenons toujours mieux à connaître, soit un résultat
d'*Irex*, *Iricis* ou *Iridis* avec adjonction d'une consonne
officieuse, de V. Une semblance de verdure est en-

trée dans le nom d'*Erin*, l'Irlande, dans celui d'*Ertha*
ou *Ersa*, la terre des Germains (1); pourquoi rien
de pareil ne serait-il entré dans le mot *Irex*, ou pourquoi le mot *Arida*, assemblage des hauteurs, n'aurait-il pas signifié, sous un autre aspect, la verdure de
la terre elle-même ?

Quoiqu'il en puisse être, l'*Ilex* paraît avoir fait
naître plusieurs dénominations importantes. Cet arbre
dont les feuilles persistent et qui se propage par ses
racines, à la différence des autres chênes, a dû former dans le midi de l'Europe des forêts impénétrables;
l'Yeuse est l'arbre le plus sombre qui se puisse voir.
Pour les peuples tombés dans le paganisme, le premier sanctuaire de la divinité, dut être une forêt
d'Yeuses. C'est en des forêts d'Yeuses que s'enfoncè-
ront, loin de tout regard indiscret, les auteurs des plus
antiques mystères. C'est de là que les premiers oracles
sortirent. Dans la forêt de Dodone, en Épire, deux
colombes, habitantes d'un vieux chêne, rendaient
des oracles. Les poètes prétendaient même que les chênes de cette sombre et merveilleuse forêt avaient une
voix et prédisaient l'avenir. Mais était-ce de chênes-
verts ou de chênes-blancs que cette forêt de Dodone
était formée ? Le mot *Quercus* n'est-il pas un nom générique venant peut-être de *Queri*, *Queror* (rendre des
sons plaintifs), et la différence entre *Quercus*, *Ilex*

(1) *In commune* HERTHUM, *id est terram matrem colunt*, dit
Tacite. D'autres exemplaires portent : *Nerthum* ou *Verthum* ou
Aerthum.

et *Robur* est-elle assez tranchée pour que jamais il n'y ait eu confusion ? Si Ovide nous dit :

Sacra Jovi QUERCUS, de semine Dodonæo,

Virgile d'un autre côté assure que

Sæpe sinistra cavâ prædixit ab ILICE Cornix ;

Toutefois, dans les vers qui précèdent, il venait de dire :

Sæpè malum hoc nobis, si mens non læva fuisset,
De cœlo tactas memini prædicere QUERCUS.

L'*Ilex* des Latins, le chêne-vert, est appelé *Eousè*, *Eouvè* en provençal moderne, mais les paysans l'appellent *Tousco*. Il est vrai que ce nom s'applique plus particulièrement aux groupes ou bosquets formés de cette espèce de chêne qui, du reste, par la manière dont il se propage, et quand la main des hommes ne le contrarie point, a toujours de nombreux adhérants ou rejettons autour de lui rangés. Les lieux où l'on prenait les augures ou qui, dans la campagne, étaient consacrés à quelque divinité, s'appelaient *Tesqua*. Il y a toujours des merles ou des rouge-gorges, ce rossignol de l'automne, dans les bosquets d'Yeuses ; et, d'un autre côté, la noirceur des ombrages qu'épand cet arbre touffu le rendait bien propre à recouvrir des sanctuaires. Les *Tesqua* ou groupes de chênes-verts, ayant été surtout en vénération dans l'Etrurie, il se pourrait bien que le nom de *Tuscia*, — Toscane, — rappelât cette circonstance. Nous retrouverons *Tesqua* dans les verbes *tegere*, *protegere*, dans *tegula*, *tegulum*, *tegumen*, *tugurium*. Le lieu de *Tusculum* avait été nommé ainsi à cause de ses frais ombrages; le fracas de ces eaux bondissantes l'a fait depuis appeler *Frascati*. *Tousquo* a passé dans le vieux français *Touche*, *Tuquet*. Ne pourrait-on pas le reconnaître aussi dans le *Tchiosque* ou *Kiosque* des Levantins, même dans la *teso* de nos bastides d'agrément, de nos villas marseillaises ? Tous ces noms expriment un lieu retiré au sein de la verdure.

Le nom d'Aréthuse, la chasseresse arcadienne, la suivante de Diane, que cette déesse enveloppa d'un nuage pour couvrir sa nudité et la dérober aux poursuites du fleuve Alphée, contient le radical *Ar*, que nous connaissons et ce même verbe *tegere*, dont l'origine vient de nous apparaître. *Lustrat caligine* TECTAM *amnis*, dit la nymphe, en racontant sa métamorphose; puis quand elle a été changée en fontaine et que l'Alphée a repris sa première forme, c'est-à-dire, ses eaux pour les mêler aux eaux d'Aréthuse, *Delia rupit humum, cœcis ego mersa cavernis, advehor Ortygiam*, « la vierge de Delos entr'ouvrit la terre, et je m'enfonçai dans les cavernes sombres et je parvins à l'Ile d'Ortygie. » Dans cette île d'Ortygie, qui était près de Syracuse, ne pourrait-on pas trouver encore la source, le ruisseau caché, couvert, *Or* pour *Ar*?

La fable prétend qu'Aréthuse en traversant la mer salée pour passer dans l'île d'Ortygie ne perdit rien de la douceur de ses eaux. Heureux les esprits chastes qui en traversant les flots amers et bourbeux de leur siècle, car il n'y a pas que le nôtre qui soit plein d'amertune et de fange, savent conserver ces eaux; de là raison éternelle départies à tous, savent les conserver dans toute leur transparence et leur douceur.

Mais il est sorti d'*Ilex* un nom bien plus sacré, *lex*, la loi. Etait-ce bien la nymphe Egérie que Numa venait consulter, quand il voulait donner des ordres, des règlements à son peuple ? Cette nymphe n'était qu'une fiction ; ce qu'il venait chercher dans la solitude, c'était des pensées dont il formait des lois, en les réalisant, c'est-à-dire, en les promulgant sur la place publique, en les écrivant sur des pierres. Il me semble, sans que je puisse rendre mon idée d'une manière bien précise, que le mot *Egeria* a dû s'entendre de tous les produits spontanés de la terre, notre mère. Dans cette confusion de produits, l'homme pouvait pourtant dire *ego*, j'ai besoin, je manque de couvert, de vivres; car un grand espace tout rempli des produits bruts de la terre peut bien ne fournir, si c'est une forêt, aucun aliment pour apaiser la faim, ni rien qui nous garantisse des injures de l'air, si c'est une vaste prairie. Mais si l'homme ainsi dépourvu peut dire *lego*, je cueille, c'est qu'il a trouvé une baie, un gland, un champignon pour les porter à la bouche ; et s'il peut dire *tego*, c'est qu'il a ramassé des branches d'arbres, des feuillages pour s'abriter. Ainsi ont pu se former les verbes *legere* et *tegere*.

J'ai lu quelque part que les Romains changèrent le nom d'*Egeste*, ville de Sicile, en celui de *Segeste*, pour la raison que voici : Egeste rappelait *Egestas*; Segeste, au contraire, faisait penser à *Seges*. Ainsi,

Legere, pour la récolte des productions spontanées; *Segerere*, pour l'acte d'amasser, de resserrer les moissons; *Tegere*, pour celui de couvrir, de mettre une couverture, de se faire un abri.

Le provençal *Segar*, moissonner, le latin *Secare* et le français scier, viennent de *Seges*. Un grand nombre de mots sont dus à *Legere* lire ou cueillir, entre autres, *Eligere*, choisir.

XX.

Mais tandis que je m'efforce de suivre autant qu'il est en moi les métamorphoses de R en d'autres liquides et les modifications de sens qui en résultent, voilà qu'un radical de la plus haute importance ou plutôt un effluve merveilleux de *Ar* se présente tout à coup et jette sur mon sujet une lumière imprévue. Ne faut-il pas que je l'accueille, et que, pour un temps du moins, je délaisse des idées moins vivaces, des tours de pensée moins impulsifs? La marche à laquelle j'essaie de m'astreindre et qu'il n'est pas en moi de rendre, dans le cours ordinaire de mes recherches, plus didactique et plus ferme, cet arrangement vulgaire de discipline ne doit-il pas céder la place, dans l'occasion, à un ordre plus éminemment générateur, à un enchaînement plus fécond en progrès? Le bien qui nous arrive du dehors, ne fait-il pas oublier à l'instant ce que nous avons déjà dans notre demeure? La rosée qui descend sur les plantes altérées, un rayon de soleil qui pénètre dans les sombres horreurs d'un cachot, la naissance d'un fils longtemps désiré ou son retour inattendu après une longue et douloureuse absence, toutes ces douces choses n'effacent-elles pas, en un moment, ce qu'il y avait de trivial, de pénible, de misérable autour de nous ?

En considérant avec plus d'attention cette particule ou préposition *Ex* dont l'usage est d'ailleurs si fréquent, on trouve que le radical *Ar* est devenu *Er* par affaiblissement, par modération dans la tendance à croître, à pousser en haut, *Erigere*, *Erectus*, et que pour rendre l'extension latérale, il est devenu *ex*, *extendere*, *extensus*.

L'Adverbe *Ecce* nous montre l'objet tel qu'il est devenu par suite de développement et de progrès ; le verbe *Exxe*, *Esce* ou *Esse*, nous affirme l'existence, et cette *existence* est également exprimée par *ex* ou *ess* dans le mot *essence* ou nature intrinsèque des choses.

Wessen, dans l'idiome allemand des premiers siècles, signifiait *être*, *exister*, ainsi qu'on peut le voir dans les gloses de Kéron, moine de l'abbaye de Saint-Gal, qui vivait en 720 ; il n'est plus en usage qu'au prétérit *gewesen* (il a été) ; il s'y trouve avec l'augment *ge*, particulier à l'allemand et semblable à celui de la langue grecque. *Wessen* est presque le mot *essence*. Plus nous avancerons, plus il nous sera permis d'appliquer à toutes ces langues occidentales ce que dit Ovide en parlant des nymphes de la cour de Doris :

> . . . . Facies non omnibus una
> Nec diversa tamen , qualem decet esse sororum.

Voyez dans *Ex* le couvert, le manteau de la terre, tous les verbes précédés de *ex* ou de *è* vous apparaîtront dès lors comme exprimant l'acte d'enlever, d'extraire quelque chose de cette surface éternellement productive du globe, de ces provenances de tout genre que Dieu a mises à la portée des êtres animés. L'*Egérie*, s'il m'est permis de rappeler ce mot que je tiens, en quelque sorte, pour mystérieux, c'est l'ensemble des êtres subalternes qui attendent leur consommation, leur exploitation par des êtres progressivement supérieurs. L'EGÉRIE est l'aliment de la VIE.

Messis, moisson, *Merges*, main ou poignée du moissonneur, c'est l'*ex*, l'*erx* précédé de M, et dans la même position qu'*Orior* devenant *Morior*. On peut en dire autant de *Merx*, marchandises. Ces mots indiquent suffisamment que les produits dont l'existence était répandue sur le sol ont été coupés, arrachés, enlevés et mis à l'usage de l'homme ou des animaux domestiqués. A l'*Egérie* morale, aux matériaux, aux documents de la sagesse humaine répond le verbe *intelligere*, choisir, recueillir, lire en dedans.

Le verbe *Esse* est sorti du même moule que la nymphe de Numa; mais son développement arrive à l'infini. Il s'applique à tout ce qui a formé dans la nature ou dans notre intelligence, à tout ce qui peut dire *je suis*, à tout ce dont il est permis de dire *il est*. Si *Esse*, *Exxe* nous a été donné par *Ex*, il provient, en définitive de *Ar*, de ce magnifique radical, bref et immense, âpre et rude, mais se transformant aux sons les plus doux et se prêtant, par sa vertu divine, aux plus ravissantes mélodies de la voix comme aux plus ineffables harmonies de la pensée humaine.

Que *Sum*, je suis, vienne de *Er* et par conséquent de *Ar*, on n'a qu'à le conjuguer dans les diverses langues du midi pour s'en convaincre.

Une comédie de l'ancien théâtre espagnol nous fait voir un de ces hommes éperdus, qui ont peu de sens avec beaucoup d'amour, et qui, forcé de reconnaître la vanité de ses illusions, ne veut pourtant pas qu'on lui arrache le bandeau fatal, et dit à sa maîtresse : *Muger eres, dame engaños*, tu es femme, trompe-moi. En espagnol, *Eres*, en français tu *Es* ; le radical *Ar* n'est-il pour rien dans ce verbe ? En vieux français, on disait *Ert*, *Ere* pour *Erit*, *Erat*.

L'infinitif *Esse* identique avec *Edere*, manger, vient aussi de *Ar*, puisque, *Edere*, résulte du changement euphonique d'*Arorea* en *Adorea*, comme nous l'avons vu.

A la fin de certains mots, *Ex* contient encore et implique l'idée d'existence, comme dans *Simplex*, *Duplex*, *Multiplex*, *Perplexè*, etc., etc. Nous reviendrons sur ces mots à cause de *PL*.

Ex, appartient à la même catégorie que *ax*, *ix*, *ox*, *ux*, et l'idée qu'il révèle dans *ex* d'où *legere*, lire, se retrouve avec d'indispensables nuances dans *Axis*, ligne qui passe par le centre d'une sphère, ligne autour de laquelle le globe s'est arrondi, autour de laquelle il tourne, dans *terra ferax*, terre fertile qui étale une ample végétation, qui verse d'infinis trésors, dans *Nix*, immense agglomération de points blancs qui forment l'éblouissant manteau jeté par l'hiver sur les hautes montagnes ; dans *Nox* ; accumulation de points noirs , d'ombres recouvrant d'autres ombres ; dans *Lux* ; assemblage infini de points lumineux , qui s'épandent par une éjection concentrique. *Ex* , dans *Legere* , s'est transformé en *Eg* ; nous traiterons, en son lieu, de la combinaison des voyelles avec *G* et *C*.

Nexum suppose *exum*. Ce que nous avons tâché de percevoir dans *ex*, ce qu'on pourrait fort bien appeler *exum* , est devenu *Nexum* , quand le possesseur ne peut plus s'en approprier le produit ; *Nexum* , c'est le gage d'une dette, c'est l'*exum*, l'*e*, assujetti pour répondre de ce qui est dû. L'homme qui n'avait rien engageait ses bras , c'était son *exum*, et il devenait *Nexus*. *Nexus* se disait de celui qui , pour acquitter sa dette , se liait lui-même, se donnait pour esclave à son créancier , engageait ses bras, son seul avoir ou plutôt son unique moyen d'acquérir. *Nexus est qui se obligavit Obnoxius* est de la même famille ; c'est celui qui s'est exposé à une peine ou qui s'est soumis à un chef, à une condition, à une loi.

A propos de *Nexus* , il y a une loi des douze Tables où ce mot se trouve et qui a donné lieu à des interprétations singulières ; la voici : *Nexo, Soluto, Forti, Sanati, siremps jus esto.* « Que la loi soit la même pour l'engagé , pour le libéré , pour le bourgeois ancien , pour le réfugié. » Le *Nexus*, « engagé, » ne perdait pas son droit de citoyen. Sa dette payée , il rentrait dans la classe des hommes francs , *Ingenui*, et ne passait pas comme un esclave mis en liberté dans celle des affranchis, *Liberti.* On a voulu voir dans *Forti* et *Sanati* les noms de deux peuples voisins de Rome ; selon d'autres, les *Forti* auraient été des alliés fidèles, les *Sanati* d'anciens alliés révoltés, mais venus depuis à résipiscence. Quelques-uns ont rendu le mot *Forti* par *Bono* et *Sanati* par *Peregrino.* Mais je pense que *Forti* tient à *Forum* et que *Forum* tient à *Ara.* Le *Forum* de Rome était appelé *Ara* chez d'autres nations. Le Dieu de la guerre était *Arès* chez les Grecs ; d'*Arès* on a pu faire *Avors* qui entrait dans le nom de Mars, *Mavors.* L'adverbe *Avorsum* signifie par derrière ; *Avors* était donc le même qu'*Arès* se précipitant de la montagne et poursuivant l'ennemi par derrière. Mais arrivé dans la plaine, *Avors* devenait *Mavors* par le même accident qui changeait *Arida* en *Maria*, *Ar* en *Mar.*

Avec la suppression du *A* d'*Avors* et la mutation de *V* en *F*, la qualification de *Fortes* convenait à ces enfants de Mars qui, en poursuivant l'ennemi par derrière, avaient envahi tout le monde connu. Les *Fortes* avaient le droit d'aller à l'armée comme de se présenter au *Forum.* *Sanas*, au datif *Sanati*, c'était celui qui s'était sauvé dans Rome pour se dérober aux fureurs de ses ennemis, et qui reçu dans l'*Alba* romaine, était gouverné par les mêmes lois que le *Nexus*, le *Solutus* et le *Fortis.* *Sanus* ou *Sanas*, était pour *Salvus.* Nous verrons plus tard d'où viennent *Salvus* et *Salvatio.*

Je prie ceux qui me lisent de ne pas trop s'effaroucher de cette explication. Pas plus que les précédentes, je ne la donne pour certaine. Elle me paraît seu-

lement probable. Ce sont ici les conjectures d'un igno-
rant qui s'enquiert, et non pas les assertions d'un savant
qui discute ; on doit me supposer toujours comme disant à chaque paragraphe : « Ce que je montre, est-ce
de l'or ou du cuivre ? Les experts prononceront ; et ,
s'il y a mélange, ils feront le départ. » Seulement ,
quand il se rencontrera quelqu'une de ces fortes ombres qui offusquent et arrêtent l'esprit, avant de croire
que je ne l'ai point éclaircie du tout je prierai d'attendre la fin de ma course.

Devant le verbe *Ire*, aller , *Ex* devient l'expression
latine de sortir. *Domus exilis Plutonia*, c'est la demeure vide, où n'habite rien de ce qui a forme, le
séjour des *Manes* ; c'est-à-dire , des corps où la vie
n'est plus, des ombres aussi vaines que celles des corps
eux-mêmes, quand ces derniers se mouvaient à la
lumière du soleil. Dans *Manes*, la consonne M remplit
à l'égard de *An*, *Anima*, la même fonction que devant
Orior, devenu *Morior*. Dans *Mens*, M absorbe le
corps, l'être existant dans la matière , *Ens*, pour ne
montrer que l'intelligence, cette intelligence qui meut
le corps, qui lui commande et se fait obéir. *Ens* et *An*
descendent de *Ar*, le premier, par le verbe *Esse*, l'autre, par une transformation analogue à celle de *Al*.

La syllabe *An*, *En*, qui précède certains noms ,
était un article employé dans les langues Bastule, Tur-
ditaine ou Celtibérique , c'est-à-dire, dans les langues
importées d'Asie au Midi et à l'Occident de la Médi-
terrannée. Il était aussi d'usage dans le Midi de la
France. Nous l'avons encore dans certains noms où

il paraît faire fonction de l'adverbe latin *In* ; mais dans les noms propres c'était bien réellement un article. Le seigneur *Enbarral* des Baux , c'est-à-dire, *le* Barral , *Engelfret*, c'est-à-dire , *le* Gelfret ou Jeauffret, (le ruisseau froid) *Enpeire* , *le* Pierre etc. , sont des expressions analogues à celles des Italiens , *il Tasso* , *il Dante*.

Quelquefois on ne garde que *N* comme dans *Nebro*, le village d'Ebre, autrement Evenos , près de Toulon, ou que *A* comme dans *Adour*, l'Adour, rivière qui serait plus correctement appelée la Dour. *Dour* est le même nom que *Dore*. La Dore se mêlant à la Dogne forme la Dordogne. *Durum* devient *Dunum*, par la permutation de *R* en *N*. La Doire, la Durance, la Dora-Baltea près le fort de Bard, etc ; Verdun , Saverdun, Châteaudun, Dun-le-Roi , etc., appartiennent à la même famille ; la vallée d'Andorre en est aussi.

Une observation curieuse se présente. En provençal et selon les lieux , on appelle *Dourgo* ce qu'ailleurs on appelle *Jarro* ; mais *Dourgo* vient de *ur, dur, durum* , comme *Jarro* , « cruche, amphore , » vient de *Ar, Jar, Gar*, etc.

On a trouvé sur une pierre milliaire , en Espagne , dans la région Celtibérienne, les mots *En Do Castrorum*, le Dieu des armées. *En Do* se rapproche beaucoup d'*Adon* ou A *Do* qui , en Hébreu, signifie le seigneur ; *Adonaï* , les Seigneurs. *A* proviendrait de l'article *an*, avec lequel la préposition latine *antè* me paraît avoir beaucoup d'affinité.

Quant à la formation de *Dor* ou *Dur* , elle remonte au radical *Ar*, avec permutation de voyelles et adjonction d'une de ces consonnes officieuses, qui en venant se placer à la tête d'un mot, semblent obéir à une certaine loi d'attraction qu'il est impossible de méconnaître. *D* fait d'ailleurs partie de la forme *dj* si fréquente dans les langues sémitiques, et nous apprendrons à connaître, de mieux en mieux, sa fonction.

A ce même radical *Ar* est connexe le radical *Ur* de *Urere*, brûler, et d'*Uranus*, père de Saturne. Nous avons cru pouvoir faire naître le verbe *Ardere*, brûler, des feux qu'on faisait à plusieurs fins sur les cîmes des montagnes ; *Urere* tient, sans doute, d'*Uranus*, le plus ancien des Dieux, car Ennius a dit : *Non primùm regnásse Saturnum sed Uranum patrem.* Or, *Uranus* figurant le ciel, le verbe *Urere* a bien pu s'appliquer aux feux qui émanent du ciel, que lance le ciel.

Le *Sen* et le *Monsen* du vieux Catalan, que j'ai dit équivaloir au *Ser* et au *Messer* des contes de Boccace, ne sont, en effet, que les mêmes mots ; nous connaissons, déjà, les permutations réciproques de *R* en *L*; nous verrons, plus tard, celles de *L* en *N* et en *M*.

Les médecins se servaient autrefois et quelques-uns se servent peut-être encore, de la préposition *Ana*, pour dire : « de chacun, de chaque chose ; » il ne serait donc pas extraordinaire qu'un article exprimant avec énergie l'individualité ait contribué à former le mot latin *Anima*, âme.

Mais par quelle contradiction le mot *Manes* des anciens, se rapproche-t-il du mot *Mann*, homme, des langues germaniques? Ce n'est pas du tout par contradiction; c'est bien plutôt par analogie, et cette analogie est sublime, soit qu'on regarde *Manes* et *Mann* comme la négation, l'absorption de *An*, de l'individualité par la consonne *M*, soit qu'on regarde ces mots comme résultant du verbe *Manere*, *maneo*, qui, au fond, présente une absorption du même genre. *Mann*, « homme, » c'est ce qui reste de nous sur la terre, quand la pensée, cette partie essentielle de notre individu, voyage aux terres lointaines, comme nous le faisons en ce moment, quand elle se porte aux lieux les plus divers, pourvu qu'ils lui soient accessibles, quand elle s'élance même jusqu'à heurter des barrières qu'elle ne saurait franchir, malgré toute la puissance que l'exercice et l'étude lui donnent. Puis, arrive-t-il jamais que la pensée soit exactement aux mêmes lieux que le corps? Ce qui éprouve la douleur ou le plaisir, est-ce bien cela même qui pense? N'aurions-nous pas une âme sensuelle qui nous serait commune avec les animaux, et une autre âme que Dieu appellerait à quelque participation de ses ineffables grandeurs?

XXI.

Je n'ai pas dit adieu au radical *Ex*. *Illex*, synonime d'*Illecebrosus*, veut dire plein d'attraits, rempli d'appas et de charmes, doué d'attraction, et cette *Egérie* (1),

(1) Dans un autre point de vue et sous des rapports purement littéraires, ce qui prend ici le nom métaphorique d'Egérie s'appelle Exégèse.

dont on a extrait tant de choses et même des pensées législatives d'une haute puissance auxquelles maint successeur de Numa voudrait bien se rattacher aujourd'hui, devait être telle en effet. Mais *il* de *illex* est l'équivalent de *in*, de cette préposition qui généralement contient une idée d'insertion surtout avec les formes *intùs*, *inter* et *intrà*, qui expriment plus particulièrement une impulsion du dehors au-dedans. Or, dans *intùs* nous ne sommes pas bien loin de *tesqua*, dont quelques linéaments nous ont apparu dans *tegére*.

Mais ce n'était pas des glands que le bon roi Numa recueillait dans l'*Egérie*, dans le fourré mystérieux où il affectait de se rendre pour entretenir commerce avec une nymphe, c'était de ces pensées divines qui arrivent au sage, loin de tous les bruits du monde, dans cet oubli profond des hommes et de leurs passions, joie ineffable de la solitude, vide fortuné, vide cent fois désirable que Dieu vient remplir lui-même. Pour guérir la blessure des flèches, on allait autrefois chercher le Dictame sur les cîmes les plus sourcilleuses des montagnes de Crète; et pour guérir les plaies de la société, ces plaies qu'une tendance fatale envenime chaque jour, on s'adresserait à des cœurs palpitants de toutes les passions funestes, à des esprits que troublent et font délirer toutes les fumées de l'ambition, et trop souvent tous les bouillonnements de la haine, toutes les ardeurs de l'envie ! L'expérience de ces congrès des passions a été faite; malheur aux peuples qui la tenteront encore !

Napoléon avait aussi son *Egérie*. D'ordinaire, quand

il se préparait à quelque grande expédition, et avant
de partir, il s'enfermait pour quelques jours dans l'Elysée
Bourbon. Il est d'autres Egéries où des esprits d'élite,
les meilleurs esprits de leur temps, des âmes grandes
et généreuses aiment à se rendre pour travailler, dans
un calme inspirateur, à une conciliation qu'ils croient
possible entre les conseils de la raison éternelle et les
exigences nombreuses que le temps, les malheurs et
surtout les mauvaises passions nous ont faites. Mais
hélas ! sur le frontispice de ces lieux sacrés, il me semble voir, oh ! oui, je ne vois que trop, « cette fatale
« inscription que la divine puissance, la suprême sa-
« gesse et le premier amour ont tracée en caractères
« noirs au-dessus de la porte par où l'on va dans la
« cité des pleurs, dans l'abîme des douleurs éter-
« nelles,

      « Lasciate ogni speranza voi ch'entrate. »

Car on a beau faire, sur ce grand théâtre du monde
où le bruit est tout, il faut que la victoire reste à
l'esprit des époques, lorsqu'elles sont bruyantes, comme
la nôtre, non au génie des hommes sages, quand ils
ne sont pas entourés de ce fracas qui étourdit, quand
ils ne disposent point de ces fanfares qui soulèvent
et emportent la foule. Oh ! de quelles sinistres images, *la gente nuova e i subiti guadagni* et *la perduta
gente* qui en est la suite, n'assombrissent-ils pas
tout-à-coup la retraite quelconque où l'on vient un
moment recueillir ses pensées et chercher quelque
lumière !

Dans une vallée presque close du département du
Var, on rencontre les ruines d'une ville jadis appelée
à ce qu'on dit *Theopolis*; ainsi a-t-on nommé autrefois
la ville de Syrie, connue depuis sous le nom d'Antioche
devenu aujourd'hui *Antakie*, et dans lequel, avec une
altération de *Théos*, qui signifie Dieu, on retrouve cet
article *An* sur lequel j'ai cru pouvoir appeler l'attention. Cette *Theópolis* du Var était une ville cachée,
ceinte de montagnes, enveloppée de mystères. *The-
saurus* n'est-ce pas l'or caché, l'or enfoui, l'or éloigné des regards? Le mot *Tesqua*, outre l'idée de
profonde solitude contient celle d'ombres épaisses, de
noirs ombrages. L'if qui est un arbre au feuillage
sombre comme l'yeuse, porte en provençal le nom de
Thui, qui à la vérité vient du latin *taxus*; mais ce
nom même présente avec celui de *Théos* un rapport
qui ne saurait nous échapper. Les *inhospita tesqua*
d'Horace, les lieux où l'homme n'ose pénétrer se montrent à lui comme le séjour de la Divinité, de la divinité secrète et mystérieuse, réceptacle vénéré de toutes
les choses cachées, source invisible de toutes les
choses à venir.

Le *Teutsch* ou *Tuiston* des Germains, le *Theos* des
Grecs, *Zeus* et *Deus* sont un même nom, ainsi que
Dies. Les ténèbres et la lumière sont l'emblème de
la Divinité. Ce que nous devons absolument connaître,
Dieu l'éclaire de ses rayons; ce qu'il n'est pas en nous
de savoir reste dans les ténèbres. Il faut que l'homme
se résigne à cette condition de son existence ici-bas.

Nous avons entrevu ce qu'il y avait dans l'adverbe

intùs; jetons maintenant un regard sur ce qu'enferme la préposition *inter*. N'est-ce pas une expression heureuse, par exemple, un charmant euphémisme qu'*Interire* pour signifier mourir ? *Interire*, c'est aller entre deux, entre la surface que nous foulons sous nos pieds, entre la terre verdoyante, souriante, attrayante, séjour des êtres pleins de vie, et les gouffres sombres, les noirs abîmes, les lieux sans soleil où descendent les morts. Mais le sol qui se couvre périodiquement de verdure, qui revêt au printemps cette robe d'espérance d'où au temps venu s'épancheront les graines et les fruits, ce sol auquel tant d'actes humains, tant de produits et de résultats ont emprunté le radical *Ar* pour le mettre en tête du nom qui sert à les désigner ne peut qu'avoir pris ce radical puissant pour se donner un nom à lui-même. Faites précéder *Arra* ou *Erra* de *T* qui marque l'impulsion, la force agissante, et vous aurez *terra* ou *tellus*, le travail, au moyen des substitutions connues, et par conséquent le *tell* des Arabes, les plaines où les tribus du *Sahra*, des régions vraiment arides et non cultivées, accourent après la moisson pour faire leurs provisions de grains. *Terra*, c'est en effet la terre travaillée, triturée, exploitée par les bras de l'homme, c'est le sol qui appelle ses soins, et qui lui promet une récompense de ses labeurs, le sol qu'il peut planter et semer à son désir; *Arida*, l'assemblage des hauteurs, c'est le sol abandonné à lui-même et laissé hors du domaine où le travail humain peut s'exercer et s'étendre.

Pour engager les porcs à fouiller la terre afin de

découvrir les truffes ou *rabassos*, les paysans leur disent *terr*, *terr*, et le grognement des porcs ressemble beaucoup à ce même son : Est-ce là l'origine du mot terre ?

C'est avec *erra* qu'on a formé *errare*, errer, *erro*, vagabond, et même *errones*, les planètes.

L'*Erebus* (l'enfer, l'obscurité), c'est la profondeur souterraine. *Er* comme *ar* signifie haut et profond.

Dans *Eremus*, désert, dans *Erice*, bruyère, on retrouve l'idée d'élévation stérile, d'aridité, de maigre végétation. C'est comme *Aroma* venant de *ar*.

Le verbe hérisser, le substantif hérisson viennent de *er*.

Ericius, cheval de frise, petite hauteur factice présentant des pointes en bois ou en fer et servant à arrêter la cavalerie ennemie. Frise, comme friser, et frisure, a la même origine que hérisser ; *F* a pris la place de *H*.

Arctus signifie étroit ; c'est proprement *ar co actus*. Dans *erctum*, partage de biens, *a* est devenu *e*. Un partage rend les biens plus étroits. Dans *Heres*, héritier, dans *Her*, Seigneur, il y a moins de puissance que dans *Harus* d'où *Haro*, clameur de Haro, c'est-à-dire appel au suzerain, au suprême seigneur.

Comme pour le nom sacré d'*Eloah*, *L* a remplacé *R* dans les noms d'Eleusis, d'Elide, etc. et dans celui d'*Eleutheræ*, qui est commun à plusieurs villes.

Eros, passion de l'amour, *Erinnys*, furie d'enfer qui trouble et agite ont la même origine. Ce sont toujours

des dards qui s'enfoncent, qui torturent, qui hérissent
et rendent intraitables le cœur et l'esprit.

XXII.

Le ruisseau de Jarret, qui traverse du Nord au
Sud le territoire de Marseille, est appelé *Gerrenus*
dans quelques anciens titres; ce n'est pas un autre nom
que celui du Gers, rivière qui descend des Pyrénées.

Lancelot, dans ses recherches sur *Gergovia*, voudrait donner au mot *Gilum* qui termine tant de noms
de lieux différents, *Autogilum*, *Bonogilum*, *Brogi-
lum*, *Christogilum*, *Cassenogilum*, etc., le sens de
Domus seu ager. Il reproche à Cambden d'avoir expliqué le nom de *Gill* par ceux d'*Aqua parva, rivus
exiguus*. Je pense que Cambden, bien qu'il n'ait pas
jugé à propos d'indiquer d'où et de quelle langue il
tirait son explication, avait parfaitement raison. Il
avait raison aussi de ne spécifier aucune langue, et
d'expliquer ce nom seulement par la nature des lieux
auxquels on l'applique.

En suivant cette manière d'induction toute simple,
nous décomposerons *Argentogilum*, « Argenteuil, »
dont Lancelot oppose l'exemple à Cambden. Il n'y a
point à Argenteuil, dit-il, de petit ruisseau qui ait pu
lui donner ce nom, et la Seine ne peut pas être dési-
gnée par *aqua parva* ou *rivus exiguus*. Dans *Argen*,
nous trouverons d'abord une rivière *Ar*, puis *Gen*, la
Seine elle-même. *Gen* est en même temps le nom de
la rivière et la traduction de *Ar*. La Senne qui coule à
Bruxelles est un exemple de ce que j'avance. *Genn*

provient de la même source que *Gerrenus* et le Gers.
Dans *Argentoracte*, « Strasbourg, » on trouverait un
autre exemple : *Argen*, fleuve deux fois exprimé,
Toracte, passage fait de main d'homme, pont. Veut-on
reconnaître plus nettement encore que *Argen* signifie
eau qui coule, mettez-le à côté de *Margo*, *Marginis*,
qui veut dire bord, c'est-à-dire, limitation ou séparation du fleuve d'avec la terre, au moyen de la consonne *M*. *Gilum* indiquerait donc un ruisseau, un canal,
une dérivation du fleuve, non pas naturelle mais
artificielle ; la consonne *T* de *to* déterminerait ce dernier sens. Quand à *Gen*, qui veut dire autant que —
Seine — *Sequana*, nous aurions besoin, pour nous
permettre une plus certaine conviction, de suivre *S*
dans *Sequi*, *Sequor*, etc. ; cela viendra plus tard.

L'antique *Genabum*, qu'on croit avoir été Orléans,
portait dans son nom la signification de rivière *Gen*,
qui est aussi dans le Xenil ou Genil de Grenade.

L'*Aldus* du moyen âge, l'*Audax* des Latins se retrouve, à ce qu'il me semble, dans la *Gilda*, « Gelde, »
milice bourgeoise, commune organisée contre les brigandages de toute espèce et pour le maintien de ses
droits et priviléges, dans Guildhall, Hôtel-de-Ville, en
Angleterre, dans l'Égide, bouclier de Pallas. On appelait aussi *Ægis*, d'après Pline le naturaliste, un bois
fort serré et fort tendre qui ne se gerçait point, n'était
pas sujet à la vermoulure et dont on faisait des tablet-
tes conservatrices de pensées, de lois et de droits. Je
pense même qu'on retrouverait cet honorable qualifi-
catif dans soldat et soudard. « Solde, » vient de « sol-

dat ; » mais le soldat n'est pas venu de la solde ; cette
origine ne saurait aller avec un noble métier. Le soldat, c'était *ald* subissant les transformations, adoptant
les adjonctions moins fantasques en général que nécessaires et presque d'urgence auxquelles nous devons
être accoutumés. Il en est à peu près de ces origines
comme de la Galathée de Virgile. Un air de connaissance nous attire, un air de famille que nous avons
peine à définir, mais qui provoque notre attention,

> Malo me Galatea petit, lasciva puella ,
>
> Et fugit ad salices, et se cupit antè videri ;

un moment nous avons entrevu le sens, la pensée ;
mais, tout-à-coup se dérobant à nos regards, elle se
recouvre de son voile , contente d'une apparition fugi-
tive qui ne saurait entièrement nous satisfaire.

Si les *Fratres de Gilda*, si les Geldons, si les Soldats viennent de *Ald*, *eld*, *ild*, *old*, d'où vient le mot
Brave? Je pense qu'il a deux origines ; plus tard nous
le verrons sortir de la même source que le mot « Barbare » ; en ce moment, il touche de si près aux membres ou confrères de l'ancienne *Gilda* ou Gelde, que
je ne puis le quitter sans une marque plus ou moins
opportune de souvenance. Les *Bravades* ou compagnies
de braves avaient succédé aux Geldes, et c'est d'elles
que provient le nom donné à la fausse bravoure, à
l'ostentation de courage qui n'est pas toujours la vail-
lance, à ces menaces que l'homme d'honneur dédaigne
et laisse tomber dans le néant. En provençal ancien,
on appelle *Brau*, *Braou*, un taureau. L'interjection

Bravo ! remonte, à ce qu'il paraît, aux combats de taureaux, ou du moins à cet exercice de temps immémorial usité dans la campagne d'Arles, soit pour la *Ferrado* ou la marque, soit pour saisir le taureau par les cornes, le renverser, le lier et le livrer au boucher. *Bravo ! Bravo !* c'est-à-dire, au taureau, au *Braou !* Le nom de « brave » sera resté à l'homme audacieux et adroit, qui, se jettant sur un taureau sauvage et le saisissant par une corne, le culbutait à ses pieds.

J'ouvre un dictionnaire latin, et je lis : *Brabeum*, prix des jeux publics, ce qu'on donnait aux victorieux. Faut-il comprendre parmi ces enfants de la victoire ceux même qui triomphaient dans les affreux combats du cirque où les vestales, ces vierges pudiques de Rome, assistaient en des places d'honneur, baissant le pouce quand elles vouldient qu'on enfonçât le fer dans la gorge, et le dressant quand leur caprice les portait à demander une vie sauve ? Criait-on *Braou* à ces spectacles comme à ceux d'Arles et de sa vaste campagne, et les *Bravi* d'Italie, ces assassins à gages ; seraient-ils les descendants légitimes des antiques gladiateurs, de ceux dont les grands de Rome employaient les bras soit pour les jeux publics, soit pour leur vengeance particulière? Et ce mot même de bras qu'on vient de lire est-il sans rapport avec brave ?

Pausanias parle d'une chapelle de Diane *Brauronia* qui était dans la citadelle d'Athènes ; Diane, ajoute-t-il, avait été appelée ainsi du nom d'une bourgade de l'Attique, où l'on montre une statue fort ancienne que l'on dit être de la Diane Taurique ; Taurique peut bien

avoir été la traduction de *Brauronia*. Les Taures qui
faisaient partie des Scythes, avaient probablement
un autre nom qui s'approchait de *Braou*. Dans un autre
passage, Pausanias appelle cette même Diane Taurique *Tois Barbara*; ceci nous rapproche du nom de
barbare; mais nous verrons cela plus tard.

Il n'y avait pas de fête patronale dans nos villages
sans bravade, c'est-à-dire, sans douze ou vingt hommes marchant avec la procession et tirant en l'air par
intervalles des coups de tromblon ou *Trabuco*; quelquefois, ils se bornaient à attendre le saint au passage
pour le saluer, surtout dans les communes qui n'avaient
pas anciennement obtenu le droit de faire des passades
ou montres militaires aux jours solennels.

C'est un de mes premiers souvenirs d'enfance que
ces bravades. Les compagnes de la servante qui m'ac-
compagnait, étaient comme elle pressées de curiosité
pour voir la procession et tout ce qui tenait à la fête.
Mais la vue des tromblons et les noirs visages de ceux
qui les portaient sur l'épaule, leur faisaient peur; les
détonations les jetaient dans l'épouvante, elles fuyaient,
puis revenaient, puis fermant les yeux au moment du
feu et se bouchant les oreilles, elles finissaient, toujours indécises, toujours effrayées, mais toujours curieuses, par tout voir et tout entendre.

Du reste, nos campagnes gardent une réminiscence
des Geldes, des Geldons d'autrefois. Le mot « Guer-
don, » est encore en usage pour exprimer des services
mutuels, des échanges de travaux non salariés. Un
vieux poète français a dit :

> Qui aime sans feintise ;
>
> Cent guerdons en attend.

Parmi les étymologistes, les uns dérivent ce mot du grec *Kerdos*, d'autres de l'allemand *Werdung* (estimation du prix), et Caseneuve enfin de *guerre don*, *don*, récompense des gens de *guerre* ; j'aime mieux remonter aux associations mutuelles, au *guet* de nos anciennes communes qui n'était autre que la *Gilda*, la *Gelda*, avec la prononciation dure de *G*.

Geld en allemand veut dire argent, c'est-à-dire, monnaie et prix des choses, abstraction faite de métal.

XXIII.

En réservant pour des études ultérieures, comme j'ai cru devoir faire plus d'une fois jusqu'ici, des efforts indispensables pour obtenir une perception plus exacte du sens impliqué dans *J* et *G* à la tête de certains mots, il m'a paru qu'au moyen de quelques circonstances il ne serait pas impossible de saisir toujours mieux la perspective de *Il* sous forme d'article et de pronom. Sa destinée n'a pas été moins glorieuse que celle d'*Al* et d'*El* ; le nom de Dieu en arabe admettant la voyelle *I* et même toute les autres voyelles devant *L*, ce qu'on vient de voir peut s'appliquer a *Ol* devenu *Od* et précédé par *G* dans *God. Jl* et *Is*, modifiés en *illud*, *id* et rendus en français par « celui, cela, » ont servi à indiquer ce qu'on ne pouvait ni ne voulait nommer, ce que les lèvres humaines n'osaient désigner par un nom. L'artiste, dans la fougue de son labeur, au milieu des inspirations qui le pressent, le subjuguent, l'entraînent, n'a pas toujours le temps de prononcer, de chercher le nom de l'objet matériel dont il a besoin, il dit ou est censé dire à son élève en lui montrant cet objet du doigt ou des yeux, *donnez-moi cela.* Ainsi fait l'homme devant les merveilles de la création. Il ne cherche pas à nommer ce qu'il voit ; mais comme l'artiste inspiré il dit « cela, » *id*, *illud*, et s'il remonte à l'auteur de ces ineffables merveilles, désespérant toujours plus de trouver un nom qui rende ce qu'il sent, il dit « celui, » *Il* ou *Allah ! Eloah !* etc.

J'ai lu que, sous sa forme la plus simple, *il* figurait parmi les mots mystérieux de la langue phénicienne et des autres plus anciennes langues de l'Orient. *Id* a servi à nommer deux montagnes sacrées, l'une en Phrygie et l'autre dans l'île de Crète. Il a exprimé sous le nom « d'Idées, » la présence, par réflexion, des objets extérieurs, l'existence des produits de la pensée dans le domaine de l'intelligence. Il s'est même prêté à désigner les Idoles. Dans toutes ses occurrences *id* apporte le sens de « cela, » c'est-à-dire, d'une image, d'une représentation, d'une figuration. L'adjectif latin *Idoneus*, propre, convenable, capable de, contient cette même allusion à la similitude, à l'aptitude, à l'application d'un objet sur un autre. L'idylle, poésie pastorale, n'est-ce pas la réminiscence heureuse d'un paysage champêtre, de ces joyeuses collines dont la verdure ondoyante n'est interrompue que par l'apparition des bergers et de leurs blancs troupeaux, et qui vont se dessinant à souhait pour les yeux

sur l'azur d'un horison limpide ? La ville haute de
Troie s'appelait *Ilium*, et peut-être même le nom
de « Ville » n'a-t-il pas une autre origine que celui
d'Idylle ; d'*Ilium* et même que celui d'Amarillys. Les
plus anciennes villes, quand elles n'étaient pas dans
une île, entourées et défendues par les eaux de la
mer ou d'un fleuve, étaient sur des hauteurs. Tous
ces villages, portant au moyen-âge la dénomination de
Castrum, étaient sur des hauteurs aussi, et les paysages les plus charmants, les plus enviés sont encore
ceux où, du milieu des arbres verts, s'élèvent en
un lieu haut parmi les pointes aiguës des rochers,
les demeures antiques de l'homme avec l'église, le
clocher et les tours seigneuriales d'autrefois, maintenant abandonnées à l'invasion des lierres et couronnées
même de jeunes pins semés par les vents. D'où les
villas les plus pittoresques de l'Italie ou du territoire
marseillais auraient-elles tiré leur nom, si ce n'est
des hauteurs qui les supportent et les élèvent au-dessus d'un horison choisi ?

Nous avons vu *Ar*, précédé de *f* nous donner *far*,
froment, fils ou produit du sillon, et de *far* provient
notre farine et la *Harina* des Espagnols. La même
consonne et le même procédé ont servi à faire avec *Il*
le *filius* des latins, devenu *Hijo* dans l'idiôme Castil-
lan. On reconnaîtra aisément *filius* dans Hɪʟ *deric*, Hɪʟ
peric qui ne sont autres que Childeric, Chilperic.

Par une de ces transformations dont quelques exemples ont passé déjà sous nos yeux, *il* est devenu *li*, et
li ou *le* resté article dans quelques - unes de nos

langues, aurait servi, dit-on, à désigner jadis l'individu humain. En faveur de cette opinion, on cite le mot *Ligour*, signifiant homme de mer, homme des eaux ; *Gour*, en provençal, voulant dire encore aujourd'hui « amas d'eaux plus ou moins considérable.»

Il y avait dans la Haute-Grèce le lac *Gorgopis*, lac noir et profond. Dans le Languedoc on dit *Gourp*. Auprès de la Cadière, il y a le *Gourgounier*, le *Gour* noir. A toute rigueur, *li* a pu de lui-même et tout seul désigner notre individu, car, à la tête d'un mot, ainsi qu'on l'a vu déjà, *L* particularise, détermine, précise. *Liger*, la Loire, a quelques rapports avec *Ligour* et avec les *Ligii*, peuple de la Germanie.

Le verbe *Lirare*, que nous avons signalé parmi les termes d'agriculture provenant du radical *Ar*, exprime l'acte de former en sillonnant ces élévations de terre qui sont entre deux raies. L'adverbe *liratim* signifie de hauteur en hauteur. Le mot *raro* que nous avons en provençal pour dire sillon divisoire est la seconde partie de *Lirare* ; *raro* et raie c'est tout un, mais c'est *li*, c'est-à-dire, l'arête qui constitue la limite. Le verbe latin *Delirare* signifiait, au propre, sortir du sillon, et figurément extravaguer. *Li* se présente dans *Linea* et *Lis*, procès. Les premières contestations entre propriétaires ont dû s'élever au sujet des sillons divisoires. Le mot lisière, vient directement de *Lis*. *Jus*, d'où *juxta*, c'était le redressement de la ligne divisoire au moyen des termes plantés; et voici comment s'est formé le mot *Jus*. *Us*, comme nous le verrons, équivaut à *Ur*, et au commencement de ces recherches, on a pu voir, à propos du verbe *Urgere*, — presser latéralement, — quelle nuance d'expression s'attachait au radical *Ur*, qui, au fond, n'est qu'une dérivation de *Ar*. *Jus* indique l'action de presser pour rendre droit ce qui a fléchi, pour faire rentrer dans la ligne tracée d'une borne à l'autre borne les déviations, les usurpations qu'un voisin a pu se permettre. *Us*, *Usus* c'est l'usage ; au propre, user de quelque chose, c'est la prendre, la presser latéralement. *Jus*, c'est le droit ; *J* est une consonne qui pourrait être appelée compressive, ainsi que *C*, *K*, etc. Le mot «justesse» vient de *Jus* comme celui de «justice.» L'un comme l'autre renferment l'*idée* de comprimer, de resserrer, d'appliquer exactement une mesure ou une loi.

L'adverbe latin *juxtà*, ainsi que la préposition *juxta*, et les verbes français *ajuster*, *ajouter* sont de cette même famille.

Cette fonction de déterminer, de préciser, d'arrêter, de clorre, inhérente à la consonne *L* apparaît dans le mot provençal *Laou* ou *Loou*, fonds de terre. Il faut se rappeler que *Aou* vient de *Ar*, et *Oou* de *Or*, deux radicaux qui n'ont rien de dissemblable. Seulement *O* étant inférieur pour le son à *A*, *loou* pourrait bien ne s'appliquer qu'à une portion de champ tandis que *laou* exprimerait un champ tout entier. Donc, quand on dit un *Loou*, on veut parler d'un *Ar* ou terrain labourable, légalement divisé et restreint à une contenance fixe, invariable.

Si *Laudare* ne veut pas dire donner un champ comme j'ai cru pouvoir l'avancer plus haut, il signi-

fiera du moins distinguer les gens de courage, *Audaces*,
leur assigner le rang et les honneurs qu'ils méritent,
les reconnaître braves et les particulariser, les classer
comme tels.

Un autre mot, *Leude*, vient de cette même source.
Le *Leude* était le tenancier, le vassal, assujeti à certaines obligations, à des services convenus envers le seigneur ou suzerain qui lui avait donné ou plutôt confié
une part de ses domaines. *Leude* en provençal *Leoudè*
vient de *Ar* en passant par *Er.* Les *Larts* ou rois des
Etrusques, les *Lords* d'Angleterre, les *Lairds* d'Écosse
et d'Irlande, les *Leudes* de la féodalité germanique
appartiennent à la même famille. Je crois même que le
nom de Laërte, du père d'Ulyse, du roi d'Ithaque,
Laertia regna, en était aussi. Un alleud c'était ce qu'on
avait donné à un leude, le champ mis au pouvoir d'un
leude.

Les Clients du patriciat romain étaient des Leudes.
Cl équivalent à deux *ll*, c'est comme dans le *clamare*
des Latins et le *llamar* des Espagnols, dans Clovis,
devenu Louis, dans Clotarius, Hlotarius devenu Lothai-
re; comme *llapis* dont nous avons fait *clavis*. Le
gloussement indiqué par *Cl* où *Hl* paraît avoir été fort
en usage parmi les peuples occidentaux. Dans la Marche, province de France, j'en ai trouvé de plaisants
restes, surtout chez les femmes de la campagne ; en
fait d'habillement comme en fait de langage, le bas
peuple des provinces montre encore aujourd'hui une
ténacité d'attachement fort étonnante dans un siècle
qui sera célèbre entre tous par ses révolutions sans fin

et, ses métamorphoses inouïes. *Clientes*, *Llientes* ou *Lientes* étaient ceux qui appuyaient un patricien aux élections, qui l'assistaient en justice, qui témoignaient en sa faveur, qu'il eût droit ou non. On a dû les appeler aussi *Lites* du mot *Lis*, débats ; et pour ces grandes disputes à main armée auxquelles on se portait jadis avec tant de facilité, quand un général commençait une allocution par ce mot *Milites*, *mei lites*, c'était à peu près comme s'il eût dit mes *Leudes*.

Cette ancienne organisation romaine parallèle à celle du moyen-âge mérite de fixer l'attention : nous n'avons pu qu'y jeter un regard tout en passant.

Le verbe *Eligere* se confond, pour le sens, avec *Erigere*, lever en haut, et je pense que l'adjectif *Felix* a dû s'appliquer au candidat tiré en haut et choisi sur un grand nombre d'autres. Nous connaissons la physionomie de F, sa fonction particulière. Dans *Locus*, lieu, dans *Lacus*, lac, dans *Lucus*, bois sacré, il y a toujours une sorte de circonscription, d'entourage, de limitation qui appelle la lettre *L* ; et clorre, clôture, clos, contiennent le même sens, présentent le même point de vue avec *C* devant *L* pour exprimer encore mieux, outre l'idée générale de déterminer, celle d'enfermer, de ceindre, d'entourer. Le verbe *Claudere* n'est autre qu'*Audere* arrêté, retenu par *cl*. *Audere* est devenu *Oser*, oser et de là clorre, clos, closeries.

C et *L* forment le squelette, le radical du mot *Circulus*.

J'ai dit que par *Ligur* on peut avoir entendu homme des eaux, mais ce vocable peut avoir désigné aussi

le bord même de la mer ou des fleuves. La Ligurie est
un pays de montagnes qui plongent dans la mer et
encadrent une partie considérable de la Méditerranée.
Ligour signifiant rivage d'une façon toute générale,
Littus, à mon avis du moins, a dû signifier seulement
grève. La consonne *T* me révèle cette exception. *Littus*, *Littora*, ce sont les galets enlevés, roulés par
les flots qui s'élancent comme pour assaillir, pour en-
vahir, pour frapper la terre. *Littera*, *Littura*, — lettre et rature, — montrent également l'impulsion donnée
par la main qui écrit ou qui efface. La consonne *T*
est la première des impulsions que les petits enfants
donnent à l'organe de la voix ; aussi trouve-t-on que
Tata chez les Romains était l'équivalent de papa. La
prononciation de *Pa* ne vient naturellement qu'après
celle de *Ta*.

Je voulais savoir d'où était sorti le nom de Léthé,
du fleuve d'oubli. A force d'y penser, il m'a paru que
c'était proprement le nom de la terre *Herthus*, *Elthus*
ou *Elthé*. Par une de ces transpositions dont le résultat
ordinaire nous est connu, *L* devant *Ethé* a particularisé ce qui coule et s'en va sous la terre, aux lieux
où l'on ne voit plus rien, où l'on n'entend plus rien,
où l'on ne pense plus, où l'on n'agit plus, où tout ce
qu'on a dit, tout ce qu'on a fait, tout ce qu'on a pensé,
tout ce qu'on a souffert là-haut n'a pu nous suivre ;
nous qui, pour aller sur l'autre rive, passons le fleuve
d'Oubli, ce fleuve qu'on ne passe qu'une fois, mais
qui, pourtant, ne roule pas l'oubli pour tous les hommes. Faire beaucoup de bien ou beaucoup du mal à

l'humanité, c'est vouloir rester toujours sur la terre
des vivants, pour être béni ou exécré, pour entrer
couvert de gloire ou de boue dans ce domaine de l'histoire, de cette mer étendue comme l'huile insubmer-
sible sur l'immense gouffre où tant de choses sont tombées depuis l'origine du monde.

Litare correspondait à *Lirare* ; c'était proprement
abattre les crêtes des sillons. Quand il ne restait rien
du sacrifice offert aux Dieux, quand la flamme avait
tout dévoré, on disait *Victima litat*, la victime apaise
les Dieux. *Lenire*, c'est une manière plus douce d'abattre, d'effacer les aspérités physiques ou morales ; c'est
l'onction de la parole sainte, le baume que répand
sur les blessures de l'âme, sur les ulcérations de la
conscience, sur les douleurs inévitables du corps social, une littérature sage, prudente, élevée, une poésie noble et pure. Car la littérature, mais qui s'en
souvient aujourd'hui! devrait être un sacerdoce, et
non pas un métier, un métier que, malheureusement,
certains esprits cherchent à rendre toujours plus vil,
toujours plus dégradant et plus funeste.

Ruere en parlant d'un criminel qu'on précipitait par
justice avait pour son dernier terme, pour résultat
d'une affreuse chute, *luere*, expier. Quelle sera l'ex-
piation au bout de tous ces désordres de pensées où
l'on se précipite à l'envi? Dieu seul le sait ; mais les
hommes de sens n'y pensent point sans terreur.

Je ne sais si, avec tous ces exemples, j'ai bien fait
sentir la valeur de la consonne *L* ; si j'ai bien montré
qu'à la fin ou à la tête d'un mot, elle indique quelque

chose d'accompli et au-delà de quoi on ne saurait aller comme dans Allah ! dans *Sol*, « le soleil, » etc. Ces idées que j'aurais eu regret de taire ressemblent toujours un peu à la Galathée de Virgile, coquettes et capricieuses, appelant l'attention sans la satisfaire; mais je les donne pour ce qu'elles sont.

XXIV.

Après avoir parlé du radical *il* avec un soin qui ne répond pas toutefois à mon désir de bien faire, mais qui, peut-être, aidera quelqu'un à faire mieux un jour, il faudrait s'occuper du radical *Ol*, qui, dans la route où je me suis engagé, se présente à la suite; mais jusqu'à présent je n'ai pas assez étudié *Or* qui, avec *Ar*, *Er*, *Ir* et *Ur*, est à la tête de cette phalange de mots à laquelle j'ai cru pouvoir donner le nom de *Romancium* occidental. Il convient que je revienne sur mes pas. Au reste, on aura dû s'apercevoir que, dans cette œuvre, il n'y a rien qu'on puisse proprement regarder comme rétrograde, comme rétrospectif, tout n'y peut, au contraire, que présenter une allure de progrès, de course à grands pas, sinon bien assurés, du moins intrépides; si l'on vacille, c'est par défaut d'expérience et non de bonne volonté. En effet, dans une entreprise pareille, et quand on possède quelques données incontestables, le nécessaire, à mon avis, c'est d'aller en avant, d'aller toujours; passant avec espoir et confiance d'une déduction à une autre, les faisant toujours aussi vives, aussi nettes qu'on peut, et laisant à l'œuvre elle-même le soin de s'éclairer tout entière, quand toute entière elle sera terminée. Ainsi fit autrefois Mosca degli Uberti, une des colonnes du parti Gibelin à Florence ; alors que Florence était la reine de l'Italie, la Minerve et le génie du moyen âge, préparant le monde pour des âges nouveaux. Les chefs de la famille des Amidei étaient assemblés ; les discussions, comme toujours, succédaient aux discussions sur les mesures à prendre pour venger une insulte que Buondelmonte de Buondelmonti lui avait faite ; ces discussions se prolongeaient trop pour la vengeance et le courage, quand Mosca, tirant l'épée, se jeta vers la porte et dit à ceux qui s'empressèrent alors de le suivre : *Cosa fatta, capo ha*, pour, bien faire, il faut commencer. Ce que Mosca degli Uberti conseillait pour un acte odieux (il s'agissait de mettre à mort Buondelmonte), la nécessité l'ordonne dans toutes les entreprises nouvelles et périlleuses qu'on veut mener à bonne fin.

Je viens de lire un titre d'ouvrage ainsi conçu : La Romanie ou Histoire, langue, littérature, orographie, statistique des peuples de la langue d'Or, Ardialiens, Valaques, Moldaves, etc.

L'auteur entendrait-il par langue d'Or ce qui, en vertu des observations, inductions et conjectures ci-dessus présentées, pourrait tout aussi bien être appelé langue d'Ar ? Dans la Turquie d'Europe, dont il paraîtrait qu'on a voulu décrire une partie, beaucoup de mots de la langue usuelle ont des affinités avec le latin, et Napoli de Romanie, ainsi que la province de Romélie ne sont autres que la région des Ardialiens, des Valaques et des Moldaves.

On trouvera dans mon essai quelques données pour expliquer ces trois noms de peuples. Je ne veux m'occuper en ce moment que du radical *Or*, plus commun, en effet, que *Ar* dans la Grèce antique, dont la civilisation pourrait bien avoir été personnifiée dans Orphée. Pour rendre compte de ce nom, il faut rappeler quelques idées qui se rattachent au radical *Or*. Ce radical exprime une moindre élévation que *Ar*; les montagnes de la Grèce ne sont pas aussi hautes que celles de l'Arménie; le Soleil *Hor*, *Horus*, n'est pas aussi sublime que Ar, Al, Allah ! *Or*, avec la substitution de *S* à *R*, signifie bouche, visage, *Os*, *oris*. C'est peut-être pour se tenir dans toute la plénitude de cette signification que certains faiseurs d'images ont donné un visage au Soleil et à la Lune.

Le verbe *fari*, *fatus sum*, a perdu son indicatif présent, qui est resté dans *Forum*, *For-um*. Le *Forum* était pour les anciennes républiques ce qu'on appelait *Parlamentum*, dans les communes du moyen-âge. J'ai dit plus haut que le *Fortis* avait le droit de se présenter au *Forum* et d'aller à la guerre ; dans *Félix* j'ai montré celui des candidats qui, aux élections, avait obtenu le plus grand nombre de suffrages ; on ne risque rien de prendre à la même source le mot « fortune. » Au moyen de ces explications, on verra dans Orphée, soit la montagne, soit la bouche qui parle. On sait que le destin *Fatum*, n'était autre que la réponse d'un oracle quelconque, regardée comme exprimant l'inflexible volonté des Dieux, comme la parole même des Dieux.

L'opposé d'Orphée est Morphée, le Dieu du sommeil, *quies rerum, pax animi*, repos des choses, paix de l'esprit, comme dit Ovide. *Morphé*, en grec, signifie forme, c'est-à-dire absorption, apparence extérieure des éléments d'une chose, vêtement qui les recouvre et les enveloppe. Nous retrouvons ici la consonne *M* dans l'exercice des fonctions que nous lui connaissons déjà.

Pour bien saisir la modification que la consonne *F* apporte aux radicaux devant lesquels on la trouve placée, il faut se rappeler que, selon Macrobe, le surnom de *Fatua* ou *Fauna Dea*, donné à la terre, la faisait regarder comme la mère de tous les hommes, et que, pour les mythologues latins, les Faunes ou Aborigènes étaient les premiers êtres humains sortis du sol.

A propos de *Fatua*, de *Fauna*, je ne puis que me rappeler deux choses fort douces, les propos sans fin et décousus, les causeries pour causer, qui n'ennuient jamais les mères, ni les petits enfants, et qui, peut-être, ont fait donner à la bonne Déesse, le nom de *Fatua*, grosse parleuse, et ces genoux maternels, cette place de choix, où j'aimais à grimper quand j'étais tout petit, et que j'avais besoin de caresses, ce giron maternel qu'en Provençal nous appelons *faoudo*. Une robe est un *faoudaou*, et le tablier un *faoudiou*. *Fatua* et *Fauna*, ces deux noms de la bonne Déesse, de la grande mère de famille, auraient-ils donc porté jusqu'à nous un certain écho de tendresse et d'amour maternel? Il serait fâcheux, pourtant, que le fat, cet in-

supportable personnage, ce fléau des esprits sensés et
naturels, eût la même origine.

For voulait dire « je fais sortir des paroles de ma
bouche. » De là *Foras* a signifié hors, dehors ; et par
Foramen on a principalement entendu la petite ouverture pratiquée aux portes, et dans laquelle on faisait
passer le doigt pour soulever le loquet. Le fameux
verset du Cantique des Cantiques, auquel Voltaire n'a-
vait garde d'épargner ses plaisanteries, *Dilectus meus
misit manum suam per foramen*, n'a pas un autre sens ;
on ne connaissait alors ni clé, ni serrure.

Je crois aussi, mais non pas d'une manière bien certaine, que folie, furie, ne sont pas étrangers à *Foras*, et
qu'il y a dans foule quelque réminiscence de *Forum*
avec la substitution de *L* à *R*.

De *Forum*, vient encore cette expression « je suis
dans mon *for*, » c'est-à-dire, dans mon droit, et le droit
fait bien la force, fait bien *fortis*. Le *Fort-l'Évêque*, à
Paris, c'était le lieu où se rendait la justice de l'Évêque, le *Forum* de l'Évêque. Il est facile de voir comment, par corruption, le *for* est devenu un *fort*. Dans
les vieux actes, le château du seigneur, le lieu où l'on
rendait la justice seigneuriale s'appelle *fortalicium*. De
fortalicium est venu « forteresse. »

Des élections du *Forum*, est venu *fors*, « hasard, »
qui est autant que *sors*, ainsi que notre verbe «sortir.»
Nous verrons plus tard une autre origine.

Notre mot *Forme* me paraît être venu de *Orma*, qui,
en Italie, veut dire empreinte ; la forme est ce qui
laisse une empreinte, un vestige, une trace. *Formi-*

dolosus, *Formidabilis* veulent dire « qui prend une forme trompeuse », un spectre.

Quant à *Parlamentum*, il n'est pas défendu, je pense, d'entrevoir au fond de la langue latine un verbe que nous retrouvons faisant partie de trois agrégations philologiques, *Appellare*, *Compellare*, *Interpellare*. Pour expliquer « parler, » on remonte plus naturellement à *pellare* qu'à *parabolare*. Au lieu de *pel*, nos pères, dans les régions où *Ar* règne dans toute sa splendeur, dans le Midi, auront dit *par*. Nos anciens auteurs français disaient « paller, » je pallois, je palderois et palaures pour paroles. Dans les provinces où l'on fait encore petite bouche, on dit belle « palleuse, » pour belle parleuse. « Peler » s'est conservé dans « épeler ses lettres », *Appellare litteras*.

Au reste, *pellare* paraît s'être conservé dans *pellex*, et peut-être la pudeur romaine n'aura-t-elle plus voulu, pour l'usage habituel, reprendre ce verbe à une expression infâme.

En général, la langue d'AR, si je puis me servir de cette désignation, a plus d'harmonie, plus de sonorité que la langue d'OR. C'est une remarque souvent faite; le dialecte Dorien, plein d'*A*, qu'on parlait dans la grande Grèce et qu'employèrent Théocrite, Pindare, ainsi que les philosophes pythagoriciens, rendait le mieux les plus beaux effets de la nature, les chastes et progressifs rayons de l'aurore, l'éclat et les splendeurs du jour, l'espace incommensurable où s'épand la lumière, les grâces du vallon; le charme des fontaines, l'opacité des ombrages attrayants, *frigus captabis opacum* , les eaux transparentes et limpides , ou tumultueuses, jaillissantes , écumantes, sans repos, mais non jamais sans fraîcheur ; tout ce cortége grand et sauvage, gracieux et sublime du dieu Pan ou de la nature abandonnée à elle-même dans les plus agrestes recoins de l'Arcadie.

Ovide appelle Orphée *Rhodopeius Vates*, et dans *Vates*, *V* remplace le *F* de *for* et de *fatum. Rhodopeius Vates* ou *Fates*, c'était donc le chantre des rochers ardus, sourcilleux ; couverts de neige, remplis d'horreurs, peuplés de sangliers, de chevreuils et de daims, habités par des Faunes , les Satyres, les Sylvains et les Egipans ; c'est-à-dire, par tout ce que les anciens regardaient comme des ébauches de la race humaine.

On dit qu'Orphée, déjà un peu savant pour sa nation, étant passé en Egypte pour y recueillir des connaissances nouvelles dont il voulait enrichir sa patrie, en revint théologien, philosophe, législateur, poète , musicien et peut-être un peu magicien. A son retour, il étonna tous les esprits ; pour parler dignement do lui , on emprunta les termes et les figures les plus vives à l'enthousiasme poétique. Ces ébauches mêmes de la créature humaine si belle et si gracieuse, ces êtres demi-hommes, demi-brutes, ces animaux farouches qui avaient été jadis Lycaon ou Calisto, furent représentés comme servant de cortège au chantre du Rhodope, au divin Orphée, quand des ombrages de l'Hélicon il s'élevait aux croupes du Pinde , aux cîmes glacées de l'Hœmus; tout, sur son passage et à sa suite, prêtait l'oreille à sa voix qui ne promettait pas seu-

lement le progrès mais l'opérait en effet, adoucissant
les mœurs âpres et rudes, recouvrant, noyant, si l'on
peut dire, des splendeurs de l'harmonie et du rythme,
ces premiers essais de langage, de loi et de poésie,
tout ce *Romancium* des peuples naissants, sur lequel,
aux jours de leur gloire, les nations avancées n'ont à
jeter qu'un regard de curiosité, non de mépris, encore
moins d'envie ou de prédilection ; car il ne faut être
avec le passé ni injuste, ni ridicule.

La civilisation d'Or, les doctrines et la science d'Orphée étaient bien au-dessous de la science d'Ar, des
doctrines de la Genèse, qui, avant d'arriver dans la
Grèce, avaient passé par la Chaldée et par l'Egypte,
se détériorant, s'obscurcissant, se dénaturant à mesure qu'elles touchaient à des esprit nouveaux.

De ce nom d'Orphée dans lequel on a pu voir
poétiquement une montagne qui parlait par ses échos,
une montagne enchantée, paraît être sorti le nom de
fée, et non pas, comme on l'a dit, du mot espagnol
Feo, qui signifie laid, difforme, mal-avenant. J'ai lu
que le troubadour Guillaume IX, comte de Poitou,
mort en 1122 était le plus ancien auteur qui eût parlé
des sorciers et des fées. La croyance à leur sujet pourrait bien s'être modifiée, transformée en passant par
les peuples barbares, comme les doctrines d'*Ar* ou de la
Genèse, quand elles s'infiltrèrent dans la Grèce à travers la Chaldée et l'Egypte. Mais les Dieux, sans compter les devins, les nymphes, les sybilles, ne faisaient-
ils pas partie de cet univers enchanté, de ce monde
fantastique, né d'un penchant naturel à personnifier

tout ce qui peut aider ou nuire, penchant qui mène à toutes les erreurs, à toutes les monstruosités religieuses et même politiques, penchant qui entraîne et soulève des torrents intarissables de poésie, et qui nous montre sans cesse des ennemis et des protecteurs au sein des tempêtes comme dans le calme des mers, parmi les ombres de la nuit noire comme dans l'éclat du jour et dans la splendeur du ciel. Combien de fois exposé à des flots qui s'enflent et se dressent comme des montagnes en courroux, emporté par des vents qui déchirent les voiles, sous un ciel sans astres et sans flambeau, n'a-ton pas senti le besoin de parler à ces flots pour les modérer, à ce vent pour arrêter sa fureur, à cet astre du jour trop lent à paraître et dont rien encore ne fait pressentir l'approche, dont aucune lueur timide n'annonce encore vers l'orient le retour désiré!

Il ne m'appartient pas de faire des recherches sur le culte, les traditions et les mystères du paganisme. Tout ce que je dois dire, c'est qu'à l'exception de Prométhée qui voulut faire lui-même des hommes de boue et les animer avec le feu du ciel qu'il avait dérobé, tous ces anciens législateurs-poètes, Orphée, Linus, Musée, Eumolpe, Thamyris, Amphion, Mélampe reconnaissant un pouvoir supérieur à tout ce qui naît et rampe sur la terre, demandèrent au ciel des moyens pour conduire les hommes, pour les éclairer sans les éblouir, pour les rendre plus heureux sans leur inspirer cette suffisance fatale, ce féroce orgueil, source intarissable de mécomptes, de misères et de crimes.

Mais, de nos jours, des hommes à qui n'ont pas été re-
fusés ces dons célestes de l'esprit dont les plus grands
poètes se servaient autrefois pour répandre l'amour
de la vertu, pour annoncer et faire prédominer les
règles du devoir, pour réfréner les passions mauvaises,
cherchent avec une obstination perverse, et par toutes les séductions du style, par tous les efforts de
l'imagination, par toutes les combinaisons du talent,
à replonger le monde dans un cahos moral, bien plus
affreux que celui dont l'Eternel fit jaillir la lumière,
dérangeant à plaisir la société de ses voies, troublant
avec délices l'ordre que les sages de tous les temps
ont voulu établir, et suscitant tout ce qu'il y a de
plus irritable, remuant tout ce qu'il y a de plus impur
et de plus délétère dans la fange des agglomérations
humaines! Nouveaux Prométhées, ils croient avoir ravi
le feu du ciel pour animer les hommes à leur manière;
eh bien, qu'ils soient cloués sur le rocher de l'infamie
par la célébrité extravagante qu'ils ont donnée à leurs
œuvres empestées, que le vautour, c'est-à-dire un
remords éternel, ronge sans fin leurs entrailles, et
qu'ils trouvent leur supplice dans la contemplation
forcée du mal qu'ils auront fait!

Sans la religion et sans la politique, sa sœur, mais
sœur puînée et de beaucoup inférieure, l'homme n'aurait jamais franchi une certaine limite d'abrutissement,
de matérialité ignoble. Même on ne saurait comprendre que sans aide, sans inspiration d'en-haut, il eût
pu trouver et saisir les éléments d'une langue première
d'où les autres langues seraient dérivées par suite de

temps, de révolutions, de mélanges. L'éternel honneur de la langue grecque, c'est d'avoir su rendre et
développer tous les actes de la pensée, comme tous
les mouvements de la matière, tous les faits de l'esprit,
comme tous les accidents de la création visible. La
langue et la philosophie des Grecs, deux choses étroi-
tement unies, ont merveilleusement profité de toutes
les importations de l'orient, soit par la Chaldée et
l'Egypte, soit par les régions caucasiennes, dont l'antique influence sur notre occident apparaît de jour en
jour plus importante et moins incertaine.

Orphée n'était pas Moïse. Il fit entrevoir au monde
l'unité divine, mais avec un cortège qui l'étouffait et
qui finit par l'obscurcir entièrement dans l'imagination
trop vive et trop caressée des Grecs, excepté toutefois dans la pensée austère de Socrate et dans l'esprit
souple et puissant de Platon. Orphée appela sur la
terre, au milieu des hommes, tous ces agents de
l'univers que les Araméens, moins les Hébreux fidèles,
avaient cherchés et adoraient dans les astres. Le beau
pour Orphée et ses disciples fut sur la terre, et l'on
doit reconnaître que les Grecs, dans ce culte du beau
terrestre, atteignirent à des formes dont la pureté n'a
jamais été surpassée depuis. Aussi, dans quelques
désordres fâcheux que l'imagination d'Orphée et de ses
disciples ait dévié, et malgré la part trop grande qu'ils
firent dans leur culte aux dépravations, aux vices de la
matière, ils surent arracher l'homme par la contemplation du beau à cette prostration morale, à cette
immobile stupidité qui jamais n'aurait cessé d'être son

partage, sans un souffle qui ne put lui venir que du ciel et qui enleva sa bouche au mutisme des animaux comme son âme aux satisfactions purement matérielles. Orphée et ses disciples préparèrent de loin cette race de penseurs qui se rallièrent au Christianisme, quand le Christianisme fut né, selon l'ordre des temps et des choses, parmi les descendants et les disciples de Moïse.

C'est en s'élevant avec plus ou moins de bonheur à l'unité, au principe unique, à la grandeur ineffable, que les poètes anciens rendirent belles et puissantes leurs créations les plus ridicules. Ils avaient cherché le beau avec amour, ils le rencontrèrent partout; aujourd'hui ce beau si fécond n'est plus ce qu'on recherche, on n'a d'affection que pour le laid, pour le hideux; c'est à cela seulement qu'on demande les jouissances les plus enviées des yeux et de l'esprit. Passe encore pour la laideur physique; mais enchérir sur la laideur morale! Ne pas trouver suffisamment atroces les crimes qui, par malheur, se commettent tous les jours, exercer une imagination poétique à des combinaisons monstrueuses que des âmes perverses voudront réaliser! inventer des crimes sans rapport avec la passion qui pourrait les faire commettre, les présenter même quelquefois comme exécutés sans passion ni motif, n'est-ce pas le plus profond abîme de fange et d'horreur où l'on puisse tomber! On ne veut plus des bergers de Fontenelle, soit; le peu de gens de goût qui restent n'en veulent pas non plus. Mais des bergeries musquées du siècle dernier, ne

pouvait-on passer qu'aux plus infâmes repaires de tous
les temps ? entre les boudoirs effrontés de l'ancien régime et les plus sales tapis-francs n'y a-t-il pas quelque lieu où placer l'humble vertu, la résignation dans
le malheur, le respect de soi-même et des autres
dans la plus haute fortune, l'imprudence qui revient
à la sagesse, la sagesse portant partout des secours
et des lumières, l'honneur que rien ne fléchit, la grandeur qui descend volontiers, mais ne s'abaisse ni ne
s'avilit jamais, le repentir plus grand que la vertu,
la miséricorde qui comble les inégalités indispensables,
la charité qui ne fait acception ni de personne, ni de
peuple, ni de religion, ni de parti ?

— Mais terminant cette longue digression, qui ne sera
pas sans excuse, retournons à nos radicaux.

XXV

« Orient » veut-il dire pays de montagnes ou pays
de lumière ? L'un et l'autre. Mais il n'est pas nécessaire d'aller au fond de cette question ; cherchons
plutôt les dérivés de *Or*, « montagne ». *Ora* c'est le
bord de la hauteur, le bord de la mer, le bord
du fleuve. Les anciens avaient imaginé une déesse
de la jeunesse ; ils l'appelaient *Ora*. La jeunesse est le
bord, la lisière de la vie, de ce mont qui arrive si
rarement à toute sa hauteur et que nous avons toujours
tant de peine à gravir quelque déprimé qu'il soit, de
cette mer, de ce fleuve où nous avons tant d'obstacles
à surmonter, tant de dangers à franchir, où tant de
misères, où tant de naufrages nous attendent et qui au

fond ne saurait être que la même chose pour tous en
dépit du rang, des prétentions, de l'insouciance, de
l'apathie morale ou des longs et rudes travaux de
l'esprit.

Le mot « orée » et celui d'« Oréades » rappellent
toute la fraîcheur des bois. Les Oréades étaient les
plus gracieuses des nymphes, celles qui fréquentaient
le bord des ruisseaux et le devant des forêts, celles
qui s'amusaient à cueillir, suivant la saison, les violettes, les muguets, les narcisses et cette fleur d'églan-
tier dont leurs soins et peut-être leurs caresses ont
fait depuis la rose, tant aimée des poètes. La rose,
par une de ces évolutions qui nous sont connues, n'aurait-elle pas tiré son nom de ces fraîches orées auxquelles son éclat et ses parfums ajoutaient tant de
charmes? Sans contrarier cette origine, il s'en présente
une autre qui appelera plus tard notre attention.

L'Orade, station hospitalière au pied des Pyrénées,
est à l'orée de ces montagnes.

Oreb en hébreu signifie corbeau; mais cet oiseau
dut être ainsi nommé a cause des lieux qu'il fréquente,
de ces déclivités impures, de ces fétides orées où l'on
jette les cadavres des animaux. En cherchant bien, on
retrouverait *Oreb* dans notre mot « voirie » et dans
le nom même du corbeau, *orvus*, *corvus*. Quand nous
connaîtrons mieux la valeur de *C* dur ou *K*, cette
étymologie nous paraîtra moins douteuse.

On donnait le nom d'*Orestæ* à un peuple d'Epire;
c'étaient des montagnards. L'ami de Pylade et Pylade
lui-même étaient des montagnards aussi, comme nous
pourrons le voir en son lieu.

Orsum est traduit par commencement. A vrai dire,
ce mot exprime les premiers pas qu'on fait pour gravir
une montagne, pour aller à contre-mont. L'exclamation de marine « Orse » tient à la terre. « Orse »
vient d'*or* ainsi que mont de monter. « Or-sus » est
l'expression française. De « sus » est venue directement
notre préposition sus, dessus, par-dessus. Nous avons
déjà expliqué *avorsum* qui est le sens inverse de *orsum.* C'était à l'occasion de *Mavors*, Mars. Il me paraît
que *Pouge*, commandement opposé à celui d'*Orse*,
vient de l'Italien *poggio*, *podium*, montagne, et répond à l'expression Aval, à celle de dévaler. Dévaler
se laisser aller à la pente, *poujan* suivre le fil du vent,
au propre tomber ou descendre de la montagne.

Le fleuve Oronte nous présente *Or* pour origine de
ses eaux et de son nom. Mais la Loire et l'Oise sont
de la même provenance. Dans la Loire *l* est un article
— l'Oire — ; dans l'Oise, *S* a remplacé *R*. Le Lot,
le Loir peuvent être aussi ramenés à *Or*.

Nous avons déjà vu le mont Dore et la Dore. *D* marque la chute, la descendance. Les Grecs appelaient
Doris la contrée montagneuse, la haute vallée d'où ils
étaient descendus dans le pays maritime ; et la mer
prenait aussi quelquefois le nom de *Doris*. La nymphe
Doris était une néréide, et Dorylas, un nom de berger.
Nous sommes accoutumés à ces gracieux contrastes.
Contrastes et filiations d'idées, transpositions et substitutions de consonnes, permutations et métamorphoses
de voyelles, c'est tout le génie des langues les plus savantes. Sublime mécanisme comme celui de la nature !

Mais n'est-ce pas une inspiration du même souffle, et ne faut-il pas qu'en philologie comme dans les sciences naturelles, à force de méditations, de divagations, de conjectures, on arrive à des éléments si simples que l'esprit de l'homme, cet esprit si ambitieux, pour qui la simplicité est une exception, en reste tout étonné, tout confondu ?

Près de Brienne-le-Château et de Rosnaï en Champagne, on a cru pouvoir placer un camp de César sur une longue et étroite élévation de terrain qui traverse une vaste campagne entre les rivières d'Aube et de Voire. Le nom de l'Aube peut se rattacher au radical *ar*, et celui de Voire à *or*.

Bacchus était surnommé *Oreus* à cause des montagnes que parcouraient les Bacchantes éperdues, échevelées, troublées de vin et d'amour. D'ailleurs Virgile a dit : *Bacchus amat colles*, la vigne aime les coteaux.

D'après tout ce qui précède, on trouvera un pléonasme dans les « monts Ourals ». Ce genre de pléonasme est assez fréquent.

Le verbe latin *Horrere* vient de *or*. Il exprime le sentiment qu'on éprouve au sein de montagnes escarpées, pleines d'ombres, d'anfractuosités, de déchirements, d'échos qui n'apportent point de secours et qui, par dérision, en répètent la demande, d'obstacles qui se multiplient et s'accumulent et s'entassent. *Abhorrere* veut dire fuir ; au propre c'est vouloir se tirer de l'horreur. Dans les langues du Nord *Orof*, signifie aprêté, rigueur. Le « torrent » a pris son nom aux mêmes sources que le verbe *Horrere* et que le mot *orof* qui doit varier selon les dialectes. Nous avons déjà fait connaissance avec *T* que nous retrouverons dans *torrere*, là *or* ne signifie plus montagne, mais feu.

C'est un beau verset du Psalmiste que celui-ci : *De torrente in via bibet, proptereà exaltabit caput* ; « Il boira de l'eau du torrent ; c'est pourquoi il lèvera la tête ». Ils peuvent donc un jour lever la tête ceux qui boivent l'eau du torrent et qui, dans un but d'honneur et de vertu, passent par les plus rudes sentiers de la vie, à travers les ronces et les épines, foulant sous leurs pieds la terre froide et les cailloux tranchants, soit que la recherche d'un savoir louable ait constamment agité, préoccupé leur esprit, soit qu'ils aient craint de perdre en des voies plus larges et plus riantes le trésor de la probité qui vaut à lui seul tous les trésors de la science; ils pourront aller la tête haute, devant tous, sans honte comme sans fierté, ceux qui jamais ne l'ont baissée que devant les décrets du ciel et les lois justes de la terre. Si la foule des mendiants de la plus sotte espèce ne les salue point dans la rue, si la tourbe qui flaire de loin le pouvoir et l'argent pour en tirer profit à sa guise, sans souci de bienséance ni d'honneur, ne les importune point de ses attentions intéressées, ils auront plus de temps pour distinguer dans la multitude qui passe des yeux amis, pour serrer la main d'un honnête homme, riche comme eux de savoir ou de vertu !

L'orne ou frêne sauvage est celui qui croit sur les montagne et non pas dans les vallons, au voisinage des eaux courantes.

Ordiri est le verbe d'où l'on a tiré *Orsum.*

Ordo, ordinare, appartiennent à *or.* Des montagnes qui vont s'élevant derrière les unes des autres, suivent un ordre. Les pays les plus accidentés présentent toujours un ordre nécessaire, l'ordre géologique. Cet ordre est souvent imprimé sur le sol, comme les caractères d'une langue inconnue. Dans les pays où la main de l'homme n'a rien changé encore, les buttes, les collines, les montagnes, les hautes cîmes suivent d'elles-mêmes un ordre, une ordonnance quelconque. Ce mot, en passant au figuré, a toujours gardé l'idée d'une volonté qui prescrit l'ordre ou d'une hauteur servant de point de mire pour l'établir et le régler.

Une horde, *ordou,* en langage de l'Orient, est proprement une troupe de montagnards qui se jettent sur les plaines et les ravagent comme les sauterelles du désert quand elles envahissent les champs cultivés. J'ai idée que le vieux mot *ord,* d'où ordure, fut appliqué, pour la première fois, à ces troupes de barbares voraces et dégoutants. Il doit être identique avec horde, et avec *Sordidus* où *S* a remplacé *H.*

L'orseille est une mousse qu'on ramasse avec beaucoup de peine et de danger sur les côtes des îles Canaries, aux lieux les plus élevés, les plus abruptes et qui se dressent le plus à pic au dessus de la mer.

On appelle « orsure, » cette poussière des hautes vagues jetée sur les falaises dont elle corrode et désagrége les cailloux et qui va quelquefois à une assez grande distance dans les terres cultivées brûler les feuilles de vigne, dévorer même les blés en herbe.

Dans la région des Alpines, en Provence, on appelle *oourouns* ou *loourouns*, les ruisseaux ou ravins qui descendent des montagnes.

Or, devenant *ol*, a donné Olympe. J'ai lu que *rim* ou *grim*, *grip*, a signifié ou signifie peut-être encore quelque part chèvre. Évidemment, le verbe « grimper, » n'a pas une autre origine. Quant à la formation d'Olympe, la voici : *Or rimpé*, *Orimpé*, Olympe, c'est-à-dire, quelque chose qui approche de Caprée, Cabrière, Cabriès, Mont-Cabriès. Je ne pense pas que le Mont-Olympe, du territoire de Tretz, soit une importation philologique des Grecs de Marseille. Les Ligures eux-mêmes peuvent bien avoir imposé ce nom. Du reste, « grimace, » vient de *grim*, chèvre.

Olea, olivier, est le même qu'*orea*. On dit en Provençal *oourivier*. L'olivier était l'arbre de Minerve, d'*Area*. C'était l'arbre de la sagesse et de la paix ; pour donner des fruits, il veut de la patience et des soins ; la patience n'est-elle pas la sagesse, et pour cultiver ne faut il pas la paix ? Plus encore que l'ensemencement des terres et la moisson, la plantation des oliviers et la culture de la vigne ont fait un art de l'agriculture, et ont amené les possessions privées, les héritages de famille.

D'où vient le verbe *olere* ? N'est-ce pas d'*olea*, de cet arbre qui, dans la saison des fleurs, en étale au soleil dont l'odeur est si douce ?

La Hollande est un pays de petites éminences qui vont se succédant, se poursuivant, en quelque sorte, larges, déclives et doucement arrondies, comme les ondes de la mer, couvertes d'une immense verdure, couronnées de vaches laitières, et telles enfin que Paul Potter les a figurées dans ses délicieux tableaux. Le mot « onde » lui-même nous offre *or*, avec le changement de *R* en *N*. Mais, de même que la Belgique, la Hollande se compose de *pays bas*, par rapport aux régions voisines de France et d'Allemagne, et *neerland* veut dire *terres basses*. *Neer* est la négation de *eer* ou *oor*.

Le chef des Normands, Rollon, et cet illustre neveu de Charlemagne qui a laissé son nom à plusieurs lieux et fourni tant d'exploits aux romanciers, portaient dans leur nom une allusion aux montagnes comme l'*Arès* des Grecs. Les italiens disent *Orlando*.

Le berger Lycidas, dans une des plus gracieuses idylles de Théocrite, dit à un jeune berger qui vient de s'annoncer à lui comme poète : « Autant je tiens à mépris l'architecte qui voudrait élever un édifice égal à la cîme du Mont-Oromédon, autant me déplaisent, tous tant qu'ils sont, ces oiseaux des muses qui s'égosillent à croasser à l'encontre du chantre de Chio. » Il paraît que l'Oromédon était la plus haute montagne de l'île de Cos, où Théocrite a placé la scène de cette idylle. Du reste, vouloir bâtir aussi haut que l'Oromédon, voilà bien l'orgueil dans toute sa naïveté philologique.

L'ortolan est un oiseau des montagnes, qui, dans la belle saison, visite les frais ombrages de la Sainte-Baume et y fait un plus long séjour que dans les campagnes moins couvertes. Si l'ortolan est un oiseau de montagne, le cygne, en latin *olor*, est le plus bel oiseau des fleuves, des eaux paisibles. C'est toujours au même radical primitif *Ar*, qu'il nous faut remonter.

Nous avons déjà vu ce même radical dans «jardin» et surtout dans « arroser, » nous le retrouverons sous la forme *or* et *ol* dans *hortus*, dans *olitor*, dans *olus*, dans le provençal *ortouraillo*, dans l'italien *ortolano*. L'expression provençale *es per ortos* veut proprement dire « il est par les jardins, il est hors de la maison ou de la ville. »

XXVI.

Dans un précédent paragraphe, j'ai donné pour origine au mot *hora*, « heure, » l'ombre des montagnes, quand, par sa direction et sa longueur relative, cette ombre fait apprécier le point du ciel où le soleil est parvenu dans sa marche diurne. En Orient, *or*, *ur*, *our*, signifie le feu, la lumière. *Hor* ou *horus* pour les Egyptiens était le soleil. Je n'irai point chercher par quelles idées accessoires Horus devenait Osiris. Il me suffit que *or* soit l'expression de feu, de lumière. Dans les plaines pastorales, il y avait des tours orientées de manière que leur ombre indiquât aux bergers les différentes parties du jour ; elles servaient de refuge aux bestiaux, et, de leur sommet, on pouvait suivre des yeux les troupeaux dans les pâturages environnants. C'était des gnomons gigantesques, mais beaucoup moins que les pyramides qui paraissent avoir eu aussi je ne sais quelle destination astronomique. *Nomos* signifie troupeau et loi ; de là, le nom de Numa, celui de Nomade et sans doute aussi celui de Gnomon. L'origine de *nomos* viendra plus tard.

Le prophète Michée s'adresse à l'une de ces tours pastorales, la tour d'Eder, lorsqu'il dit : « Et vous, « tour des troupeaux de la fille de Sion, qui vous per- « dez au milieu des nuages, le Seigneur viendra jus- « qu'à vous, vous aurez la puissance souveraine, « l'empire de la fille de Jérusalem. Pourquoi donc vous « montrez-vous si affligée ? Est-ce que vous n'avez « point de roi ? » Cette tour des troupeaux de la fille de Sion fait penser au *Regumque turres* d'Horace et à ces rois primitifs qui n'étaient que chefs de pasteurs.

La face de ces tours pastorales, quand le soleil les dore de ses rayons, en est « ornée » : orner c'est couvrir, c'est revêtir de lumière et d'éclat. La façade opposée *occulit, occultat. Or*, c'est la lumière pure, la lumière dorée ; *Oc*, l'ombre, la privation de l'éclat. On peut dire que *R*, consonne liquide, marque ici la diffusion, l'émanation, l'expansion ; dans C apparaît nettement une idée de concentration, d'internation, si l'on peut dire, comme dans les mots cacher, couvrir, confondre, etc. Ce sens est tellement affecté à *C*, que, dans Columelle, *Occare*, signifie herser, abattre les sommités des sillons, les confondre, les applanir. De *Oc* vient sans doute *Oculus*; l'œil, ne pouvant pas se laisser pénétrer par les rayons directs du soleil, abat devant eux un obstacle qui est la paupière ; *Occulit, Occultat*, etc. Il faut rapporter à *Oc* les verbes *Occubare, Occidere*, etc., et plusieurs autres expressions qui reparaîtront en leur lieu.

Ce qui est le plus opposé à *Or*, éclat de lumière,
c'est *Orcus*, l'obscurité de l'enfer. Le rôle de *C* ne saurait être marqué avec plus d'énergie que dans ce mot.
Orca signifiait en latin une jarre à huile ; *Amurca*,
c'est la lie de l'huile ; et le vaisseau dans lequel on
verse toutes les lies, pour qu'au retour de la belle saison, la chaleur détache l'huile et la fasse monter à la
surface, est appelé, en Provence, *l'enfer, Orca.* Cette
huile de *l'enfer* n'est pas un produit à dédaigner. Autrefois, et dans toutes les communes, c'était un revenu
public ; aujourd'hui, dans quelques-unes, ce revenu
appartient aux hospices ; mais dans le plus grand nombre, les propriétaires de moulins en font leur profit
particulier. Malheureusement, depuis la révolution,
ce n'est pas le seul revenu public qui soit devenu
privé.

La lumière du soleil à mesure que cet astre marche
dans le firmament, circule autour du gnomon ou de
la tour qui en fait l'office. Le *T* impulsif placé devant
Ornare donne le verbe *tornare*, qui appartient à la
plus ancienne latinité, comme *detornaro*, *battuoro*,
minare ou *menare*, *carricare se*, *remediare* ou *remedia-
ri*, *sermonari*, et autres vocables estimés barbares de
nos jours, mais que les Romains ne dédaignaient pas
d'employer dans les discours journaliers. Le tour (cir-
conférence) et la tour (édifice), n'ont pas d'autre
origine que *Tornare*. Le tour, en latin *Vicis*, est de
la même provenance. La vigne qui tourne et s'en-
tortille est *Vitis* ; *T* pour *C.* C'est toujours quelque
chose qui rappelle le passage d'un point à un autre

point et le retour alternatif. Dans la partie moyenne de la Provence, *Tor* est pris souvent pour colline, et colline c'est *Col*, *cor* avec *C* pour *T*, comme on en voit d'autres exemples.

Il y avait dans notre vieux langage de France une expression charmante : au lieu de « il fait jour », on disait « il ajourne ; » cela valait mieux, ainsi que tant d'autres bonnes expressions remplacées par des gallicismes absurdes, ou bien sacrifiées sèchement, pour ne pas dire brutalement, à l'élégance quelquefois un peu froide, à la grâce plus galante que naïve du grand siècle. Mais *ajourner* ressemble beaucoup au latin *adornare*, orner, revêtir de lumière.

Or signifiant lumière, éclat de lumière, la lettre *M* devant *Orne* a donné absence d'éclat, tristesse, morose, morne. Les mornes de nos colonies d'Amérique sont des collines ; ici le nom vient de l'espagnol *Morro*, qui doit être une dépendance de *Mons*, que nous verrons se former en son lieu.

Mais comment se peut-il que *Ar* se retrouve en des mots qui, à première vue, paraissent ne pas avoir de place pour le sens plus ou moins modificatif de « lumière, » tels que ornière, borne, etc. ?

D'abord, on peut observer qu'en donnant à un chemin le nom d'*Ora* on faisait entendre qu'un terrain battu, des pierres constamment pressées par les pieds des animaux deviennent par le frottement comme luisantes. Luisant traduit le radical *Or* ; avec *or* on a fait ornière.

Il y a toujours dans une borne quelque chose

qui la fait remarquer ; au milieu de la verdure, elle est dorée par les rayons du soleil , quelquefois même elle est couverte d'un blanc de chaux , elle en est ornée.

Déjà nous avons entrevu dans le mot *Arba*, *Alba* l'effet de *B*; nous le reconnaîtrons dans le mot « bole, » anciennement usité en Provence pour Borne.

Il y avait jadis dans le territoire d'Aix de vieilles tours appelées *Boles*. On en voyait aussi en d'autres communes , et faute de tours on mettait des montjoies, des tas de pierres ou bien c'était de grands arbres, des sentiers , des murailles de clôture qui servaient à marquer les réserves qu'on appelait *Boles*. Il n'était loisible d'y faire paître d'autre bétail que celui du boucher à qui , moyennant une somme annuelle payée à la commune et qu'on appelait une *rêve*, la vente exclusive de la viande avait été adjugée sur enchères et au rabais. Ce boucher pouvait détailler sa ferme , mais il était seul responsable de tous les dommages que le bétail , qui était censé lui appartenir, faisait aux héritages et propriétés particulières comprises dans les limites ou « Boles. » *L* a pris la place de *R* dans ce mot. On a dû primitivement dire « Bore. » A « Bore » tient sans doute le nom de famille Borel. La Bore et le Borin de la mer Adriatique sont des vents dangereux qui , tournent comme une « Bore » une « Bole , » une boule. Un quartier du territoire de la Ciotat , où étaient autrefois les « Boles , » s'appelle aujourd'hui encore le quartier des Boules. A propos de la « Bore, » vent, on cite , parmi nos marins , un dicton qui date du grand siècle : « *Garo la Boro et lou Bourin et lou Cavalier de Fourbin*; gare la Bore et le Borin et le chevalier de Forbin ». Cet illustre amiral était pour les ennemis de la France et du nom chrétien une troisième fatalité dans la mer Adriatique.

Du reste, *Bolis*, en latin, signifie javelot; de *Bolis*, est venue la baliste; et le nom de Bole comme celui d'Arquet, petit arc, aurait bien pu désigner l'espace où, du château du seigneur, pouvait aller un jet d'arbalète, ce qu'on appelait en d'autres lieux le vol du chapon, la condamine, etc.

La lumière du soleil, détachée, réunie en faisceau et particularisée au moyen de la lettre *L* a dû prendre le nom de *Loria*, d'où par l'apposition subséquente de la lettre *G*, que les anciens, au dire de Valère Maxime, faisaient souvent intervenir devant les liquides pour leur donner plus de force, est venu le mot *Gloria !* Le mot de *Lioureio*, dont nos paysans se servent pour désigner les bijoux et autres présents que le fiancé donne à sa fiancée, pourrait bien être ce même *Loria* que je suppose ici. Au propre, *Gloria*, c'est l'astre du jour dans tout son éclat, comme *Honor* me paraît être le soleil levant, au figuré. L'une exprime cette lumière dont un nom auparavant obscur parvient à s'entourer, cet éclat dont resplendissent dans la postérité la plus reculée, les belles actions, les efforts de vertu, les œuvres de génie; l'autre sert à rendre cet ensemble de respect et de déférences qu'on doit à l'homme en place, à l'homme élevé en dignité.

En Espagne, quand autour d'un bon feu, plusieurs personnes, toute une famille et les voisins, assis sur des bancs, se chauffent et causent, cela s'appelle une *Gloria*. C'est peut-être l'acte le plus ancien de l'antique religion du Feu.

L'adjectif Clarus et tous ses composés remontent aussi à la lumière, mais avec *c* au lieu de *g* et *a* pour *o*.

Clam, qui veut dire à la dérobée, présente un effet nouveau de *M* final. Cette lettre absorbe ici *Clar*, la clarté. D'un autre côté, *Clamare* est dû à *Clam*. Dans un endroit obscur, les cris suppléent à la vue, on *Clame* pour se faire connaître, pour appeler du secours ou pour donner des ordres.

Irradiare est venu de *radius*. Dans ce verbe, c'est *ir* qui signifie rayon, c'est-à-dire, la hauteur, la longueur amincie à l'infini. *Ir*, est analogue à *Ar*, comme nous l'avons vu au commencement de nos recherches et peut devenir *il*, *ein*, *eim*, *in*, etc. ; aussi trouve-t-on que le soleil a été appelé *ein*, d'où l'on peut déduire que l'hymne, *hymnein*, élève aux cieux, aux astres, au soleil, celui pour qui on l'a composé. *Oinos*, vin, enferme en quelque sorte un rayon du soleil ; Delille a bien dit qu'en prenant du moka, on boit un rayon de cet astre qui anime l'univers. Nous appelons *uni*, en Provence, une sorte de raisins dont aisément on ferait un vin qui contiendrait beaucoup d'esprit. La lumière qui pénètre dans un appartement à mesure que naît le jour, n'est autre que *in*, d'où *intus*. C'est une observation que nous avons déjà faite à propos de *Theos* et de ses affins. *Intelligere*, c'est recueillir la lumière au dedans de soi, dans son esprit.

Lux, *lumen*, c'est l'expansion, l'épanouissement immense du feu, des rayons solaires, exprimé par *X* et par *M*; *lux*, *lum*. Nous parlerons de *en* plus en détail.

Ignis vient aussi de *ein*, avec *G* devant la liquide *N*. Nous avons déjà vu et nous verrons mieux par la suite combien est fréquente la substitution de *S* à *R*, et nous pouvons supposer, dès à présent, que le verbe — glisser, — par exemple, a passé par *lirrer*, sinon dans les livres, du moins dans la conversation, et que hisser a dû être *hirrer* par le même motif, *ir* signifiant rayon, élévation, mince, tenue, fort bien figurée par la lettre *I*. Il me semble voir les rayons du soleil glissant au travers de la plus petite ouverture, inspirer l'idée primitive de *lirrer*, d'où glisser.

La montagne d'Ossa n'a-t-elle pas dû, en des temps bien reculés, porter le nom d'Orra ? On peut en dire autant de *ossa*, os. Le squelette des animaux est une hauteur, *or*, dont la tête est le sommet. Delà, *os*, *oris*, visage, et *ossa*, ossements. Par les mêmes raisons, *hausser*, a pu être *haurrer* et venir du mot *aura*, qui vient lui-même de *Ar*. *Haurire*, puiser, tirer en haut, se rapproche d'*haurrer*. *Malausse*, en Provence, signifie mauvais terrains, *mala arra*, *mala aurra*.

Luxus « luxe » *luxuriare*, viennent de *lux*; c'est une profusion, une somptuosité, une magnificence excessive, comme celle de la lumière. Quant à «luxer» « luxation, » il n'y a pas d'inconvénient à rapprocher ces mots de « glisser. »

Massa a dû être *marra*, signifiant amalgame d'*Ars*,

soit une masse de rochers , soit une masse de biens ru-
raux ou métairie. — Amasser, — doit venir — d'amar-
rer. — Ce dernier mot est resté , mais dans un autre
sens ; il veut proprement dire — attacher à la terre
un vaisseau qui reste dans la mer — *à mare.* —
Marre , signifie — masse d'eaux qui ne coulent point.
On appelle — merrain — le bois débité en planches,
c'est-à-dire , de petites masses, — merrains , — tirées
d'une plus grande. *Messis* a été probablement *merris.*
La *marra* , le hoyau des Italiens servant à rompre la
terre, est devenue notre masse de fer à casser les roches.
Quand nos écrivains politiques parlent des masses, de
la satisfaction à donner aux masses, ils ne font pas un
compliment à ce qu'ils entendent favoriser. J'ouvre un
vocabulaire des expressions Dantesques , et je trouve
que , *marrano* , veut dire — barbare sans foi , éminemment rustique , sauvage. Tout ce que nous avons
pu voir jusqu'ici , vient à l'appui de cette explication.

Je n'ai pas besoin de dire que *Eros* , amour, appartient à ce même groupe de *Ar* , *ir*, *or*, *ur*. Prétendre
tirer toutes les inductions , rechercher toutes les ana-
logies que renferme une catégorie si vaste , ce serait
exercer la patience du lecteur , et je veux seulement
appeler à cette œuvre faite en commun quelques légers
efforts d'intelligence, pas plus qu'il n'en faut quelquefois pour démêler l'intrigue et suivre le fil d'un de
nos romans les plus merveilleux.

Helios tient à *Eros*. *Eos* signifie aurore ; *Eous* qui
veut dire Oriental n'est autre que *El* prononcé à la
provençale *eou.*

« Jour » est bien la dérivation la plus directe d'*our*;
l'aspiration J, correspond à *H* et à *F*. Le jour provient
de la lumière; c'est une émanation, un produit, un
fils de la lumière; nous connaissons l'effet particulier de
F et de *H* dans *filius* et dans *hijo*. Mais dans *Dies* c'est
à la consonne *D* qu'est affectée la marque de provenance. A ce propos, nous rappellerons qu'en provençal nons avons *DJ* comme en Arabe. Cette forme réunit le *J* de jour et le *D* de *dies*.

Le nuage noir, *Nimbus*, qui, l'été, à certaines heures, se forme, s'agrège, se condense sur certains points
de l'horison, dans les gorges et sur les crêtes des montagnes, et qui, sillonné d'éclairs, laissant échapper de
son sein le bruit des tonnerres, et, portant le trouble
aux échos les plus lointains, verse des pluies partiel-
les, qu'attendent souvent en vain les champs les plus
altérés, porte le nom d'orage, soit à cause des pics,
des cîmes élevées qui ont attiré, rassemblé, confondu
les vapeurs, soit à cause des rayons du soleil qui,
pareils à des siphons, les ont enlevées à la mer et à
tous les objets terrestres qui contiennent de l'eau. En
provençal, un orage est une *chavano ;* ce vocable n'est
pas du tout étranger à *djavan*, *javan*, ni à ce nom
sacré de *Jehova* que les Hébreux n'osaient prononcer.

Or, précédé de *S* et transmué en *Ol* a fait le *sol*
des latins et notre soleil. Dans les langues du Nord *sol*
est devenu *son*, comme on peut le voir dans *sontag* —
jour du soleil — ou dimanche. Le *tag* germanique est
en flamand *dag*, en anglais *day*, en latin *dies*. D se
confond tellement avec *T* dans la plupart des idiômes

que les Allemands appellent le jeudi *Donnerstag*, jour du tonnerre, de Jupiter. *Montag* c'est lundi ou jour de la lune. *M* a absorbé *on* ; la lune absorbe les rayons du soleil et nous les renvoie affaiblis d'éclat et privés de chaleur.

Je citerai, en passant, orifice, dérivé de *os*, *oris*, (bouche), organes, orgues et harmonie, venant tous les quatre de *or* et de *ar*, c'est-à-dire, de la même source, des régions de la lumière, du soleil et de tous ces mondes que Pythagore entendait chanter, tant il voyait d'ordre et d'accord dans leurs mouvements et dans leurs influences ! Ici plus qu'ailleurs on reconnaît tout ce que les langues occidentales doivent au radical *Ar*, diversement modifié. Ce merveilleux radical sert à rendre par des sons les nobles idées que l'aspect de la création inspiré. *M* dans *mirari*, exprime l'absorption de toutes ces merveilles, de toutes ces grandeurs ineffables, par la contemplation, par l'intuition et la vue de l'esprit. S'attacher au développement de cette idée, ce serait vouloir dire comment on peut se perdre dans la lumière incréée. Or, pour s'y perdre, on n'a qu'à vouloir s'en approcher. Non, la parole humaine, quelques lueurs célestes qu'elle ait reçues, ne peut rendre tout cela ; il faut se taire et admirer à distance.

Nous aurions à mentionner encore *orbis*, le globe, l'univers ou orbe unique, le tour unique (*unus versus*), et *urbs*, ville, à cause qu'on donnait jadis aux villes la forme ronde. Ces noms viennent aussi de *Ar* diversement modifié. Mais n'insistons pas davantage, et jetons quelques regards sur une antique doctrine qui a longtemps agité les peuples d'Orient, causé de grands désordres et donné lieu à des subtilités dangereuses. Je veux parler d'Oromaze et d'Arimane.

XXVII.

Plutarque a dit : « Ce n'est point la possession de l'or ni de l'argent qui rend la divinité heureuse : ce n'est point la foudre ni le tonnerre qui la rendent puissante, c'est la science et la sagesse. Les Dieux jaloux, qui nous ont accordé tous les autres biens, ont réservé celui-là pour eux. Ce n'est que la science qui fait leur bonheur; et sans cela, l'immortalité même ne serait pas une vie, ce ne serait qu'une durée. » Pour le commun des hommes, la plus longue vie n'est aussi qu'une durée, une durée bien maussade, ceux qui vivent de la bonne vie peuvent être rangés parmi ces Dieux dont parle Plutarque, qui ne sont pas notre Dieu à nous, créateur du ciel et de la terre, éternel et se suffisant à lui-même dans l'immensité des siècles et des mondes, mais qui sont en effet des intelligences détachées de la foule et pouvant, par l'inspiration de celui qui, seul, crée tout, anime tout, règle tout, faire aux autres hommes beaucoup de bien qu'elles ne font pas toujours. Si tous les enfants d'Adam naissaient égaux, comme les moutons, par exemple, y aurait-il autre chose pour nous qu'une existence, une durée animale? C'est l'inégalité des hommes qui a fait la science et la sagesse ; c'est avec la sagesse et la science que les sociétés humaines ont été fondées. Les agrégations des castors et des abeilles ne sont dues qu'à l'instinct, ouvrage immédiat de Dieu.

Il y a trop d'orgueil au plus grand nombre d'entre nous de dire que tous les hommes sont égaux ; mettez donc ensemble, confondez celui qui vit au jour le jour, avec celui qui vit, par la science, de toutes les plus belles vies des peuples et des grands hommes ou Dieux mortels qui l'ont précédé ! Parce que tous doivent être égaux devant la loi, ce que, pourtant, ils ne sont pas toujours, une infinité d'hommes croient participer, croient même avoir contribué aux progrès qu'on fait sans eux et souvent malgré eux. Nous sommes au siècle des lumières, disent-ils, donc, nous sommes très éclairés. Pauvres aveugles, combien de fausses lueurs, qu'ils prennent pour la clarté des cieux !

La science, elle aussi, se méconnaît, et, parce qu'il lui arrive d'atteindre à quelque chose de grand et d'élevé, elle croit pouvoir atteindre à tout. Il y a un passage de Montaigne qui revient merveilleusement à ce propos : « Je revassais présentement, comme je fais souvent, sur ce combien l'humaine raison est un instrument libre et vague. Je vois ordinairement que les hommes, aux faits qu'on leur propose, s'amusent plus volontiers à en chercher la raison qu'à en chercher la vérité. Ils passent par dessus les prédispositions, mais ils examinent curieusement les conséquences. Ils laissent les choses et courent aux causes : plaisants *causeurs* ! »

Plaisant causeur, sans doute, moi aussi, en cette

œuvre décousue, mais sincère, où j'essaie de remonter aux premiers rudiments de nos langues occidentales, avec quelques mots primitivement adoptés pour désigner les modes principaux de l'étendue, si les accidents de langage, sur lesquels je m'appuie, étaient fallacieux ! Les principes d'où les *causeurs* d'autrefois croyaient tirer la connaissance tant recherchée de la nature et des hommes, l'étaient bien ! Au reste, je compte sur la patience du lecteur, comme il peut compter sur ma bonne foi. S'il y a des illusions dans tout ceci, on peut croire que ce n'est pas pour avoir rien négligé, ni rien omis à bon escient, mais pour n'avoir pas tout vu.

Même en me trompant, où sera le danger ? Loin donc ces scrupules, et, philologue toujours avantureux, mais philosophe non moins circonspect, allons aux informations sur le sens des noms qui furent imposés, jadis, aux principaux agents de la nature, par suite de travaux d'esprit et d'études dont il ne reste plus que ces noms pour preuves et pour vestiges.

A la tête de tous les systèmes antiques, on voit un être suprême, père et maître de tout. Mais pour expliquer et pour suivre le mouvement imprimé à l'univers, pour rendre raison de ce qui se passe en nous et hors de nous, c'est à quoi les méditations les plus profondes faites en dehors de la parole divine n'ont jamais pu atteindre.

Les Chaldéens avaient donné pour principes à l'action incessante, éternelle des choses, la lumière et les ténèbres ; aux yeux des Perses, c'était Oromaze et

Arimane ; les Egyptiens avaient recours à Osiris et à Typhon ; Orphée imagina l'Ether et le Cahos ; Hésiode, le Cahos et l'Amour ; Pythagore mit au service de son système, la Monade et la Diade ; Empédocle, l'amour et la haine ; Héraclite, le feu ardent et le feu éteint ; Anaxagore, l'esprit et l'infini ; Platon, la matière et les idées ; Aristote, la privation et la forme ; Démocrite, les atômes et le vide ; Descartes, l'étendue et le mouvement ; Leibnitz, l'esprit incréé et les monades créées ; Malebranche, l'actif et le passif ; Newton, l'attraction et la répulsion, etc., etc.

Les Chaldéens représentaient Dieu sous l'image d'un feu infiniment pur ; ils lui donnaient le nom même du feu *Or* ou *Ur*, *Our*. D'*Our* procédèrent Uranus, Uranie, le verbe latin *urere*, dont le supin *ustum* a donné Vesta, le verbe *Vastare*, etc.

Zoroastre, *Zerdush*, *Zardusht*, ou, comme disent les Arabes *Zaradust*, — ou *Zaratushtra*, nom fameux dans l'histoire de l'Orient où il fut donné au législateur de nations différentes, signifiait, selon l'étymologie la plus accréditée, *adorateur du feu*, fils ou *contemplateur des astres*. Les orientaux disent qu'un Zerdust, né à Kiss, en Médie, vint présenter au roi de Balch, capitale de la Bactriane, le *Zendavesta*, c'est-à-dire, le recueil des livres qu'il prétendait avoir reçus du ciel. Ce roi qui s'appelait Gushtasp ou Hystaspe fit bâtir ce qui, pour les Grecs, était un Pyrée, à l'imitation duquel ont été faites les Pyramides d'Egypte, et pour les orientaux, un *Azur*. *Pyr*, signifie feu ; j'ai entendu, en 1814, époque fatale, un officier de Calmoulks, dire *fir* pour feu ; et *Azur* ou *Arur*, *(Ar-Ur)*, signifie élévation, autel du feu. Zendavesta est composé de deux anciens mots Perses *Zend* et *Esta* ou *Abesta*, *Avesta*, qui vient aussi de *ur*, comme *pyr*, comme *fir*, comme *ustum*.

Dans le pays que j'habite, le mot Pyrée, d'où Pyramide, n'est pas inconnu. On appelle *peyrolet*, *peyroulet*, une hauteur choisie dans les temps les plus reculés pour y faire des signaux au moyen d'un ou de plusieurs feux. Le port du Pyrée, à Athènes, tirait sans doute son nom d'une hauteur de ce genre, d'une *Notre-Dame de la Garde*, d'où l'on découvre au loin les vaisseaux attendus.

Ce qu'on appelle, en Algérie, le *Tombeau de la Chrétienne*, monument incompris qui domine la chaîne de collines dont le Mazafran baigne les flancs sinueux, pourrait bien avoir été un pyrée. J'ose en dire autant de la *Tour-Magne* de Nîmes et de la *Penelle*, cet autre débris mystérieux de l'antiquité, qu'on trouve sur la route d'Aubagne à Marseille, et que certains érudits prétendent avoir été le tombeau d'un général Pénélus Un membre de plusieurs académies, correspondant de l'Institut, me soutenait bien, un jour, que le village de la Penne et celui des Pennes devaient leur nom à la préposition *penes*, auprès, comme qui dirait auprès de Marseille ! Nous entrerons, plus tard, dans quelques détails sur ce nom topographique.

Le nom de *peyroulet* ne va jamais sans la désignation de Saint-Jean. L'ermitage ou la chapelle annexée à ces belvédères, s'appelle toujours Saint-Jean du *Pey-*

roulet. On appelle aussi *Pieroun*, la pointe de montagne, le sommet ardu où l'on allumait autrefois des
feux servant de signaux, et ces sommets sont quali-
fiés saints, *lou san Pieroun.* Le Saint-Pilon de la sainte
Baume est un de ces points culminants et vénérés. Le
nom de *peyroou* — chaudron — vient de Pyr, comme
le verbe provençal *empurar* — attiser, comme notre
adjectif Pur, et le substantif Pureté.

Quand à *zend*, ce mot aurait signifié l'instrument
avec quoi on allumait le feu ; c'était deux tronçons
de roseau qu'on frottait vivement l'un contre l'autre.
Il paraitrait que le but de ces livres étant d'apprendre
la manière d'honorer le feu, de le conserver et de le
reproduire, lorsque, par malheur, il venait à s'éteindre, on leur donna le nom même de l'instrument qui
servait à faire reparaître aux yeux cet élément divin.
D'Herbelot a pensé que *Zend* signifiait dans l'ancien
langage *vivant* ou *vie.* Ainsi *Zendavesta* serait *feu vivant* ou *vie du feu*, ce qui ne contredit guère l'explication précédente.

Le petit vocabulaire qui est à la suite de la vulgate
traduit *Johanan*, *Johannes*, par *Pius*, *Gratiosus*, *Mi-
sericors.* Ce nom a quelque rapport avec *Zend*; je
ne sais si l'on serait mal venu à dire que la mission
de Saint-Jean le Précurseur, fut d'abolir par le baptême, par l'immersion dans l'eau, le culte ancien du
feu, auquel devait succéder un culte plus pur.

Je suis également porté à voir dans l'horreur qu'ins-
piraient les purifications par le feu, dernier terme d'in-
sanité où était arrivée une religion fausse, le précepte

rigoureux des ablutions quotidiennes, imposées par Mahomet, aux peuples divers qu'il soumit à sa loi, et dont quelques-uns adoraient les astres ou le feu.

Du reste, les mots Grecs *Zao*, *Zoé* et *Zeo*, que nous aurons occasion de rappeler plus tard, venaient de cet ancien mot oriental, aussi bien que *Zeos*, qui signifie Etre suprême, vie par essence et source de la vie : si d'autres étymologies sont également attribuées à ce dernier mot, faut-il s'en étonner? le développement des langues ne s'est-il pas fait avec un germe très simple, comme la semence d'où s'élèveront, avec le temps, les plus beaux et les plus grands arbres, ornement de la terre?

Les Chaldéens avaient les astres bons et les astres mauvais; les Perses, Oromaze et Arimane, un bon génie et un méchant; les Grecs mettaient Jupiter à la place d'Oromaze, et Pluton à celle d'Arimane; ils avaient aussi Mars et Vénus, d'où naquit l'Harmonie. D'Oromaze et d'Arimane, deux dieux de métier contraire, comme dit Amyot dans sa traduction de Plutarque, résultaient le mouvement et la conservation; c'étaient deux puissances opposées, mais inégales en force, le bon principe finissant toujours par vaincre le mauvais. Empédocle, dit Plutarque, avait nommé le principe du bien *amour* et *amitié*, ou *harmonie à la douce voix*; le principe du mal était *combat sanglant* et *noise pestilente*.

Les noms d'Oromaze et d'Arimane, se divisent en deux parties : la seconde, *Maze* ou *Mane* n'est qu'un même mot. Nous ferons connaître l'idée que ce mot enferme en disant que les verbes *manare* et *emanare* en découlent. En admettant que la lumière émanée soit *Oromaze*, l'ombre qui s'accroit à mesure que la lumière se dégrade, sera *Arimane*. Cette première idée avec la figure d'un carré et de deux triangles où la lumière et l'ombre agissaient et réagissaient d'une façon mystique, avec celle d'un œuf, symbole du monde et contenant un germe que le temps faisait éclore, avait suscité, fécondé, entremêlé dans des têtes orientales une foule d'images et d'allégories que la superstition avait fini par rendre infiniment tenaces.

Le Taranis des Gaulois paraît avoir été le Dieu du ciel, comme Tuiston, le Dieu de la terre et des êtres inférieurs, la divinité de la nuit et des ténèbres. C'étaient les deux principes ; chacun présidait à l'un des deux éléments qui, par leur mélange, avaient formé toute chose et dont la désunion devait un jour causer la ruine, l'anéantissement de tout. Bélénus, Hésus et Teutatès étaient bien plutôt des agents intermédiaires que des Dieux souverains. Il paraît que c'était à Tuiston, au Dieu de la terre, que les Gaulois rendaient le plus d'honneur, le regardant comme leur premier père, comme l'origine de leur être. La vie étant le plus grand des biens et le principe de tous les autres, il est impossible qu'ils n'aient pas regardé Tuiston comme le premier principe. Tacite a dit des Germains qu'ils célébraient dans des chants antiques qui leur tenaient lieu d'annales Tuiston, Dieu né de la terre, et Mannus, son fils, auteur vénéré de leur race.

Qu'est-ce que Mannus, fils de Tuiston ? N'est-ce pas

le cheval. Les latins appelaient *Mannus* un bidet qui va l'entre-pas, un petit cheval d'amble. Ils regardaient le cheval comme le meilleur compagnon que la terre eût donné à l'homme; ils le tenaient pour sacré. L'Hériman des Germains c'était, je crois, le caballero des Espagnols et le centaure fabuleux des Grecs. Le sort par le cheval était pour les Germains la plus assurée de toutes les divinations. Ces chevaux par lesquels on interrogeait l'avenir étaient blancs; aucun travail pénible n'avait altéré leur beauté; attelés à un char sacré, ils ne pouvaient être conduits que par un prêtre, par un roi, par un chef de nation, et l'on tenait compte avec une attention religieuse de leurs hennissements, de leurs frémissements.

Les Romains ont prétendu que Bélénus était l'Apollon des Gaulois, Hésus leur Mars et Toutatès leur Mercure. Cette opinion peut être facilement contestée. On voit, seulement, que les Barbares donnaient certains attributs à leurs idoles, comme à Bélénus le don de guérir, à Hésus, le soin de la guerre, et celui du négoce à Toutatès; mais en fait d'apothéoses, ils n'allèrent jamais aussi loin que les Grecs et les Romains. Bélénus, à ce qu'il semble, n'aurait été que le métier ou la prétention de guérir; Hésus, l'ambition des conquêtes, le métier des violences, et Teutatès, le mouvement, le jeu compliqué du commerce. Dans Bélénus, on retrouverait le radical Ber, Ver, Vir; Hésus n'est autre que Hérus d'où vient le Her des Allemands, le Héros des Grecs et peut être le *ferrum* comme le *ferox* des latins, ainsi que le verbe *ferire*. Les trois T de *Teutatès* indiqueraient assez les tortuosités infinies du commerce, tel que le pratiquaient les juifs du moyen âge, et peut être aussi tous les marchands de l'antiquité, s'il faut en juger par ce qu'on voit de nos jours chez les nations qui tiennent le plus à leurs anciennes habitudes, à ce qui fut leur régime social dans les temps les plus reculés. Quant à Taranis, il se manifestait par le tonnerre dont ce nom présente l'onomatopée; et Tuiston, le Dieu le plus puissant pour les Gaulois, c'était le Dieu caché, le secret que renfermaient les bois les plus sombres et les plus profondes ténèbres de la nuit, quelque chose de semblable à ce que les Etrusques allaient chercher dans leurs *tesqua*.

Maintenant, à quoi se rapportaient *Oro* et *Ari*, d'Oromaze et d'Arimane? On serait porté à croire qu'*Oro* était le feu du ciel, le soleil, la lumière, et *Ari* le feu caché dans la terre, ce feu qui pouvait s'éteindre, mais qu'on faisait revivre par le *Zend*. Plutarque, nomme Arimane *Adès*; il nomme de même Pluton. Mais, nous avons vu que *Ar* se transforme en *Ad* pour présenter un sens analogue, mais non pas identique, et *Ad* n'est autre que *At*. *Ad* et *At* indiquent également l'ascension, le mouvement en haut; si l'on supprime *A*, il reste l'idée de descendre, d'abattre, de renverser. *Astruere*, c'est élever un édifice auprès d'un autre, l'appliquer contre un autre, comme un astre est élevé, est appliqué contre le firmament; *Destruere*, c'est démolir. *Adès* serait donc le mauvais principe s'élevant contre le bon, et *Dis* ainsi que *Démon* exprimerait ce principe du mal vaincu, abattu, terrassé.

Il est singulier que *Dis* signifie également Plutus et Pluton, le Dieu des richesses et le Dieu des enfers, tandis que *Démos*, peuple, et *Démon* se tiennent de si près, que *Demere* signifie enlever, que *Temere* signifie « craindre, » et *Emere* « acheter. » Le titre de *Demiurgus*, souverain magistrat des villes Grecques, dans lequel se trouve *urgus*, qui procède évidemment d'*Urgere* « presser latéralement, serrer, » ne répondrait-il point à notre titre de sergent ou serre-gent ? Le *Serviens* des Latins, dont on a fait sergent aussi, doit rester « serviteur, servant. »

Dans *Adi* ou *Adè* devenu *Adès*, je serai tenté de voir *Ari*, déformé par le changement de *R* en *D* et la permutation de *i* en *e*. *D* est devenu *T* dans *Ate*, *Atès*, déesse du mal, qui, selon les poëtes, n'était occupée qu'à nuire ; et *Ataxia* ne veut-il pas dire désunion, dérèglement, désordre complet ? Du reste, Arès, c'était Mars pour les Grecs ; dans Adès comme dans Arès, on ne peut méconnaître une idée de combat, d'antagonisme, de destruction.

J'ai pensé, de plus, que *Oro* pourrait bien avoir signifié l'espace étendu et libre, les montagnes à pâturage, et *Ari*, l'espace que l'agriculture enlève aux troupeaux, la terre couverte de sillons. Le meurtre d'Abel, par Caïn, n'a-t-il pas quelque signification de ce genre ? Dans le récit qui nous en est resté, ce n'est pas sur le cultivateur que l'intérêt se porte, mais bien sur le pasteur. *Cumque essent in agro, consurrexit Caïn adversùs fratrem suum Abel et interfecit eum.* Caïn tue Abel dans le champ, car l'agriculteur

chasse les troupeaux du sol qu'il a ensemencés et leur
ôte la vie, la subsistance qu'ils y cherchaient naguères. Cette guerre entre les paysans et les bergers dure
encore. La plupart des querelles sanglantes qui s'élèvent en Corse, par exemple, ont pour sujet des atteiu-
tes portées par les bergers aux cultures, aux terrains
en défens. Dans l'Orient, toutes les conquêtes ont été
faites par des peuples montagnards et pasteurs sur des
populations agricoles et sédentaires. Si les Kabiles et
les Bedouins vivent aujourd'hui les uns à côté des autres sans trop de rancune, ce n'est pas faute de défis et
de combats antérieurs.

Je ne serais pas non plus éloigné de croire que,
par Oromaze, on aura voulu désigner la religion du
feu, et, par Arimane, le culte rendu au Dieu qui dai-
gna, au commencement des jours, instruire Adam ou
Aram ; car c'est le même nom. Ceux des Araméens par
qui nous fut transmise notre première loi, la loi de pré-
paration, nos *initia* ou commencements, ainsi qu'on le
dirait bien mieux des préceptes de Moïse que des
mystères d'Eleusis, nommés ainsi par des philosophes
anciens, furent un peuple énergiquement voué à une
idée, à une école, à un système. Leur culte, comme
celui des Chrétiens et des Musulmans, relevait, en
général, du seul domaine de l'esprit. L'énergie de la
volonté faisait leur force plus encore que le glaive.
Ils repoussaient les invasions morales de l'étranger par
leurs principes religieux plus encore que ses assauts
de guerre par leurs citadelles. Ils prétendaient à l'unité
du monde ; de toutes les branches éparses de la famille

universelle d'Adam, ils aspiraient à ne faire qu'un seul et même arbre, un seul et même empire. A cette dispersion des peuples qui avait amené la confusion des langues, ils cherchaient à donner un terme; ils auraient voulu rallier autour de l'arbre de Juda toutes les nations qui s'étaient éloignées de son ombrage salutaire; mais, par malheur, ils n'allaient point à elles au moyen de la parole, attendant qu'elles vinssent à eux par la force de l'exemple; ils s'isolaient pour rester un peuple modèle, mais l'isolement ne peut donner qu'une force intérieure, et, sur la surface du monde, pour grandir, il faut s'étendre, pour devenir quelque chose, il faut marcher.

Ce même principe qui a fait la constance inaltérable des Juifs, la force passagère des Musulmans qui marchèrent, et la puissance indéfinie des Chrétiens, qui toujours se transforme et ne s'affaiblit jamais dans son cours, anima aussi les adorateurs du feu. L'objet de leur culte était visible, et celui qu'adoraient les Araméens fidèles se dérobait aux regards. En des moments solennels, le Dieu des Hébreux avait fait entendre sa voix à l'homme; mais c'était au cœur qu'il aimait à parler, et il lui parlait toujours; si l'esprit ne le pouvait concevoir, l'âme l'admettait et l'adorait.

XXVIII.

Entre les adorateurs du feu et les adorateurs du Dieu d'Abraham et de Jacob, il y avait donc cette barrière infranchissable de la matière et de l'esprit, cette lutte des sens et de l'âme que rien ne peut terminer. Les adorateurs du feu avaient renversé l'ordre ; leur Oramaze était le Dieu visible, la matière ; Arimane, au contraire, c'était le vrai Dieu, le Dieu caché, le Dieu de l'esprit. Aussi, quand les Arabes furent convertis au culte du Dieu invisible, pleins d'horreur pour la religion matérielle du feu, ils renversèrent tous les Pyrées, à l'exceptions des pyramides qui devaient défier le temps, et brulèrent tous les livres de la secte, qui tombèrent dans leurs mains. On dit que les Guèbres, ce qui reste des anciens adorateurs du feu, sont de bonnes gens, mais on convient aussi qu'il n'y a pas de race jadis civilisée qui soit aujourd'hui plus ignorante et plus superstitieuse, plus abaissée et plus anéantie comme corps de nation.

Le verbe provençal *Abrar*, — allumer, — d'où braise, embraser, se présente dans le nom des Guèbres, qu'on appelle aussi *parsis* ; et dans ce dernier nom comme dans celui des Perses, qui est le même, on retrouve *pyr*, — feu.

Au dessus des deux principes ou pour mieux dire entre eux, il y avait *Mithras*. Plutarque prétend que ce mot signifiait — médiateur. — Mihr, selon quelques interprètes, veut dire amour, compassion ; ce qui désignerait assez bien le caractère d'un médiateur qui, par pitié pour le monde, concilie les parties, les antagonistes dont la séparation aménerait la ruine de tout ce qui existe. Selon d'autres, Mihr signifie grand, maître unique et absolu. *Ihr*, l'étendue prolongée à l'infini, et les rayons concentrés par M peuvent bien figurer l'amour et la puissance. *Mihr-u-ma*, en turc, signifie soleil et lune; c'est un nom de femme qu'on donne volontiers à des sultanes. Les titres de Mirza et d'Emir viennent probablement de Mihr.

Quoiqu'il en soit, Mithras était le Dieu suprême des Perses. Mithras était un feu animé, un feu intelligent, auteur de tout, un feu dont le soleil était la source première; tous les astres et en général toutes sortes de flammes n'en étaient que des parties détachées. Mithras avait le pouvoir de réunir Oromaze et Arimane, de les contraindre à faire sa volonté malgré leur inimitié. Il ressort de toutes les interprétations que, suivant les Perses, Dieu avait créé seul, sans aide ni entremise, la lumière et les ténèbres. Théodore de Mopsueste dit, en termes formels, que *zarva* ou le Dieu, principe de toutes choses, avait produit et engendré Hormisdas et Satan. *Arf*, en arabe, veut dire — branche, — et *ârouq*, — racine; — par où l'on peut voir qu'Hormisdas et *Satan* sont les feuilles et le fruit du grand arbre de l'univers, de Zarva. *Z* devant *arva*, *arfa*, *arf*, n'est qu'une consonne officieuse, une aspiration.

Dans Hormisdas, on retrouve la lumière, *Or*, puis une transformation de Mithras au moyen de *D* pour *T*. Satan n'est qu'Atan, Atès, Adès précédé de *S*. Tous ces noms là peuvent, à la rigueur, s'expliquer par ce qui précède.

D'autres agents, d'autres métiers ou fonctions entraient dans le symbole rédigé par les mages ou philosophes Perses.

Chez les Egyptiens, on mettait la prière suivante

dans la bouche des morts : « Soleil, roi suprême de toute chose, et vous, Dieu, de qui les hommes tiennent la vie, daignez me recevoir et m'introduire dans le séjour des immortels. » Les Thébains d'Egypte adoraient un Dieu éternel dont l'essence pure ne pouvait se communiquer, être attachée à des animaux sujets à la mort. Ce Dieu éternel se nommait Kneph ou Emeph ou Phthas ; nous avons presque le nom de Phtas dans notre liturgie du sacrement du Baptême. Quand le prêtre fait le signe de la croix sur les yeux de l'enfant qu'on lui présente, il dit EPHETA, *quod est aperire*. Phthas était donc l'auteur, le père de la lumière. On dit que ce mot en Cophte signifie celui qui ordonne et qui fait toute chose. Dans Kneph ou Emeph, on trouve le radical, la consonne caractéristique de *Facere*, de *Filius*, etc. Phtas, outre *ph* ou *f*, présente *T*, lettre impulsive qui va bien à tout mouvement, à toute vie, à tout acte qui exige un effort, un choc, etc.

Isis, c'était la nature ; sa figure était accompagnée de cette inscription : « Je suis tout ce qui a été, qui est et qui sera, et nul mortel n'a arraché le voile qui me couvre. » Isis est la même qu'Iris ; *S* et *R* se transforment assez souvent.

Dans l'Arc-en-Ciel, formé par les rayons du soleil qu'un nuage noir décompose, des mystiques anciens ont vu naître une théogonie particulière composée d'Isis, d'Osiris ou Oriris et de Typhon. Iris c'est toujours la lumière ou la nature qui n'existerait point sans la lumière ; Or-iris, Oriris, Osiris, c'est le soleil, père de la lumière, et Typhon, l'esprit des ténèbres. Pour expliquer Typhon, nous pourrons dire que *on* signifiant Être, et *to on* chez les Grecs, voulant dire la substance des Êtres, Typhon était celui qui détruisait, qui précipitait dans l'abîme, dans le néant, cette substance dont la lumière nous révèle les productions merveilleuses. Dans toutes ces croyances religieuses il n'y avait qu'un langage poétique pris malheureusement au sérieux. Le langage politique d'aujourd'hui, bien qu'on veuille constamment le fixer, le brider par d'exactes définitions, ne court-il pas sans cesse au galop après les plus absurdes chimères ? Quelle main assez habile pourra l'arrêter enfin ?

Mais sans nous tenir resserré dans aucune des explications données jusqu'ici de la Théogonie Egyptienne, fort compliquée aujourd'hui comme toutes ces choses mortes dont l'ordre primitif a été brouillé par un long temps et par des commentaires plus ou moins perturbateurs, essayons de mettre à nu quelques-unes de ces prétendues divinités que l'abus des hiéroglyphes avait fait naître.

Plutarque, après avoir rapporté plusieurs de ces explications conclut que, prises séparément, elles ne disent point ce que c'est que Typhon ni par conséquent Osiris, mais que cependant réunies elles le disent bien et nettement : « Car ce n'est, comme traduit Amiot, ni la sécheresse seulement, ni le vent, ni la mer, ni les ténèbres, mais tout ce qui est naturellement nuisible, et qui a une partie propre à perdre et à gâter, tout cela s'appelle Typhon. »

Selon Hésiode, la partie inférieure du Cahos s'ap-

pelle le *Tartare* ; il s'abaisse aussi profondément au
dessous de la terre que le ciel s'élève au dessus. *Tartare*, c'est l'*Ar* deux fois précipité. L'Æther, séjour
des Dieux célestes, est la plus élevée des régions supé-
rieures, qui sont le feu élémentaire, l'air et l'eau.
Æther, c'est l'*aer* porté par une forte impulsion тн à
la plus grande hauteur, à l'extrême limite des choses.

Pour Hésiode, le premier des Dieux est le Cahos,
après lui vient la Terre, ensuite le Tartare. Le quatrième Dieu est l'Amour, ce Dieu qui est le maître et le
souverain des autres Dieux, principe actif qui meut,
qui dispose, qui règle tout dans le Ciel, dans le Tartare et sur la Terre. Il tient seul les rênes de l'empire
du monde. Partout où il dirige son vol, il est accompagné d'une lumière pure qui dissipe les ténèbres du
Cahos : sa voix mugissante, *Tauroboès*, retentit dans
toute la nature, et appelle tous les êtres pour leur
ouvrir la porte de la vie.

L'*Eros* des Grecs, l'amour, appartient dans l'ordre
philologique au verbe *Sum*, comme l'ère de Nabonassar, l'ère Chrétienne, etc. *Eros* est celui qui donne
l'existence ; une ère est l'époque où telle chose a existé.
Rappelons-nous ce que nous avons déjà vu à l'occasion de l'infinitif *Esse*, et des conjugaisons de ce verbe
en différentes langues. *R* et *S*, voilà donc deux consonnes radicales auxquelles on a recours quand on
veut exprimer les divers modes de l'existence. *R*, pour
marquer l'existence droite, l'existence debout, si j'ose
dire ; *S* pour atteindre l'existence qui fuit, l'existence
en quelque sorte horizontale. On peut rapporter le sens

de la première au verbe Arrêter , et le sens de la seconde au verbe *Sequi* , *Sequor* , — suivre. — Voilà
commént la Saône est la traduction d'*Arar* et que
la Seine, *Sequana* , mêle son nom à ceux de tant d'autres fleuves dont l'apellation dérive de *Ar*.

Quand au mot amour , il appartient au radical A*m*
qui , outre *amare* , caractérise *ambire* , ampleur, etc.

Du Cahos , sortirent l'Érèbe et la Nuit , et du commerce de la Nuit avec l'Erèbe , sortirent l'Ether et le
Jour. J'ai expliqué l'Érèbe ainsi que la Nuit , *Nox* ;
j'expliquerai mieux celle-ci quand nous serons au radical *Oc* ; quant au Jour, c'est *ur*, *our*, avec la lettre
longue *J* , qui marque l'étendue extrêmement prolongée et déliée , les rayons de lumière, par exemple.

XXIX.

Les combats entre les Titans orgueilleux et les Dieux
bienfaiteurs sont dans la Théogonie grecque, parallèles
aux combats de la Lumière et des Ténèbres , d'Oromaze et de sept autres Dieux , ses auxiliaires , contre
Arimane et ses partisans , à ceux encore d'Osiris, d'Isis
et d'Horus contre Typhon. Dans les annales de tous
les peuples , il y a toujours une époque plus ou moins
ancienne où des vainqueurs apparaissent et font subir
leur loi aux vaincus , à moins que des circonstances
heureuses n'amènent une transaction quelconque. Les
enfants du Ciel et ceux de la Terre se trouvent partout
quoiqu'on veuille dire ; et de quelque manière que les
vainqueurs et les vaincus se déguisent , il faut toujours

qu'on tolère, d'une part, les déguisements adoptés de l'autre ; chaque prétention attend une complaisance; autrement il n'y aurait point de société possible.

Ar ayant fléchi, s'étant incliné en *An*, comme nous le verrons, *Terra* ou *Tarra* est devenu *Tania*. Ce *Tania* figure dans *Occitania*, *Aquitania*, *Lusitania*, *Britannia*. Les Titans avaient poussé de la terre, étaient sortis de la terre.

En certaines explications, la Nuit et l'Amour sont considérés comme premiers principes des choses. Chez les Egyptiens, Athyr, Athor, dont les Grecs ont fait Vénus, est le nom de la Nuit personnifiée. Il y avait, en Egypte, le Nome Athribites, et dans ce nome ou cette tribu une ville qui s'appelait *Atharbechis*, ou ville de Vénus, comme traduit Strabon. Le même nom d'Athyr fut donné à la vache mystique, symbole vivant de la déesse. Cet animal aux larges flancs, qui offrait dans son lait une nourriture abondante et toujours prête, qui, sur sa tête, portait l'image de la Néoménie, ne figurait pas mal la divinité, mère et nourrice de tous les êtres, l'astre qu'on voyait se renouveler tous les mois dans le ciel sous la figurë d'un croissant. Ici encore, en définitive, on revenait au soleil et à la lune.

Athyr était le nom d'un mois Egyptien, qui répondait à notre mois de novembre. Alors, le soleil s'abaissant vers le Capricorne, diminue le jour et augmente d'autant le domaine de la nuit. Je conjecture que le mot Athyr, At-hyr, voulait dire cela, Hyr étant le soleil et *atè* comme *atès* et *adès* exprimant ce qui pré-

cipite, ce qui déprime, ce qui abaisse. Encore aujour-
d'hui nos enfants, lorsqu'un joujou leur tombe des
mains, précipité par son propre poids, disent : *até !*

Suivant Plutarque, Rhéa ou l'état primitif des éléments, la nature brute, informe, ayant eu commerce avec *Kronos* ou Saturne ou le Temps, le Soleil
jaloux en fut instruit, et prononça, contre elle, cet
anathème : *Puisses-tu n'enfanter en mois, ni an.* Mais
Mercure, épris d'amour pour la même déesse, songea,
pour reconnaître ses faveurs, à contrarier l'effet du
terrible anathème. Il s'avisa de jouer aux dès avec la
Lune, épouse du Soleil, et il lui gagna la soixante et
dixième partie de ses illuminations, dont il composa
cinq jours qui ne furent compris *en mois ni an*, mais
qui furent ajoutés à l'année; et Rhéa, dans ces cinq
jours, qui furent appelés *Epagomènes*, c'est-à-dire,
jours ajoutés, put donner naissance à Osiris, à Aroueris, à Typhon, à Isis et à Nephtys, qu'on appelait
aussi *En*, Perfection, Vénus et Victoire.

Kronos ou Koronos, signifie le couronné de lumière.
Rappelons-nous ce qui a été dit d'*Ornare* et de *Tornare;*
quand le tour est complet, quand le soleil revient au
même point d'où il est parti, c'est *Coronare.* Le rôle
que joue C, K sera mieux reconnu par la suite. Une
couronne a donc été primitivement un cercle de lumière, comme l'auréole des saints. Ce cercle de lumière
que le soleil parcourt dans son mouvement diurne,
c'est le temps. *Tempus* se décompose ainsi : *T-empus;*
T, consonne radicale qui tranche, taille, divise, et
am, *em* qu'on trouve dans ample, emplir, emmener,

etc. Le temps, c'est le lendemain qui s'ajoute sans cesse à la veille; c'est l'inévitable cercle, le cercle fatal des jours qui tourne sans fin et ne s'arrête jamais, entassant derrière nous ces heures dont nous profitons si peu et qui ne doivent plus revenir pour ceux qui les ont perdues.

On a regardé Osiris comme le Nil qui a commerce avec Isis ou la Terre et que dévore Typhon, c'est-à-dire, la mer dans laquelle le Nil se jette et disparaît. Aroueris aurait été un autre nom du Nil. *Eris* étant la terre d'après les principes que nous avons émis dès le commencement de ce livre, Ouadi signifiant en Arabe, comme *ouide* en Provençal, une rivière, un simple courant d'eau, un aqueduc, et le radical Oua, Oui, Uv, Uf, se retrouvant dans le latin *Uvidus*, on peut supposer qu'Aroueris, Ar-ou-eris veut dire — fleuve qui répand ses eaux sur la terre. — Dans cette explication purement philologique, Typhon serait tout principe de sécheresse et de stérilité, le vent et le sable du désert. C'est *Ty* refoulant les eaux, *phon* (fons), ce qui coule, *fluit*, les empêchant de tomber du ciel, les absorbant par l'évaporation. Junon, c'est l'air, c'est *Io*, c'est *Isis*, c'est la jeunesse, c'est aussi le verbe *juvare*, aider, c'est ce qui aide à la vie; sans l'air point de vie; c'est la vie. *Juvenca* — Genisse, — présente le même radical que *Juventus*, et voici encore la vache sacrée; toujours les mêmes idées reviennent dans ces fables antiques,

On a donné à Typhon le nom de Seth, qui signifie, à ce qu'on dit, brutal, violent et quelquefois renver-

sement, élancement ; c'est *Et*, *Eth* ou l'At d'Atlas,
avec la consonne sifflante *S* qui est devant Satan. On
lui donne aussi le nom de *Rebon,* qui veut dire enchaînement, arrêtement, obstacle insurmontable, comme
nous le verrons lorsqu'il sera question de la lettre *B*.
Typhon est à la fois un obstacle qui arrête le progrès
des choses bonnes, et un fleuve impétueux qui répand
avec profusion les mauvaises. N'est-ce pas là le génie
du mal dans toute sa plénitude ? *Habouba*, en Arabe,
signifie peste. *Hubabon,* selon Bochart, veut dire Dra-
gon, serpent, esprit malfaisant. Les femmes, en Provence, pour contenir leurs petits enfants, les menacent du *Garribaboou*. Ce *Garribaboou* m'a tout l'air
d'être le *Hubabon* de Bochart. Du reste, le *Garribaboou* peut consentir à une autre explication. Quelquefois, en jouant avec les enfants, on se dérobe à leur
vue, puis, tout-à-coup, on leur apparaît en disant .
Baboou! Bab serait peut-être le mot Arabe —porte ; —
Oou, l'interjection provençale d'appel , et *Garri*, un
rat dont on fait craindre l'apparition subite. Au reste,
ce mot *Baboou*, qui n'est que plaisant aujourd'hui,
n'aurait-il pas été le cri des Sarrazins quand ils appa-
raissaient en armes aux portes des villes et des habitations dans les courses terribles qu'ils firent en
Provence? Ceci est une simple conjecture que je donne
pour ce qu'elle vaut. *Bab*, *Oou* ! (la porte, eh !)
terrible injonction de la part de ces barbares.

Isis s'appelait quelquefois *Muth* ou *Mouth*, — mère ;
— et l'on dit qu'*Athiri* signifiait maison, place prête
à recevoir une maison. Je suis porté à reconnaître dans

Athiri, l'*uterus* des Latins. Les noms de la vache mystique, *Athyr* et *Athiri*, auront eu la même signification; *Athyr* ce qui précipite, ce qui pousse en bas le soleil, *Athyr*, *Athiri*, ce qui le reçoit; l'actif pris pour le passif et *vice-versâ*. Puis, en mettant la consonne **M** qui marque l'absorption, la compréhension, l'acte d'enfermer, on a eu *Mathyr*, *mater* — mère. —

Nephtis, n'est autre que *En*, — beauté achevée, — dont on a fait Vénus, joint à *Phthys* ou *Phtas* qui, en Cophte, signifie celui qui ordonne et fait toutes choses, le Dieu éternel et immortel, ce que nous avons retrouvé dans le mot lithurgique Ephheta, *quod est aperire*. Cicéron a écrit que le nom de Vénus avait été formé de *Venire*, parce que cette divinité va bien à toutes choses, *quòd ad omnes res veniat*. Je crois plutôt que c'est *Venire*, qui est venu de *En* ou *Ven*; tout nous vient de ce qui est parfait, de ce qui possède tout, de ce qui a tout en soi.

Selon Eusèbe, *Cneph* ou *Emeph*, l'artisan de l'univers, était représenté sous la forme humaine; de sa bouche, il faisait sortir un œuf, et de cet œuf un Dieu, que les Egyptiens nommaient *Phthas*, auquel les Grecs ont substitué le Dieu du feu. : *Secundus Vulcanus*, dit Cicéron, *in Nilo natus*, Phthas *ut Ægyptii appellant*.

Dans *Vulcanus* nous trouvons *Vul*, *Vur*, *Ur*; *Canus* veut dire — blanc; — *Vulcanus* était donc le feu blanc, le feu pur. C'est à Vulcain que les Pyramides avaient été élevées. Pyramide peut se décomposer ainsi : *Pyr*, — feu, — *Am*, — grand, ample, — *Ides* ou *Aides*, maisons, édifices.

Ainsi, Nephthys, c'était Vénus, l'épouse de Vulcain, c'était la beauté mariée à l'artisan de l'univers, la beauté achevée, l'œuvre de tout point parfaite, et cette œuvre est tout ce que nous voyons, tout ce que nous sentons, tout ce que nous admirons. Mais, jetez au peuple de grandes choses, des idées sublimes, pour que, de l'artisan de l'univers, il fasse un forgeron boîteux, laid, difforme, tout noir de fumée, objet de risée et de dégoût, et qu'il change Vénus, son épouse, la beauté achevée, en une prostituée impure, qui se donne à tous les Dieux et même à de simples mortels ! A quoi donc ont abouti toutes ces grandes imaginations des mages de Chaldée et des prêtres Egyptiens ! Mieux aurait valu que les peuples chez qui se propagèrent ces énormes absurdités du Paganisme, n'eussent pas plus d'idées que les sauvages de l'Amérique et les Hottentots. L'ignorance est moins funeste que la science fausse et que les pensées corrompues.

XXX.

Je suis par rapport aux choses qu'en ce moment j'étudie dans cette condition de démi-nature la plus favorable peut-être aux longues recherches. Avec plus de savoir, je n'aurais pas résisté à la tentation de lire tout ce qu'on a écrit sur les religions d'autrefois, sur les symboles de l'antique Orient, et lancé sur cet Océan immense de conjectures jamais bien similaires et concordantes, je m'y serais noyé. Pour le moins, j'aurais manqué de confiance en mes propres idées ; je n'au-

rais pu les développer en toute franchise , non docte-
ment , mais hardiment , et c'est un peu de hardiesse
qu'il faut aujourd'hui à toutes ces investigations dont
le passé le plus complètement évanoui , le plus ténébreux peut devenir l'objet. Sur les choses présentes, on
n'en a que trop de hardiesse ; là où il faudrait de la
circonspection , de la retenue , on se laisse emporter
par je ne sais quelle folie , qu'on appelle esprit du siècle , et quand les plus grandes témérités seraient innocentes , quand la déconvenue qui s'ensuivrait ne serait
pas même ridicule , bien loin d'être odieuse , on laisse
à son propre esprit toute sorte de liens , toute sorte de
vêtures gênantes et d'entraves classiques.

Quoiqu'il en soit des opinions que je donne , il est un
mérite qu'on ne pourra leur refuser, c'est d'être offertes
sans ambages , ni circuit de paroles ; on voit de suite
où je veux en venir. Si je n'élève que des châteaux de
cartes , on s'en apercevra aussitôt et un souffle en fera
justice.

Quant à l'exploration particulière des croyances reli
gieuses les plus obscures dans le rapport qu'elles peuvent avoir avec la science philologique, j'avais une raison pour marcher si vîte. Par respect pour l'esprit humain , je voulais me tirer promptement de ces voies
extravagantes où son passage n'a presque laissé aucune
trace de bon sens ni de raison. Je désirais me prendre à
ce qu'on trouve de plus raisonnable dans cette confusion
d'idées étranges et ne m'arrêter qu'aux plus grandes et
plus nobles conceptions du mysticisme oriental. Ces
deux symboles de Vénus et de Vulcain , si outrageuse-

ment défigurés par les Grecs, et que Vénus-Uranie et Vesta traduisent d'une manière si heureuse pourtant et si honorable, ont attiré mes regards. Je n'irai pas même en chercher l'explication chez les Grecs ; les Romains, plus sauvages, nous les ont transmis beaucoup plus purs. Pour les peuples comme pour les individus, il est des complexions morales plus aptes à recevoir certains germes comme à les féconder. Les Romains, en se faisant descendre de Vénus par Enée dont le nom rappelle ce mystérieux *En* ou *An* qu'on trouve dans *Animus* et dans *Anima*, en instituant un culte à Vesta, au feu sacré, au feu qui purifie, jetèrent, si l'on ose dire, le premier fondement de leur grandeur, car la *beauté achevée* et la *pureté morale*, qu'est-ce autre chose que le beau et que le grand ? Loin, bien loin et à part de toutes les subtilités grecques, de toutes les divagations classiques, sont le grand et le beau ! Et les Romains, ce peuple généralement sage, furent certes bien avisés de n'emprunter à la philosophie des Grecs qu'un ornement pour la vie, non des embarras pour l'esprit. Ne demandons à l'esprit que les moyens de bien vivre avec honneur d'abord, puis avec gloire, s'il se peut ; tel est le noble caractère que présentent les plus grands citoyens de Rome.

C'est, en effet, le sentiment du beau qui, dans la guerre, dans les conseils, dans les arts, a fait la splendeur du peuple romain. Comme toutes les sociétés du monde, l'agrégation politique de Rome était fondée sur l'inégalité. Mais de toutes ces inégalités qui luttaient entr'elles et s'absorbaient quelquefois, bien que

jamais pleinement ni toutes, le sentiment du beau confondu avec l'amour de la patrie avait fait ce peuple
admirable que l'univers saluait roi, il y a deux mille
ans. Si la patrie romaine ne se fût pas étendue trop
loin, l'amour qu'elle inspirait n'aurait rien perdu de
sa force, et l'unité subsistant toujours, l'empire n'aurait pas succombé sous le faix des conquêtes, comme
il fit quand les inégalités sans nombre dont il était formé ne convergèrent plus qu'avec peine vers un centre puissant et fécond ; une fois la patrie épandue au
loin dans les provinces, le sang abandonna le cœur
pour se porter aux extrémités ; il fallait bien que la
mort s'ensuivît.

Mais dans ce même temps et à côté de l'inégalité
inévitable parmi les hommes, de cette inégalité que
l'unité de la patrie ne maîtrisait plus, ne dominait plus,
ne changeait plus en services réciproques, vint à la
voix du Christ et par son Évangile, se placer la fraternité. Du milieu de cet empire romain, qui tombait en
lambeaux, un nouvel empire s'éleva qui ne prendra fin
qu'avec les siècles accordés au genre humain pour sa
durée. Unité, inégalité, fraternité, voilà les fondements inébranlables de cet empire. Pour lui, l'unité,
la patrie, c'est le ciel ; l'inégalité, c'est tous les hommes, toutes les nations, tous les gouvernements du
monde, de quelque manière que les différences d'homme à homme s'y combinent entre elles pour former
l'unité nationale.

Cet empire éternel prête sa fraternité aux empires
plus ou moins fugitifs de la terre pour leur donner

quelque durée. La fraternité chrétienne recouvre toutes ces inégalités si diverses et quelquefois si monstrueuses; elle les recouvre du manteau de la charité. Par la nature, nous sommes tous inégaux; aucun homme ne ressemble parfaitement à un autre homme. Rien ne donne l'idée de notre existence mieux qu'un nuage, nous sommes autant passagers sur la terre que les nuages dans le ciel : allez donc voir si de tous ces nuages qui passent sur nos têtes il en est aucun qui ressemble de tout point à un autre ? Mais si, par la nature, il y a tant de différence entre nous, par la loi du Christ nous sommes tous frères.

La fraternité chrétienne est le seul remède aux inégalités inévitables. On ferait cent révolutions dans un an, que jamais l'égalité ne serait fondée par elles; car il n'arrivera jamais que les auteurs d'une révolution restent les égaux de ceux qui la subissent. Jamais l'unité autour de laquelle il convient que toutes les inégalités se groupent dans une association régulière ne subsistera, ne se reformera solidement après une révolution. En général, et qu'on nous passe une comparaison triviale, faire une révolution, c'est briser le crâne d'un homme pour le guérir d'un mal de tête.

Les révolutions sont des morts successives ; une vie nouvelle peut bien avoir l'air de reprendre après qu'une révolution est faite ; mais une portion de l'arbre social n'est que trop réellement morte. Ainsi, l'on va de révolution en révolution jusqu'à ce que l'arbre tout entier soit mort et tombe comme l'empire romain, auquel les barbares, dans leur colère dédaigneuse, n'eurent plus qu'à donner un coup de pied pour l'abattre.

Sous le régime de la fraternité, le pauvre sans rougir demande des secours à qui peut lui en donner. La charité est un acte d'amour ; ce n'est pas un acte d'orgueil. Ses bienfaits n'humilient point. Mais comment demander à celui qu'on dit être notre égal ? Ne sera-t-il pas en droit de nous répondre : puisque nous sommes égaux tous les deux, fais comme moi, tire-toi d'affaire comme tu pourras ? Et si, alors, le besoin de travailler ne fait pas fléchir devant la faim les principes superbes du promoteur de l'égalité, quel moyen emploiera-t-il pour avoir ce qui lui manque ? Infailliblement le vol et l'assassinat.

C'est par le sentiment du beau que furent préparés au Christianisme les deux peuples les plus grands, les plus glorieux de l'antiquité. Régulus fut le précurseur des saints martyrs, comme Platon le fut des saints docteurs. On a souvent dit que, dans les premiers temps, le Christianisme ne fut adopté que par la classe ignorante et pauvre. C'est une erreur : au sentiment du beau, à ce sentiment pur et désintéressé qui, dans les jours heureux des grandeurs politiques d'autrefois, n'avait fait qu'un avec l'amour de la patrie, appartiennent et la destruction du polythéisme et les progrès merveilleux de la religion naissante. Certes, on ne dira pas que c'est dans les dernières classes du peuple que ce sentiment du beau s'était réfugié ; le peuple ! il est toujours si prompt à souiller tout ce qu'il touche !

L'espoir d'une position meilleure put bien rallier au Christianisme ces nombreux esclaves, cette plèbe affamée qui surchargeait Rome et l'inquiétait ; mais si , après les apôtres qui reçurent leur mission de Dieu même , il n'y avait eu pour abattre les idoles que la parole d'hommes tout terrestres et grossiers, le paganisme n'aurait pas été de sitôt extirpé de la terre , lui qui , au cinquième siècle , dans la cité d'Autun , célébrait encore les Lupercales , et qui , dans Paris même, comptait encore dès adeptes six cents ans après la naissance du Christ.

Ils ne brillaient pas sans doute par le savoir et l'esprit , ces partisans du vieux paganisme qui demandaient au pouvoir que les livres *impies* de Platon et de Cicéron fussent brûlés. Lactance a dit qu'en recueillant toutes les vérités enseignées par les philosophes on ferait un corps de doctrine assez semblable aux principes de la religion chrétienne. C'est, en effet, dans la pensée et dans les études des philosophes anciens que la semence de l'Evangile a porté ses plus beaux fruits. Au quatrième siècle , les Pères de l'église étaient restés seuls debout dans les champs du savoir et de l'éloquence. La littérature fut alors toute chrétienne , et l'œuvre de la fraternité évangélique fut accomplie par les hommes les plus éminents du siècle , par ceux en qui le sentiment du beau , symbolisé autrefois par Vénus et par Vesta , s'était conservé avec le plus de ferveur , par ceux dont l'éloquence persuasive fit couler le sentiment du beau dans le principe chrétien, comme autrefois il s'était fondu dans l'amour de la patrie.

XXXI.

Je ne puis me détacher de *En* ou Vénus, car *En* c'est la vie, c'est la beauté de la création, c'est le sentiment que nous inspire la contemplation de l'univers, la vue toujours attrayante de l'enchaînement des êtres. Dussé-je me répéter, je ne puis me détacher de *En* ou Vénus. Si l'on se rappèle ce que nous avons cru pouvoir saisir dans la théogonie Egyptienne et surtout si l'on n'oublie pas ce que nous avons déjà vu sur la fonction générale de *L* au commencement d'un mot et sur les fréquentes permutations de voyelles, accident philologique dont il ne faut jamais méconnaître l'importance, on trouvera, sans doute, que le nom de *Luna*, — lune, — tient à cette famille de *an*, *en*, *in*, *on*, *un*, dont bientôt nous aurons à suivre en des sentiers abruptes et difficiles la mystérieuse existence.

La douce clarté de la lune, si elle n'est pas la beauté elle-même, la beauté de la création, en est du moins le voile le plus charmant. Le souvenir d'un beau clair de lune, pour les hommes à impressions vives et profondes, est un de ceux qui remontent le plus haut dans le passé, vers ces premiers jours de l'enfance dont tant de choses ont péri si promptement, hélas! et disparu sans retour. L'étoile du soir, quand elle brille sous un ciel pur et qu'elle nage dans l'eau la plus limpide et la plus douce des saphirs d'Orient, *dolce color d'Oriental zafiro*, comme dit le grand poète de la renaissance, est encore un de ces objets qu'on revoit toujours comme on les vit une fois, avec ce charme de l'imprévu, la première séduction, le premier plaisir de l'homme dans son enfance, et le plus sûr moyen de lui plaire dans l'âge le plus avancé, dans l'âge des dégoûts toujours croissants et des illusions évanouies.

On ne saurait trop dire que les Romains furent bien inspirés de prendre Vénus pour leur mère. Il n'y a de grandeur que pour les peuples et pour les individus longtemps agités par le sentiment indéfinissable du beau. Car, je n'ai pas besoin de m'en expliquer ; la Vénus que j'invoque ce n'est pas la Vénus populaire, ce n'est pas la beauté où s'attachent les esprits grossiers, les hommes à qui manque le sixième de nos sens, le sens qui recherche et perçoit les jouissances de l'esprit, les émotions de l'âme. Qu'il se plonge dans tous les désordres, dans toutes les infamies de la volupté pour y trouver des repentirs toujours plus amers, celui qui ne sentit jamais des larmes rouler dans ses yeux au spectacle d'un beau paysage, à la vue d'un tableau fait à ravir, aux sons d'une musique harmonieuse, aux accents purs d'une mélodie suave ; la beauté dont je parle n'est pas faite pour lui.

Honneur éternel à ce sentiment du beau qui favorisa si merveilleusement la transformation de la philosophie antique, la subtitution du christianisme, des simples discours de quelques pêcheurs de la Galilée aux doctrines et à l'éloquence étudiée de Platon ! C'est ce sentiment qui a fait la renaissance des arts en Italie, et qui, en d'autres parties de l'Europe, a créé ou du moins propagé l'architecture gothique, c'est-à-dire, divine ; car c'est ainsi que ce mot — gothique — doit être expliqué. Les Goths s'appelaient eux-mêmes le peuple de Dieu ; et, certes, il était bien digne de s'appeler roi du peuple de Dieu, ce Théodoric qui fit tout ce qu'un barbare pouvait faire avec des barbares comme lui, pour relever l'Italie de l'abrutissement, de la misère inconcevable où les empereurs Romains avaient fini par la laisser tomber. Cette Rome, dont le nom signifie — force sauvage, — dut à des hommes agrestes les premiers rayons de sa renaissance, comme elle leur avait dû sa fondation première.

Quand j'ai voulu me rendre compte de la renaissance des arts au moyen-âge, cette époque m'a toujours apparu sous la forme d'une vision que voici : Oh ! non, ce n'était pas une vision, c'était une horrible tempête, une de ces tempêtes qui semblent devoir précéder la destruction de tout, la fin des hommes et des choses ; tous les éléments étaient confondus ; sur des nuages noirs la foudre lançait des sillons sanglants ; aux montagnes, une sombre solitude dont le tonnerre seul réveillait les échos ; point de bruit que celui des orages et des torrents ; dans les plaines, des vents qui emportaient les moissons ; et, sur toutes les grèves, les rugissements de la mer soulevée. Mais à l'Occident, une clarté se découvre, à l'Occident de l'ancien monde, en Italie, puis en France, en Espagne ; puis la clarté se propage et s'étend, les nuages noirs sont refoulés vers l'Orient où naît le soleil et d'où les premières lueurs de l'intelligence humaine sont venues jusqu'à nous, vers cet Orient que les ténèbres enveloppent aujourd'hui et que les sciences, dont il fut le berceau, ne réchauffent plus, n'agitent plus.

Bientôt, car c'était la fin du jour, l'étoile du soir, l'astre de Vénus, l'astre de beauté, s'est entièrement dégagé des nuages; les doux aspects et les riantes perspectives, les montagnes couronnées de bois, les champs de blé suspendus aux coteaux, les cabanes rustiques, les bergeries qui se dressent çà et là, amoureusement penchées sur le flanc des collines, se remontrent à nos yeux; une teinte rose, introuvable ailleurs qu'aux portes du Paradis quand elles s'ouvrent pour recevoir l'âme d'un bienheureux, surmonte et couronne les cîmes neigeuses des plus hautes montagnes, où les tendres rayonnements de l'étoile du soir, appèlent les âmes rêveuses, les excitant à rechercher les lignes les plus douces, les sinuosités les plus pénétrables, pour s'y perdre et s'enfoncer dans l'infini.

Ainsi apparurent sous les pinceaux des plus anciens maîtres d'Italie, ces formes dont ils avaient pris l'idéal dans le ciel; et le monde, le monde qui n'avait rien vu de semblable, le croyait ainsi Fra Bartolomeo de San-Marco avait peint, pour l'église de son couvent, une fresque où la Vierge, les anges et les saints étaient si purement, si saintement représentés avec cette vie qui n'est point celle d'ici-bas, qu'on fit cet apologue. Le bon religieux, disait-on, s'était endormi tandis qu'il était à son œuvre; son pinceau était tombé de ses mains; un habitant du céleste séjour descendit dans l'église; il ramassa le pinceau, et l'œuvre fut achevée, non plus par la main d'un homme, mais par celle d'un ange.

Ils furent aussi entendus dans le ciel avant de l'être ici-bas, tous ces chants d'église dont Palestrina, l'un des premiers, sut nous transmettre les inspirations ravissantes. Un bruit savamment harmonieux peut réveiller des imaginations blasées ; mais la simplicité, la pureté du son, la mélodie, va beaucoup mieux à l'oreille de quiconque préfère les biens du ciel aux plus étourdissantes, aux plus triomphantes voluptés de la terre.

Au milieu du seizième siècle, l'art musical était tombé, en Italie, dans un étrange abus de *fioriture*. Un décret du concile de Trente intervint qui prononça l'abolition dans les églises de toute musique lascive et profane. En 1565, le Pape ayant chargé une congrégation de cardinaux de pourvoir à l'exécution des canons du Concile et en particulier à l'expulsion de la musique régnante, saint Charles Borromée, qui était un de ces cardinaux, fit mander Palestrina, dont l'habileté lui était connue. « Renonce, lui dit-il, à ces airs « mondains qui t'ont rendu célèbre ; si tu ne veux pas « que la musique soit abolie par l'Eglise, inspire-toi « des paroles saintes qui sont tombées sur la terre « comme un écho du ciel ; que ta musique soit digne « de ces paroles ». Au bout de trois mois, Palestrina reparut avec trois messes. La congrégation y reconnut l'inspiration qu'elle avait osé demander, et décréta que la musique ainsi purifiée ne serait point rejetée du service divin. Mais, depuis ce temps, la musique s'est de nouveau prostituée aux plus étranges caprices. Avec cette rubrique : *Sur un air connu*, on fait entendre dans nos églises des sons impurs qui se ratta-

chent aux idées les plus folles, aux conceptions les plus
extravagantes, aux tableaux les plus licencieux. Cet
abus si déplorable, il est instant de le réformer.

Oui, c'est une gloire qu'on n'enlèvera jamais à la
religion catholique, celle de la renaissance des arts.
L'architecture, la peinture, la littérature, ces trois
poésies du monde civilisé, sont rentrées en possession
de leur domaine, sur les pas de la croix. C'est à la
suite de la croix que la véritable beauté, la beauté
éternelle est venue consoler les hommes accablés des
misères de leur temps, les rassurer, les relever, les
prendre par la main et leur montrer ces perspectives
lointaines où l'humanité place ses espérances. Ar a été
la première parole de nos langues, et la Croix a ouvert la marche de ces progrès du génie qui ne s'arrête-
ront plus comme le firent les sciences et les arts de l'antiquité. Elle a aussi marché devant les peuples, devant
les communes, cette croix sainte, relevant sur le principe chrétien l'antique régime municipal des Romains ;
et, malgré tout ce qu'on a exhumé depuis quelques années dans les catacombes du moyen-âge, cette horrible
confusion de faits et de conséquences où la science elle-
même s'abîme nous offrirait encore plus d'une lumière
partant de l'église, dont l'éclat pur ferait pâlir les
plus ardentes torches de cette critique astucieuse qui
ne va cherchant partout que des sujets de déclamations
subreptices, de détractations injustes, comme les bêtes
carnassières cherchent autour de toutes les demeures
de l'homme une proie à dévorer. Mais ce sujet est trop
grand, trop complexe pour que nous y portions, à

cette heure, un regard, même très fugitif. Peut-être, un jour, l'embrasserons-nous dans son entier, ou, du moins, l'attaquerons-nous par des points qui n'ont pas été encore suffisamment explorés.

Quoiqu'il en soit, à nos sentiments religieux et aux croyances catholiques nous devons le souffle créateur de nos arts; c'est là que sont nos origines, là que se trouve notre romantique. La Bible en est la première et la plus vive expression. Tout ce qui sort des entrailles de l'humanité, tout ce qui les pénètre et les émeut, tout ce qu'il y a de franc, de sincère, d'ingénu dans les choses humaines, tout ce qui porte germe, tout ce qui ne se borne point à naître pour mourir, est romantique. La part du classique, j'ai essayé de la faire, je n'y reviendrai plus. Mais, après ce temps d'excentricité belliqueuse, d'applatissement littéraire, d'absorption égoïste dont nous fûmes témoin, il fallait bien entrer dans une voie nouvelle sous peine de périr, sous peine de s'asphixier au milieu des rimes parfumées et des vapeurs de réthorique entassées par les siècles précédents et poussées à leur plus forte expansion, comme des gaz délétères, par les mœurs et les habitudes de l'Empire, alors qu'on faisait à Voltaire une guerre quotidienne, non plus pour sa philosophie dangereuse, mais pour ses plus beaux vers, et pour faire la cour à celui qui voulait avoir à lui seul, qui voulait tenir dans ses mains déjà si puissantes, toutes les gloires, tous les peuples et toutes les fortunes.

Les romantiques de nos jours ont-ils fait tout ce qu'ils devaient et tout ce qu'ils pouvaient? C'est de quoi je ne parlerai point; ce que je demande avec tous les honnêtes gens qui lisent et qui pensent, c'est le respect pour la morale, le respect pour la religion, la révérence envers la croix qui marcha devant nos pères, en leur frayant le chemin du beau moral, et qui fut pour les artistes du moyen-âge ce que l'étoile du soir, ce que l'astre de beauté est pour les pauvres pasteurs qui regagnent leurs étables, conduits par cette douce clarté qui succède aux éclats de la foudre, et, disant adieu, pour la nuit seulement, aux prairies qu'ils retrouveront le lendemain plus vertes encore, aux ruisseaux limpides dont l'orage ne fera plus des torrents en fureur, bondissant de roche en roche et portant au loin dans la mer les terres, les gazons, les arbres déracinés.

XXXII.

A propos de *or* et de *ol*, qui deviennent *os*, de *ur*, qui devient *us* dans le supin *ustum* d'*urere*, à propos d'*ousta*, *avesta*, *abesta*, *vesta* signifiant feu, je hasarderai quelques origines, étonnantes sans doute, mais non pas impossibles, après ce qu'on a déjà vu. L'*ost*, l'*ostal*, l'*hôtel*, l'*hôtellerie*, l'*hôte*, l'*hôtelier*, viennent d'*ustum*, c'est proprement une expression qui renferme le sens de foyer. Défendre ses foyers, c'est défendre son *ôst*, son *ostal*, sa maison et tout ce qu'elle enferme. L'*ost* veut dire aussi le camp; le camp n'est-il pas le foyer du soldat? *Host* a formé *hostis* et *hospes*: *T*, dans le premier, signale l'attaque; dans le second, P est un signe de possession; la possession est surtout mer-

veilleusement exprimée par *pes.* L'endroit sur lequel
nous plaçons notre pied, nous appartient, en ce moment, du moins. *Hostis* est donc l'ennemi, celui qui
en veut à notre *host. Hospes* est le maître de l'host ; il
donne son propre titre, sa propre qualité à l'étranger
qu'il reçoit, à qui il fait les honneurs de son *host.* Un
toaste est une santé portée soit au maître de la maison, soit à l'étranger qu'on y accueille.

Les bourgades de l'Attique donnaient le nom d'*Astu*
à la ville d'Athènes, parce que ce nom, le même que
Ousta, signifiait le logis, la demeure commune, l'ost.
Quant à Vesta, Ovide a dit :

> Nec tu aliud VESTAM nisi vivam intellige flammam.

Oster, ôter, c'est porter, transporter l'*ost* d'un lieu
à un autre. En latin, on disait *tollere*, t-ollere ; *or* était
changé en *ol*. Pour signifier rôtir on laissait subsister
R. T-orrere, c'est l'action, l'impression du feu contre
l'objet exposé à cette action. Dans ce mot, *T* et *R* emploient toute leur énergie, si grande et si expressive.

Entre *tollere* enlever et *ferre* il y a cette différence
que *ferre* n'exige pas nécessairement que l'objet soit
enlevé de sa place ; la terre fertile, *ferax*, porte beaucoup de plantes sur son sein, étale une récolte à faire ;
quand la récolte a été faite, on la porte dans le sens
de *tollere*, on l'enlève, on l'ôte de place pour la mettre, — *ponere*, — dans la grange. De *ponere*, *pono*
est venu *bonum*, — bien — de la terre. Les biens de
la terre ne sont réellement des biens, *bona*, qu'après
avoir été récoltés et mis en lieu sûr.

Quand à *malum*, il m'apparaît, sur ce mot, une origine qu'on pourrait adopter. *Alo* signifie je nourris ; mais quand on dit *malo*, — j'aime mieux, — que fait-on ? il me semble qu'au moyen de *M* on fait intervenir, en l'appliquant à l'objet même, le sens de — je ne nourris pas. — *Malum* se dira donc de ce qui n'est pas de notre goût, de ce qu'on rejette, de ce qui nous fait dire *malo*, — j'aime mieux autre chose. — Nous sommes accoutumés à ces contrastes, à ces transpositions, un des charmes principaux des langues.

Olla, — marmite, vient aussi de *or*, feu. En Provençal, nous disons *ouro*. Proprement, *tollere* signifie emporter la marmite. La *tôle* — fer fondu, — vient de *tollere*. A propos de marmite, je ne puis oublier que chez les Turcs le grade de porte-marmite équivaut à celui d'enseigne, de porte - drapeau chez nous. Le *Schorbadji* ou faiseur de soupe est le capitaine. Renverser la marmitte, c'est ne vouloir plus obéir, se révolter, refuser de marcher ; suivre la marmite, c'est aller à la guerre. Dans la féodalité d'Aragon il y avait les *condes di pendon y caldera*, — les comtes de bannière et de chaudière, — qui étaient au-dessus des simples seigneurs bannerets, et avaient à leur suite et à leur charge un certain nombre d'hommes qu'ils devaient nourrir, lorsqu'ils allaient en guerre.

Pour expliquer le mot — porte, porte de maison, porte de ville, — il faut remonter à l'explication que nous avons donnée de *arc*, *arche*. Avec *or*, — élévation, soleil, feu, on a fait *orc*, l'*orcus*, le lieu bas et privé de soleil. P, comme dans *pes*, dans *ponere*, est venu marquer la possession, la fixité, la sûreté. De porche à porte, de *porca* à *porta*, il y a cette différence de C à T, qui ne s'efface pas seulement dans le mot *otium* prononcé *ocium*, mais encore dans une infinité d'autres mots de toutes les langues; comme, par exemple, dans notre verbe succomber, qui est bien (sub-tomber.)

Le mot — porte — ne vient pas de ce qu'en traçant l'enceinte d'une ville avec la charrue, on portait, on suspendait la charrue pour former solution de continuité aux ouvertures projetées. Quand les villes étaient construites sur des rochers, et, dans l'antiquité, c'était le cas de presque toutes, il ne s'agissait guère de tracer leur enceinte avec la charrue.

On appelle — port — dans les Pyrénées un passage à travers les montagnes. Le mot — port — est analogue à — pas. — L'unité, *as*, précédée de *P*, a formé *passus*. Dans *pes*, l'unité est moindre que dans *passus*; la voyelle *E* caractérise cette différence. *Pes* ne donne pour l'espace parcouru que la longueur, que l'empreinte du pied. La mesure à laquelle on donne le nom de — pied, — n'est pas autre chose. Le pas est l'intervalle qui se trouve entre les deux pieds de l'homme qui marche. Comme le pied, c'est l'unité d'une mesure de longueur. *Port* est aussi l'unité d'une mesure de longueur, mais d'une mesure qui s'élève, qui monte. Port, est devenu l'expression de la somme des pas qu'on a formée pour s'élever sur une montagne et pour en descendre. C'est ainsi qu'un port de mer exprime, au propre, la somme des pas ou du chemin

qu'un navire a parcouru pour arriver en lieu de sûreté.
C'est quand on vient de la haute mer qu'on cherche
un port; c'est-à-dire, un lieu où l'on apporte la somme
des mouvements, le résultat des travaux qu'on a faits
sur la voie orageuse.

En ce sens, *partir* est le commencement de *porter*;
entre ces deux mots il y a la différence philologique en
moins de *A* à *O*. Le part, *partus*, enfantement, est
bien un autre départ, un départ plus important que
celui qu'on peut faire d'un port, c'est le commencement de ce voyage qu'on appelle la vie.

C'est encore une singulière origine que celle de
pasci, *pascor*. En premier lieu, *pars* signifie la possession plus ou moins temporaire, la prise, la préhension
d'une montagne, d'une terre, d'un *Ar*. Mais *R* se change
en *S* et *C* en *T*. Ce qui nous donne *Pascor*, — je pais,
— et *Pastor*, — pasteur. — l'aître, c'est manger ou
faire manger l'herbe qui est échue par le sort, ou qui
a été concédée, départie. *Pasturgage* n'est autre chose
que partage. Un *parc* est une part de pâturage qui est
séparée, qui est défendue, qui est close. Le *C* de *parc*
indique cette clôture. De là vient qu'on appelait *pascor*
ou jardin, une partie de terre qui était close : *Bella
e fresca come rosa en pascor*, disait un certain troubadour en chantant sa maîtresse. On trouve encore, en
Provence, le nom de *pasquier* employé pour *jardin*,
clos, *enclos*.

Solus — seul — vient de *sol* — soleil — et la consonne *S* qui est à la tête de ce nom se rattache au sens
de *sequi*, *sequor*, etc., et caratérise la diffusion, l'éma-

nation, l'expansion de la chaleur, de la lumière. Mais *solum* — sol, terrain, — d'où vient-il ? probablement de la même source qui a donné *olus*, *oluscula*, — herbes potagères, fines herbes, — *olitor*, — maraîcher, peut-être même *olea*, — olivier. *Solum* aura été *orum* c'est-à-dire, le penchant des montagnes au-dessus desquelles s'élevaient, se montraient, *oriebantur*, les villes antiques, et dont la terre végétale, quand leurs flancs en étaient recouverts, était retenue par des murailles qu'en Provence nous appelons *restancos*. Ces *restancos* ou terrasses recevaient toutes les eaux ménagères, tous les écoulements des rues et devenaient fort propres à la production des plantes alimentaires, même à la bonne végétation des oliviers. Ici la consonne *S* aurait également servi à marquer l'effusion, soit par rapport à la terre qui, sans les murs de soutènement, s'éboulerait et serait entraînée par les eaux, soit à cause des engrais que les rigoles, les ruisseaux et les pentes de terrains y amènent. Solide, consolider, viennent de *solum*; *solium* — trône, siège élevé, — *in solidum*, — solidaire, — peuvent en venir aussi; *solen*, — tuyau, canal, gouttière, — n'en est pas non plus fort éloigné, et, par suite, le verbe *solere*, *soleo*, — avoir coutume, — pourrait y tenir par quelque point; mais *solatium*, *solarium* et notre verbe consoler se rapportent exclusivement au soleil selon toute apparence. Se consoler ainsi que se récréer au soleil, expression charmante, c'est également avoir recours au père de la vie qui nous envoie par ses rayons une si douce émanation de l'esprit dont s'anime la nature et que Dieu distribue aux mondes par l'intermédiaire de cet astre.

Dans le mot *fur*, — voleur , — on trouve encore le feu , la lumière. Nous connaissons à peu près la fonction de *F*; le voleur armé d'un flambeau , cherche dans les ténèbres ce qu'il peut enlever. Le nom des furies leur venait aussi de la torche qu'elles brandissaient en leur main. De *fur* et de *furere* proviennent beaucoup de noms qu'il n'est pas nécessaire de mentionner ici. Dans le verbe *fuscare* , hâler , brunir, rendre noir ou ténébreux, on reconnaîtra encore *fur* avec le changement de *r* en *s*, assez commun , et qui marque, ici, la simple carbonisation , non la brûlure.

Du reste, larron ne vient pas de *latro*; *latro* (*à latere*), c'était un garde de la manche , un garde de corps; *L* devant *erro*, — coureur , vagabond , esclave fugitif, a fait larron; *erro* se retrouve, mais pris en bonne part , dans la phrase suivante : aller grand'erre et belle manière. On dit ordinairement grand air mais à tort. Dans *erro*, erre, on ne peut méconnaître le radical d'*errare*. Mais *errare humanum est*; ainsi grand air pour grand'erre n'est pas une grande faute.

Ullus, — quelqu'un, — paraît provenir de l'interjection ou cri interrogatif *ou !* *ou !* Cette origine est commune aux houles assourdissantes de la mer et à *ululatus*, — hurlement ; quand on a dit *ullus?* (Y a-t-il quelqu'un) ? on se fait, s'il y a lieu, cette réponse : Nullus , n-ullus (il n'y a personne).

Et d'où viennent donc *currere*, *cursus*? N'est-ce pas le cours du soleil qui nous a donné ce verbe et ce nom ? Nous reviendrons sur la fonction de *C* , qui ne nous est pas tout-à-fait inconnue. Dans *circulus*,—cercle , — n'aperçoit on pas aussi le soleil qui tourne autour de la terre ?

XXXIII.

Dans les fêtes de mon pays , lorsqu'arrive le moment de la course à pied , que le coup de fusil est parti , que la corde servant de barrière est tombée et que les coureurs ont pris l'essor , le but , rien que le but , appelle leurs regards. Ni les mille bras qui se lèvent sur leur passage pour les encourager , ni tous ces yeux où brillent la vivacité , la pétulance provençale , ces yeux ardents qui les suivent dans la carrière comme un chasseur forcené poursuit de ses regards une meute de chiens se ruant sur la proie , ni les cailloux tranchants qu'ils rencontrent et qui déchirent leurs pieds, ni les ruisseaux qu'il faut franchir, ni le soleil qui brûle leur visage , rien ne les distrait , rien ne les arrête ; ils ne voient que le prix planté au bout de la carrière, ils n'entendent que les sons du tambourin qui les excite et dont ils se rapprochent toujours plus. Une fois vainqueurs, ils parleront des pierres qu'ils ont heurtées , et qui ont failli leur arracher la victoire; ils montreront leurs pieds tout saignants , ils essuieront la sueur qui ruisselle de tous leurs membres ; ils donneront du calme à leur haleine fatiguée ; ils prêteront l'oreille aux propos entrecoupés des spectateurs, car une course donne lieu à autant de causeries qu'une bataille ; ils reviendront pour reprendre leurs vêtements à la place d'où ils sont partis. Ainsi je fais dans ma course aventureuse au milieu d'obstacles infinis et entouré souvent de ces

ténèbres visibles non moins difficiles à percer entièrement que la nuit la plus noire , allant droit au but tant
que mon haleine y suffit, puis revenant sur mes pas
pour éclaircir, pour commenter , pour mieux comprendre.

Maintenant , sur le point de rapporter des radicaux
d'une importance majeure , je sens le besoin de me
reprendre au radical *Ar*, et de revenir sur les trois
consonnes *R, D, L*, que nous avons vu naître et fonc-
tionner à sa suite. Les autres consonnes radicales que,
par besoin et par occasion j'ai ci-devant évoquées ,
pourront flotter quelque temps encore dans cette espèce
d'intérim qu'elles ont pris; mais ces trois lettres que je
viens de signaler ont en philologie trop de valeur et
d'influence pour qu'on n'insiste pas un peu sur leur
histoire.

Commençons par *R*. L'espace compris entre la base
et le sommet d'une montagne est proprement ce qu'on
a dû appeler *Rus*. Ce nom a passé aux plaines incultes, à tout lieu sauvage , hérissé de rochers, de buissons et d'épines. En arabe, *Ràà* signifie faire paître ,
conduire les troupeaux sur le revers des montagnes ,
sur le *Rus. Reuzza* veut dire — piton, — le point le
plus escarpé, le plus sauvage ; c'est presque le *Rus*
des Latins. *Ràbà* signifie forêt, *Reumla* — désert, —
mais non pas désert immense comme Sàhrà , où l'on
voit *S* introduire le sens de *sequi*, *sequor. Rezq*, c'est
bien, propriété de terre. Encore ici le rapport est grand
avec *Rus*.

Si *Marmor*, — marbre, — n'est autre en latin que

Ar et *Or*, précédés tous deux de la consonne envahissante, multipliante *M*, en arabe R'khàme, qui a la même signification, nous montre quelques éléments peu considérables, il est vrai, de la formation latine, mais qui ne sont pas à dédaigner. *Reubb* veut dire — maître, — *Reubb* el-âlamine, — maître de l'univers ; — l'idée de l'existence, dans ce mot comme dans ceux qui précèdent, est attachée à *R*, comme celle de l'apparence, puisque *Raà* signifie — voir. — *R* doit être considéré comme la caractéristique de tout ce qui apparaît, de tout ce qu'on regarde. Cette idée de l'existence absolue est empreinte plus fortement encore dans le verbe arabe *Rani*, — je suis, *Rak*, — tu es, — *Rahi*, — elle est, — *Rahou*, — il est, — etc. A propos du verbe — être — et du rôle que joue dans sa conjugaison le radical *Ar*, *Er*, nous pouvons joindre ce qui suit aux exemples déjà cités :

> Li vers qui ERENT en la pierre
> Disaient en itelle manière...
>
> . . . .
>
> Et avec ce qu'ele IERE maigre

Dans cet ancien français *Erent* est pour — étaient, — et *Iere* pour — était. —

Mais où R marque bien l'être d'une façon toute particulière c'est dans *Res*, — chose. —

> E joie aver de celle *Ren*.. .

et joie avoir de cette chose. Ne dirait-on pas que le latin *Res* et le vieux français *Ren* proviennent de l'arabe *Rani*, — je suis ? —

Il est arrivé à notre *Ren* la même chose qu'à *Altus*, qui signifie haut et profond, car, — rien — est le même mot que *Ren* et que *Res*.

La particule *re* qui précède tant de mots est en quelque sorte le signe de vie le plus expressif. *Remandere*, c'est plus que mâcher, c'est remâcher, ruminer; *Rememorare*, c'est plus que garder en la mémoire, c'est en faire sortir ce qu'on y avait mis. Toutes les fois que *re* est à la tête d'un mot, c'est pour rappeler ce qu'on aurait pu avoir oublié, pour refaire ce qui pourrait avoir été mal fait, pour redire ce qu'on pourrait n'avoir pas entendu, etc., etc.

Le mot *Rex*, — roi, — vient de *Regere*, — gouverner; *regere* c'est *re agere*; et *agere* appartient à la même famille qu'*agmen*, *agnus*, etc. *Actor* a été primitivement un pasteur, celui qui poussait le bétail au pâturage;

> ...... En ipse capellas
> Protenus æger AGO ... .

et je pense qu'*actœus* veut dire pastoral dans ces vers de Virgile :

> Canto, quæ solitus, si quando armenta vocabat,
> Amphion Dircœus in ACTÆO Aracintho.

Regere c'est donc conduire avec beaucoup de soin, pousser vivement et bien, et *Rigere* venu d'*Erigere*, ne s'éloigne guère de ce sens. *Et reges eos in virgâ ferreâ*, dit un de ces auteurs sacrés qui avait tout le bon sens romantique, c'est-à-dire, naturel, qu'on peut avoir.

Mais comment se fait-il que cette lettre *R* destinée

à témoigner plus particulièrement l'existence, la réalité, serve en même temps à donner un cachet de rudesse, de grossièreté, d'âpreté.

R en devenant *D*, *L*, *S*, etc., comme nous l'avons vu et le verrons toujours mieux, a dépouillé son caractère primitif, sa nature première; de rauque, de dur qu'il était, le son est devenu plus facile et plus coulant; *Rusticus*, par exemple, n'a plus été que *Selvaticus*, et je crois que *Rosa* avait commencé par être *Rora*, probablement à cause des épines dont la tige est armée.

Maintenant faut-il s'étonner que la lettre la plus rude serve à marquer l'existence et surtout l'existence de l'homme !

Un critique distingué de la capitale, en rendant compte d'un excellent ouvrage sur Madame de Sévigné, s'étonne qu'autour du château célèbre des *Rochers* en Bretagne, il n'y ait, soit près, soit loin, nulle apparence de rocher, ce qui, dit-il, laisse dans le doute sur le véritable sens du nom imposé à ce domaine. Ne peut-on pas entrevoir ici un plus ancien nom formé de *Rus*, un nom de *Rousset*, *Rossets*, par exemple, qu'on aurait plus tard converti et fixé en celui de *Rochers* ? Nous avons, en Provence, près d'Auriol, une montagne rude, escarpée, qu'on appelle Roussargue, et non loin d'Aix, un village dit Rosset, Rousset. N'y a-t-il pas aussi le Rouergue, pays d'une nature sauvage ? Et Château-Roux, si l'épithète ne rend pas la couleur du sol, ne devrait-il pas son nom à quelque rude et difficile forteresse d'autrefois ? Dans les Alpes italiennes on trouve le Mont-Rose; sur les côtes de Marseille, que je me propose d'explorer dans la suite de ce mémoire, il y a le Col-de-Rose, qui est la sommité la plus élevée, la plus décharnée des montagnes de la Gradule, et l'île de Riou qui est à l'extrémité de la prolongation sous-marine. L'adjectif Roux, Rouge et même le *Ruber* des Latins annonce quelque chose de sauvage, de barbare; le rouge est bien la couleur de la rose, mais c'est aussi la couleur du sang. Les peuples d'une origine plus récemment sauvage ou celtique, aiment beaucoup la couleur rouge.

Les Arabes appellent *Ràr* une caverne. Ce nom me paraît désigner une existence intérieure. Cette existence intérieure est exprimée dans le mot provençal *Raqar*, — vomir, — et dans *Rajar*, — couler. — On a donné, à Marseille, la dénomination do *Pierro qui Rage* à une fontaine. L'expression provençale *à ragi*, — à profusion, — me paraît avoir passé dans notre locution française — c'est une rage, une fureur ; — car ce n'est pas rage de *rabies*; et le mot fureur est venu ensuite comme synonime habituel de rage, bien que, ce dernier, veuille dire ici abondance d'eau. *Râr* a tellement servi en Provence pour exprimer l'eau qui sort des cavités intérieures, des réservoirs creusés par la nature dans les montagnes, qu'on dit d'une soupe qui n'a pas de consistance *es raro*, c'est-à-dire, liquide, il y a peu de légumes et beaucoup de bouillon. L'adjectif *rarus* vient aussi de *rar*, — couler, — RARUM *cribrum*, c'est un crible peu serré, qui laisse *couler* facilement le grain ; *Rara umbra*, c'est le feuillage léger qui laisse passer, que traversent aisément les rayons du soleil.

Rien qu'à voir la lettre *R* appeler à sa placé toutes les autres consonnes pour marquer les modifications diverses de l'étendue, on soupçonne que sa fonction à elle, son attribut particulier est d'attacher aux mots l'idée de l'existence absolue, et cela est tellement ainsi qu'elle figure constamment à l'infinitif de nos verbes latins, italiens, espagnols et français. L'infinitif *Esse* paraît même avoir été jadis *Erre*. Or, l'infinitif, élément principal du verbe, exprime mieux encore que les autres temps l'existence absolue dont le verbe, ce mot par excellence, *verbum*, implique le sens ; ôtez le verbe d'une phrase, il n'y a plus de sens, partant plus d'existence soit dans les régions de l'esprit, soit dans les domaines de la matière, pour les choses que la phrase indique.

L, au contraire, s'attache à une existence particulière, individuelle. On le trouve dans les articles employés par les langues mentionnées plus haut et dans la plupart de leurs pronoms personnels. Nous en avons assez largement parlé dans les paragraphes qui précèdent, et je ne dois pas entrer dans les détails qui sont purement de grammaire. Venons à *D*.

Ar devenant *Ad* à l'idée de hauteur ou de longueur nous a paru joindre celle de direction, de tendance, de prolongement. *D* retourné, comme nous avons fait de *R* et de *L*, présente le sens inverse, c'est-à-dire, celui d'arrêtement, de pression, de retour. La particule *de* détermine le sens des verbes démolir, descendre, défaire, disjoindre, etc. On dirait que *Ad* après avoir indiqué l'élévation est retombé sur lui-même.

Les Arabes appellent une maison *Dàr*. Si toutes leurs maisons ne sont pas rondes comme celles de la plupart des nations africaines, elles ont pu l'être jadis; le nom qu'ils leur donnent indique du moins cette forme. *Dar* est aussi l'infinitif d'un verbe signifiant tourner, et *Adaràt* veut dire tournant autour; *Daïr-saïr*, tout autour. L'*Adouar* ou *Douar* c'est le camp ou le village disposé en rond : autrement un camp, c'est *Mehàlla*, et une tente *Guithoune*. Nous voyons ici d'où vient le nom de Cyclopes, donné à ces architectes primitifs qui faisaient des maisons ou des villages en rond, *Cyclicum opus*, et à qui le peuple, ce créateur des grotesques de l'antiquité et de tous les contre-sens qui parcourent le monde et trop souvent le désolent, n'avait donné qu'un œil tout rond au beau milieu d'une tête monstrueuse. *Douâre*, en arabe, signifie périodique, circulaire. Dans ces mots, *D* marque le retour d'une chose sur elle-même.

En arabe, la postérité s'appelle *Deria*, quand on la considère sous le rapport de la descendance ; sous celui de l'ascendance, on dit *Hèl*. La famille, c'est *Ahel*, *Héle* pour l'ascendance, et *Diàle* pour la descendance. *Hèl*, *Ahel*, *Héle*, confirment ce que nous avons dit sur *Ar*, *Al*, élévation ; et *Derià*, *Diàle*, viennent à l'appui de ce que nous disons sur *D*. Cette consonne se retrouve avec la même fonction dans *Hàrídje*, — rouler. —

La lumière sans fin dans sa durée et dans son étendue *Ies* venant de *Ir*, — rayon, — avec expansion ou changement de *R* en *Es*, prend le nom de *Dies*, quand elle reparaît chaque matin avec le soleil pour remplir l'immensité des cieux, parce qu'alors, au moyen de la consonne *D*, elle annonce la division naturelle du temps établie au commencement des choses, quand Dieu sépara la lumière des ténèbres, donnant à l'une le nom de *Dies*, — jour, — et aux autres celui de *Nox*. Notre mot — jour, — comme nous l'avons déjà vu, n'est pas très-éloigné de *Dies*, puisque *j* n'est autre que *dj* et *our* que *ur*. *Lux*, c'est *L-ur* avec expansion ou changement de *R* en *X* et particularisation au moyen de *L*. *Nox*, c'est la négation de la lumière, *N-ox*; nous parlerons bientôt de la valeur de *N*. Dans ces trois mots *Dies*, *Lux* et *Nox*, les voyelles *i*, *o*, *u*, se substituent l'une à l'autre.

Dans *Lumen*, il y a quelque chose de plus que dans *Lux*. *En*, c'est la vie, *Lumen*, c'est la lumière de la vie ; *Lumen Christi*, la lumière du Christ, source de vie. Dans ces mots *Agmen*, multitude d'hommes et d'animaux, *examen* — essaim, — et de plus recher-che, discussion, perquisition, il y a, non-seulement, une idée de vie soit matérielle, soit spirituelle, mais encore de multitude. Sous ce dernier rapport, *En* est analogue à *Ex*.

Maintenant qu'elle peut avoir été l'origine de *dolor*, de *desolare*, de *colere* ? Pour en apprendre quelque chose, retournons à *olea*, *olus*, *olitor*. Evidemment, *colere* se rapporte à tout ce qu'on cultive sur l'*Orum*, *Olum* ou *Solum*. *Desolare*, c'est donc ruiner le sol livré

à la petite culture, si précieuse autour des villages dans
les anciens temps, où

> Privatus illis census erat brevis
> Commune magnum ,   (1)

temps que nous rappellent, du reste, ces jardins si bien
cultivés du milieu desquels sortent les villes et les villages de l'Algérie, dans les pays même les plus montagneux et les plus arides. *Colere*, c'est cultiver les
hauteurs ; *arare*, c'est promener la charrue dans les
plaines. Le nom d'*arva* convient aux champs étendus
que la charrue sillonne ; aux *costes*, *costeaux*, *cou-
teaux* ou coteaux on emploie la bêche et le hoyau,
surtout celui-ci dans les terrains caillouteux. Le nom
latin de cet instrument de culture, *ligo*, n'est pas sans
rapport avec *legumen*, et, dans ce dernier mot, outre
legere que nous avons expliqué déjà, on rencontre *En*,
— vie, abondance. —

D peut se convertir par euphonie ou par besoin en
T. *T* est une caractéristique de l'impératif de la langue
latine : *laudate ingentia rura, exiguum colito*. Il se
peut même que *D* ait occupé, dans certains mots, la
place actuelle de *T*, et que, par exemple, *dentare*,
— essayer avec les dents, mordre à quelque chose
pour l'éprouver, ait précédé *tentare*. *Rota*, — roue,
est en provençal *rode*, et *roudar* — rouler, — traduit
rotare. Mais *T* se transforme souvent en *C* et même en

---

(1) Dans ces deux vers d'Horace il y a tout le système de la
propriété antique ; nous ne pouvons pas le développer ici.

G. Nous avons pu voir comment, par suite d'effets progressifs, primitivement exprimés par le verbe *tornare*,
on obtient le verbe *coronare*. Le mot espagnol *tertulia*
— cercle, assemblée, — paraît être venu de *Circulus*,
qui, lui-même, tient de près à *Discus*, et notre mot
provençal *Gourb*, — gouffre, — en latin *Gurges* ressemble beaucoup à *Turbo*, — ce qui tourne en rond.
— *Cuiri* ou *Cueri* voulait dire maison dans le premier
essai de langue ou *Romancium* des Latins. Or, *Cueri*
n'est autre que le verbe *Tueri*, signifiant protéger,
couvrir, abriter, défendre. Nous aurons à parler avec
quelques détails de *Cueri*; même plus tard, nous décou-
vrirons, peut-être, que Caucase et Tartare n'est
qu'un même nom pris en sens inverse, comme *Altus*
et plusieurs autres désignations de l'étendue. Pour le
moment, il nous suffira de reconnaître, en passant,
que *D* figure à l'infinitif de quelques verbes latins et
que *C* n'y est pas étranger, comme dans *dic*, *fac*, etc.
Dans le verbe provençal *Durbir*, — ouvrir, — *D* paraît avoir la force impulsive de *T*.

XXXIV.

Je ne dirai point que j'ai hâte d'en finir avec les
montagnes, car je n'ai pas dit encore la moitié des
secrets philologiques dont la garde leur est confiée. En
attendant la révélation fortuite, dans cette œuvre d'i-
gnorance rien ne peut être que fortuit, de quelques-
uns de ces merveilleux secrets au moyen des consonnes *B*, *K*, *S*, dont le tour n'est pas venu encore, ne

puis-je pas retourner aux Monts-Dores et aux Monts-Domes, qui, hauts et superbes comme le trône du beau pays de France, nous ont apparu déjà dans cette ondoyante et fantastique élucubration ? J'ouvre un dictionnaire de l'idiôme arabe en usage à Alger , en fait de langue arabe c'est tout ce que j'ai à ma portée , et je trouve que *Doume* signifie—durée.—Voyez comme ce nom va bien à nos montagnes centrales, à notre pôle géologique ! Bientôt nous apprendrons que Doume, Dom , Domus , Dominari, etc. , peuvent se prêter à une explication non pas opposée, mais corollaire à celle-ci.

Venons aux Monts-Dores. Une idée qui se présente pourra corroborer ce que nous soupçonnons déjà. Les signaux par le feu étaient employés dans les plus anciens temps; ils s'étaient confondus avec les actes solennels de la religion d'*Ur*. Ce que dans l'Occident, nous appelions *Ara* , les Chaldéens l'appelaient *Ur* , Ur *Chaldæorum*. La prise de Troye fut annoncée à Clytemnestre par des feux successivement allumés sur des montagnes dont Euripide nous a transmis les noms, c'est-à-dire, que la nouvelle en vint, cette nouvelle depuis si lontemps attendue, de *Or* à *Or* , d'une montagne à l'autre, jusqu'à la cîme la plus voisine du palais du Roi des Rois , à Argos. L'expression de *Or* à *Or* qui équivaudrait à cette autre de *Caf* à *Caf* qu'on trouve dans les écrivains orientaux peut bien être restée dans *Durum* , Dore , Doire , etc. De *Caf* à *Caf* est bien resté l'expression française de Cap en Cap.

Je crois que le Monte-d'Oro, de Corse, doit être ainsi écrit — Monte-Doro. —

Maintenant, d'où viennent *Olor*, — cygne — et *Color*, — couleur? — De la neige des montagnes, l'un et l'autre. *Or* ou *Ol* est répété dans ces deux noms. La blancheur du cygne et celle de la neige méritaient bien cette éclatante répétition. Le cygne, le plus bel oiseau des grands fleuves, peut avoir pris son nom à *Ar* devenu *Or*; mais le radical, la source primitive est toujours la même. Dans *Color*, *C* exerce sa fonction ordinaire qui est de recueillir, de rassembler. C'est ainsi que la blancheur des montagnes couvertes de neige, cette blancheur que, sur nos rivages de la Méditerranée, on aime tant à contempler, l'hiver, quand, du reste, le ciel est bleu, la lumière du soleil bien transparente, bien dorée, et que le calme survenu dans les airs annonce la fin du mauvais temps, cette blancheur des hautes cimes où s'élèvent et vont se perdre des rêves infinis, est devenue le nom générique des couleurs. La blancheur des sommets neigeux, cette absence de couleur pour les physiciens, est pour nous, dont les yeux profanes sont ravis et charmés, la couleur par excellence.

J'ai dit plus haut que le mot — solde — peut bien venir de — soldat, — mais que — soldat — ne vient pas de solde. A cette occasion, quelques vues sur les *Soldurii* ou clients Gaulois, dont parle César dans ses commentaires, viendront à propos. Un vieux traducteur de l'illustre Romain, dont les annotations ne sont pas sans mérite, a dit que ce mot de *Soldurii* n'avait aucune convenance ni étymologie avec le grec ni avec le latin, *ains* était pur *français*, c'est-à-dire, gaulois.

César, dans un autre passage, les qualifie de clients ,
et Athénée les appelle d'un certain nom grec, comme
qui dirait *mourant ensemble*. Les *Soldurii* tiennent à
cette famille de mots que nous avons vu sortir avec
Solum du flanc des montagnes livrées à la culture par
les premiers et les plus rudes travaux de l'homme, dans
nos régions méditerranéennes où la lumière venue de
l'Orient, la première langue et les arts primitifs se for-
mèrent un berceau d'où avec le temps devaient sortir
les sciences , les arts et la puissance de l'Europe. On
peut voir dans les *Soldurii* les hommes qui consolidaient
le pouvoir et la fortune de leur chef, comme des murs
bien faits soutiennent le terrain des montagnes exploité
enterrasses. *Durii* tient à *Durum* comme *Sol* à *Solum* ;
c'est ainsi que nous avons cru voir dans le nom de famille Durand, *Durante*, et qu'on peut reconnaître aussi
dans celui de Denans, Dunant , la désignation d'un
châtelain , d'un gardien de castel ou *Durum, Dunum.*

Les Soldurii étaient *Solidaires* de la vie de leur
prince. Le prince et eux ne faisaient qu'un tout. Le
sol, notre ancien douzain d'autrefois, composé de douze
deniers, vient du *Solidum* latin, ou plutôt de *Soldus*,
pièce de monnaie d'or qui ne faisait point partie d'un
autre , et dont le prix pouvait être *Soldé* , c'est-à-dire,
complété par des monnaies intermédiaires dont l'ensemble la valait tout entière, comme vingt sous réunis
valent une livre.

Avant de passer au paragraphe suivant où doivent
apparaître des radicaux de haute origine et de grande
importance , arrêtons-nous un moment encore à quel-

ques mots singuliers dont l'explication pourra jeter sur tout ce qui précède un jour nouveau, et donner à cette longue et pénible exposition une transparence toujours plus désirée.

Le premier de ces mots est employé dans deux provinces fort opposées de mœurs, de productions et de langage, la Normandie et la Provence. Nous appelons *Darne*, *Darne* d'orange, un lobe, une cloison, une section, un fragment intérieur de ce fruit. Une *darne* d'orange est comme la côte d'un melon ; seulement, dans le melon, c'est l'écorce qui est sectionnée, et dans l'orange c'est la pulpe. En Normandie, on dit une *darne* ou rouelle de poisson, et l'on trouve dans cette province la ville de Darnethal, dont le nom signifie, en vieux gaulois ou en vieux germain, je ne sais trop, fragment, section, tranche de vallée. Le *T* de *Thal*, comme le *D* de *Darne* marque également la division, la séparation, la rupture, le déchirement. Une *Darne* est le sectionnement d'une hauteur quelconque, *Ar* ; *Thal* est aussi le sectionnement d'une hauteur quelconque *al* ou *hal* qui n'est autre que *Ar*. Ici, nous rencontrons sur notre voie Argenthal, Bourg-Argenthal, ville bâtie sur le revers méridional des hautes montagnes dont Saint-Etienne illustre le revers septentrional. *Argenthal*, c'est le ruisseau de la vallée, comme Argenton veut dire, à ce qu'il semble, petit ruisseau.

Si nous avons justement reconnu dans *Argen* le sens d'*Ar*, deux fois répété, mais sous la forme *Gen*, pour la seconde, nous pourrons soupçonner dans le Darnethal de Normandie un accident philologique tout sem-

blable. *Darn* et *Thal* signifieront division , déchirement
de montagne. Ajoutons que *Thal* n'est pas autre que
Val ni que *Gal*, *Gau*, *Gaou* ; mais nous ne pouvons
encore aller jusques-là.

Un autre mot digne de remarque est *runcare*, —
sarcler.—*Runcare* c'est *Ar-uncare*. Comme dans *Ruere*
et une infinité d'autres mots commençant par *R*, cette
lettre qui caractérise tout ce qu'il y a de plus rude, de
plus dur, et qui est la finale de *Ar,* suppose presque
toujours cette racine primitive comme participant à la
première formation du vocable dont il s'agit , tandis
que les autres parties ou radicaux s'aglutinent, en quelque sorte , à elle. Dans sarcler , *Ar* est resté tout entier précédé de S, qui rappelle le sens de *sequi, sequor*,
et suivi de — cler, — qui paraît être *colere* — cultiver. — *Runcare* renferme un radical dont nous parleront bientôt, il signifie — arracher une à une — les
mauvaises herbes. Pour arracher, même observation
que pour sarcler ; *Ar* s'y trouve tout entier. Maintenant, si nous mettons *T* devant *runcare* , nous aurons
truncare où l'idée d'un coup violent se présente et non
plus celle d'un simple arrachement.

En résumant toutes nos déductions, nous poserons
en principe que *R* exprime l'existence absolue, que
L particularise cette existence, et que *D* la détermine par rapport à une autre; que la lettre *R* à la tête
d'un mot suppose fort souvent *Ar*, cette onomatopée
qui annonce une hauteur en même temps que la difficulté d'y atteindre ; que *L* précédant un mot est fort
souvent un article ancien qui se trouve redoublé dans

certaines dénominations modernes , comme la *Lare*,
montagne pastorale du territoire d'Auriol, autrefois
l'*Are*, c'est-à-dire la montagne par excellence, comme
la *lequa* ou *leca*, qui fut peut-être l'*Arca*, l'*Ecca*, la
maison , la station désirée ; comme la *lave* du Vésuve,
qui aurait été l'*Ave*, l'*Aouve*, la roche en effusion ;
comme *Locus*, place de maison, où *Oc* me paraît signifier ce qui n'est point exposé aux rayons du soleil , et
pourrait bien être *Orc* avec syncope du *R* qui est dans
Orcus ; que si *R* dans *ruere* est l'onomatopée de ce qui
tombe en ruine , de se qui s'écroule , de ce qui roule ,
L dans *Luere* est l'onomatopée de ce qui coule , de ce
qui est liquide , de ce qui *flue* ou *conflue*. *L*, en ce cas,
fait supposer *Al* comme dans Alluvion.

Enfin, quand *R* au commencement d'un mot ne peut
pas être directement ramené à l'onomatopée primor-
diale *Ar* ou à l'expression de l'existence absolue , on
peut être assuré qu'il indique toujours quelque chose
de rude , de pénible , de dur à passer ou à maintenir,
comme l'existence , et surtout comme l'existence de
l'homme sur la terre.

Même observation pour *L*. Quand au commencement d'un mot il n'indique pas le sens de particulariser, d'individualiser , de spécialiser ou celui de satisfaire à une peine, de l'accomplir , comme dans *Luere*
qui est, si j'ose le dire, l'aboutissant moral de *Ruere*,
ainsi que nous avons pu le voir en parlant des malheureux qu'on précipitait du haut des rochers expia-
toires, il emporte l'idée de couler, de laver. D'ailleurs,
le supplice lave le crime, et voilà *luere*, dans le sens
d'expier, parfaitement explicable.

XXXV.

Nous voici arrivés devant deux radicaux de haute valeur, *An* et *Am*. Avant toute recherche, rappelons-nous *Orior* et *Morior*. Toutefois, ce n'est ni *Ar* ni *Or* que nous prendrons pour notre point de mire et de rectification. D'autres transformations de *Ar*, dont je n'ai pu m'occuper encore, reviennent mieux à mon sujet. N'en prenons qu'une, sauf à la traiter plus curieusement et mieux avec toute la famille de radicaux dont elle fait partie. *Av*, *Af*, veut dire une cîme de montagne, en arabe. On écrit *Kaf* ou *Kef*; mais *K* est une aspiration, et l'on devrait écrire, comme le font quelques-uns, K'*af*, K'*ef*. *Hava* qui vient de *Av* s'emploie en hébreu pour — prendre devant soi, vivre ; — la vie, en effet, n'est-ce pas la somme des jours qu'on prend devant soi pour les passer derrière ? Le latin *Ævum* exprime l'âge, le monceau des jours superposés. *Avere* signifie souhaiter fort, et le désir de vivre n'est-il pas le plus vif, le plus constant de nos vœux ! En adressant à quelqu'un la salutation *Ave*, on lui disait : vivez longtemps.

Le capital de nos jours peut être considéré comme une colonne dressée vers le ciel et perpendiculaire à ce plan horizontal où aboutissent toutes les chutes, où viennent se mêler et se confondre tous les corps laissés à eux mêmes et livrés à la décomposition, du moment que l'âme s'en est séparée définitivement et sans retour. Sur cet *Ævum* des êtres animés se réfléchit, en même temps, la vie des peuples ; aussi comme la tour d'Eder, il se perd dans les nuages, il touche aux cieux. Dès l'origine des choses, toutes les vies de ce monde sont venues s'y réfléchir à leur tour ; mais peu y laissent des marques durables. Depuis que les langues ont pris naissance, depuis que le mot *Ar* fut prononcé pour la première fois, combien de vies sont allées heurter cette colonne éternelle et n'y ont déposé que le rêve d'une ombre ! Combien d'hommes, fort remarquables de leur temps, n'ont pas même pu y laisser leur nom ! Combien de fausses gloires élevées par l'envie à l'encontre de gloires mieux méritées et de triomphes plus certains ! Que d'extravagances, que de mensonges odieux dans les bacchanales de l'histoire ! Que de crimes encensés et de vertus baffouées !

Sur cette colonne, ce qui brille entre tout le reste, c'est l'œuvre de Dieu ; ce qu'on peut y lire de plus authentique c'est l'unité de la famille humaine, la perpétuité des lois qui régissent le monde. Quant aux actes particuliers de l'homme, inscrits par les passions, tour-à-tour exaltés et déprimés, on a peine à percer les nuages qui les recouvrent sur cette colonne des siècles, constamment salie de nos querelles misérables, de nos illusions et de nos erreurs qui se réchauffent, se fécondent et s'engendrent sans fin. Mais laissons un moment la part des hommes, et portons nos regards sur les empreintes que l'œuvre divine a laissées.

Terra autem erat inanis et vacua, dit la Genèse ; la terre était privée d'*Ans*, c'est-à-dire, d'objets en vie, *in-anis* ; elle était couverte par les eaux, *Vacua*, *V-acua*. *Acua* n'est autre que *Aqua*. *V* à la tête d'un mot se prête à la condition d'être dessus, d'être en butte à des efforts perpendiculaires, d'être exposé à un soulèvement ou à un enlèvement ; tandis que *In* exprime la négation de toute existence relative.

Quand Dieu eut dit : *Congregentur aquæ quæ sub cælo sunt, in locum unum, et appareat Arida*, *Ar* qui figure la hauteur absolue, l'élévation abstraite, se transforma en *Av* pour jeter devant soi, pour lancer la masse des eaux, et pour qu'*Arida* ou soit l'ensemble des hauteurs apparût ; *R* devint alors ce *V* qui, en précédant *acua* appelle l'attention sur ce qui était au-dessous des eaux, sur ce que l'*Arida* devait soulever dans son premier effort pour apparaître et pour se conformer à la parole de Dieu. En obéissant à son créateur, l'*Arida* ou la terre poussa devant elle cette surface qui servait de base et d'appui aux eaux, et voilà pourquoi les hautes cîmes des montagnes sont encore appelées *K'av*, *K'af* ou *K'ef* en arabe. Voilà l'origine de notre verbe français — évacuer ; — les eaux ainsi soulevées dans leur point de contact avec la terre évacuèrent, c'est-à-dire, s'écoulèrent *in locum unum*, dans ce réservoir que le créateur creusait pour elles, tandis que la terre vomissait les montagnes et qu'au-dessus de ces éjections terribles les eaux, sans équilibre, tombaient dans la mer en cataractes, comme les gerbes écumantes d'un immense jet d'eau.

Je m'arrêterai peu à la caractéristique *V*, *U*, *B* qui ressort de *Vacua*, me bornant, pour cette fois, à indiquer, tout en passant, le mot *Uxor*, dont la première partie *Ux* paraît être le *Urg* d'Urgere, tandis que *U* apporte , en particulier , une idée de dessus et de dessous , comme dans *super, sub , ubi*. En temps et lieu *V*, *U*, *B*, ainsi que *P*, *F*, tous membres d'une même famille nous fourniront une ample matière à révélations.

Entre la colonne des siècles et l'horizon de la terre il y a un angle ; le mot angle est formé de *an*. Les angles sont pour la géométrie ce que les années sont pour la colonne chronologique , ce que les jours sont pour nos années, ce que les années sont pour notre vie. Le sens primitif de *an* est celui d'inclinaison , d'entre deux. Dans le verbe *angere*, serrer, étrangler, les deux côtés de l'angle se rapprochent toujours plus ; ce sont des ciseaux , des tenailles; *angustiæ*, angoisses viennent d'*angere*.

Tout ce qui sort de la terre tend à y rentrer , tout ce qu'on lance dans les airs incline vers la ligne horizontale et décrit cette figure que les géomètres appellent une parabole; c'est la loi générale de l'existence : du moment que nous arrivons à la lumière du jour , nous inclinons vers la mort. Souvent , à peine a-t-on ouvert les yeux , qu'il faut les fermer sans retour , et ceux à qui cette courte vie est donnée , ne sont pas les plus malheureux ; notre religion catholique les compte parmi les anges , parmi ces êtres purs et dévoués qui s'inclinent constamment aux pieds du Seigneur , l'adorant avec respect et sans crainte, intercédant pour les hommes et surtout pour leurs parents qu'il ont laissés sur la terre dans la douleur et mêlant leur voix , qui était encore si faible ici-bas , aux voix

éclatantes, harmonieuses et fières qui chantent l'Ho-
sanna éternel, l'inclinaison éternelle des anges et des
hommes devant Dieu !

A mesure que les siècles se succèdent, cette colonne des âges au sommet de laquelle les faits les plus
reculés des temps primitifs, brillent avec une netteté,
avec un éclat que tous les faits contemporains sont
bien loin d'avoir, cette colonne à qui l'éternité semble promise, s'écroulera un jour sur elle-même; elle
retombera de toute sa hauteur, de sa hauteur immense,
sur cette même terre d'où la parole divine la fit sortir
au premier jour du monde; elle se confondra, elle
aussi, qui aura tant de siècles d'existence, avec tout
ce qui a duré un instant, avec tout ce qui est tombé,
depuis que l'univers est en marche, sur cette ligne horizontale, où tout ce qui a vécu, tout ce qui a fourni
un *œvum* quelconque, tout ce qui de *AV* est devenu
AN va trouver le repos. Ce qu'Horace, ce grand poète
parmi les hommes qui ne furent point inspirés, a dit
du Tibre par rapport à Rome, *uxorius amnis*, fleuve
qui embrasse Rome avec amour, comme un époux
son épouse, le fleuve des siècles, *amnis*, le sera aussi
pour la terre, pour cette couche nuptiale, où toutes les
existences d'ici-bas naissent, s'agitent un moment, et
vont s'endormir.

Pour l'*œvum* de la terre, l'inclinaison n'est pas sen-
sible; comment la mesurer? Bien que l'éternité tout
entière, l'éternité sans commencement ni fin n'appartienne qu'à Dieu, quel terme pouvons-nous assigner
à la permanence du globe, qui dure depuis si long-

temps, à la fécondité de la terre qui tous les ans se remet à produire et couvre sans cesse de verdure son front sillonné de rides, livrant à la jeunesse des fils, pour leurs jeux folâtres, les mêmes prairies où dansèrent autrefois les aïeux et présentant des roses aux jeunes filles sur ces mêmes buissons d'où les mères jadis avaient tout enlevé ! ·

Mais pour ces vies particulières, pour ces animations qui d'*Orior* vont à *Morior*, pour cet *AV* qui prend devant soi et monte, il y a de toute nécessité un *AN* qui s'allonge, mais décline. A chaque pas qu'on fait dans la ligne verticale, une inflexion arrive, qui, par un sinus moindre chaque jour, va marquer un point sur la ligne horizontale ; quand le sinus est réduit à zéro, quand le côté de l'angle qui porte nos jours s'applique parfaitement à la ligne horizontale, tout est dit pour nous sur la terre, nous n'avons plus à prendre que le chemin de l'éternité. Les uns tombent sur la ligne fatale, inévitable, comme des épis mûrs et dorés par le soleil, sous la faulx du moisonneur, d'autres comme des feuilles du vert printemps qu'un tourbillon soudain emporte, que la grêle déchire, arrache et détruit.

Cet espace entre le ciel et la terre, cet angle où s'agite la vie est donc plein de doute ; entre *av* et *an*, entre la ligne verticale et la ligne horizontale, entre la vie et la mort, il y a une région d'incertitudes, de chances fatales, de misères imprévues qui souvent forcent l'homme à se demander : qu'est-ce que la vie ? L'adverbe latin *an* exprime le doute.

Entre la vie et la mort, entre sa vie présente et sa destinée future, l'homme est toujours *anceps*. La vie est un *vocabulum ancipitium*, un mot auquel on peut donner un bon ou mauvais sens.

Ar qui se change fort naturellement en *al* marque non-seulement la raideur, mais l'élancement, et notre mot provençal *lan* — *éclair*, l'italien *lampeggiare*, — faire des éclairs, — rappellent cette fonction de la lettre L. Mais *an* qui exprime le doute, marque et porte en soi quelque chose de flatteur, quelque chose qui se replie sur soi-même, pour mieux pénétrer, pour mieux s'incliner. Aussi le trouve-t-on dans *anima*, comme dans *Angulus*, comme dans *anchora* — ancre de navire, — comme dans *ancon*, pli du coude, coude. Les *ancilia* étaient de grands boucliers échancrés de deux côtés, *ancilla* c'est la femme ou fille complaisante, obéissante, qui sert un maître ; *ancillari*, être au service, veut proprement dire se plier, s'assujettir aux volontés d'autrui. C'est toujours un état de doute comme la vie qui est entre la naissance et la mort, entre le passé et l'avenir, sujette, asservie à l'un comme à l'autre.

Et voilà pourquoi l'adverbe *an* qui marque le doute, a été dans certaines langues un article comme il est encore dans le français un pronom, deux parties du discours destinées particulièrement à marquer l'existence. J'*en* ai vu, j'ai vu *de cela*.

Au doute qu'on expose, répond l'affirmation ou la négation ; une chose est ou n'est pas.

Dans la catégorie de l'affirmation, nous trouvons

changer, enchanter, chanter, avancer, s'élancer. L'*an*
qui forme, pour ainsi dire, l'âme et l'esprit de ces mots-
là, marque une manière d'exister, une façon de devenir, plus ou moins perceptible, mais qu'on ne saurait nier. Ce qui est changé, ce qui est enchanté, n'était
pas tel avant qu'on eût pourvu au changement, à
l'enchantement. Avant de chanter il faut se mettre
d'accord, une incertitude quelconque a donc précédé
le chant; pour avancer, il faut se mettre en marche;
pour s'élancer hors d'un péril imminent, par exemple,
il faut en prendre son parti : dans tout cela une décision est nécessaire, et toute décision suppose plus ou
moins une incertitude qui a précédé.

Remarquons en passant dans le verbe *avancer* l'*av*
de *Hava* qui marque l'impulsion donnée pour partir et
an qui indique un chemin à faire, une manière d'être
assujettie aux différentes circonstances qui se rencon-
treront en route. Combien de gens qui, avec la meilleure volonté d'avancer, reculent! Combien de pas
perdus et quelquefois honteusement dans la carrière
de l'ambition ! Il faut s'avancer, se pousser, et l'on se
précipite dans les abîmes de la vaine gloire, des repentirs cuisants, des soucis rongeurs, et l'on a des nuits
sans sommeil, des jours sans repos et tout autour de
soi un bruit discordant, un cahos de choses misérables
qui trop souvent composent toute la vie de ceux qui
paraissent les plus grands sur la terre et sont les plus
enviés !

Je ne rangerai pas dans la catégorie ci-dessus of-
ferte à nos conjectures, les mots *chance*, *chevance* ;

ils viennent évidemment de cheoir, tomber, ainsi que cadence. Toutefois, l'idée d'incertitude n'est pas étrangère au verbe tomber, surtout dans cette phrase : le sort est tombé sur lui.

Anubis, (l'*Aboyeur*, le *Moniteur*) annonçait le lever de la canicule. Le verbe annoncer nous présente *an* à la même place qu'il occupe dans le nom de la divinité Egyptienne. L'adjectif latin *extraneus* (*extr aneus*), — étranger, signifie objet en dehors ; car au fond ce mot bien vague — objet — est, ce me semble, l'analogue de l'antique vocable *an*.

Dans la catégorie affirmative, à l'interrogation *an* répond le verbe *annuere* ; *annuere* c'est faire signe de la tête que l'on consent ; c'est notre oui et le *sic* des latins. — Oui, n'est peut-être que le participe d'ouïr, ce que je n'avance qu'avec hésitation et réserve, mais pour sûr dans *sic* S joue le même rôle que dans *sequi*, *sequor*.

Une suite périodique de jours s'appelle *annus; annus* c'est *an* avec explétion. *Annulus* — anneau, — aide à comprendre le sens vrai d'*annus*, série d'existences qui revient sur elle-même comme un cercle. *Anna-Perenna*, c'était la déesse qui présidait aux années ; *perenna, perennis* qui se perpétue, qui va toujours, qui revient toujours.

Sous le régime de l'affirmation, *an* s'adapte à ce qui est devant : *antæ* — les jambages d'une porte; — *antermini*, — les peuples voisins de la frontière en deçà ou au delà;— *anteris*, — arc boutant;— *antiquare*, verbe énergique signifiant s'opposer.

A la tête du mot grec *antropos*, *an* présente une vive idée de l'existence. Cette idée de l'existence marque aussi bien vivement le pronom personnel arabe *anà* — je, — *anàïa* — moi. — Dans cette même langue *hàï* voulant dire vivant, et *hià* vivre, exister, on conçoit l'énergie d'*anàïa*.

Il y a un adjectif latin *anancæus* qui exprime une existence forcée, nécessaire. *Anancæus* et *necessarius* doivent se tenir par quelque lien.

Sous le point de vue de l'incertitude, de la gêne, et en rapport avec l'angle qui se rétrécit toujours plus, jusqu'à ce que les deux côtés soient appliqués l'un contre l'autre, nous avons *anxius*, — inquiet, — *angere*, — étouffer. *Anguis*, — serpent, — n'est pas très éloigné d'*angere*.

> Et primum parva duorum
>
> Corpora natorum serpens amplexus uterque
>
> Implicat.....
>
> Post ipsum, auxillo subeuntem ac tela ferentem
>
> Corripiunt, spirisque ligant ingentibus.....

Amplexus, *implicat*, *spiris ligant ingentibus* sont en harmonie avec le nom d'*anguis* dérivé d'*angere*, qui lui-même tient d'*angulus*.

Dans *anhelare* et ses dérivés, *an* marque aussi la gêne, et le mot angoisse est l'expression la plus énergique de cet état.

On doit rapporter à *Angulus*, en ayant égard aux consonnes additionnelles, et aux voyelles qui se substituent le mot coin, — en provençal *cantoun*. Le

français — canton, — se cantonner, n'a pas non plus
une autre origine.

Il y a les prépositions avant, devant ou davant
et *anant*, cette dernière usitée dans le midi, qui indiquent une position, une existence déterminée par
des limites. Dans avant et devant *av*, *ev* présentent
cette idée de soulèvement que nous avons reconnue dans *vacua*, ou pour mieux dire dans *av*, *af*,
k'af, etc.

Av, *ev* est aussi dans *levis*, léger ; *L* remplit ici son
office ordinaire qui est de particulariser, d'être un
article ou un débris d'article. Il est à noter que le verbe
levare ayant qualité pour signifier lever en haut, *ele-
vare* qui semble vouloir dire la même chose n'est jamais
employé par Cicéron que dans le sens d'abaisser, de dé-
primer, tandis que César l'emploie dans le sens contraire. Cicéron tenait compte de la préposition *è* dont
nous n'avons encore rien dit, pas plus que de quelques
autres qui sont analogues. Leur tour viendra.

Ce qu'on appelle aujourd'hui canton, s'appelait autrefois *ban*, le *ban de la Roche*, le *bannat de Temeswar*,
etc., la *banlieue* ou le territoire à une lieue à la ronde;
bannir, c'est chasser du *ban*, du canton. Les publica-
tions relatives au canton s'appelaient *bans* ; il en est
resté les *bans de mariage* et les *bans de vendange*. La
bannière était le drapeau du canton ; le seigneur ban-
neret était le seigneur cantonnal. On appelait banier,
banhier, bagnol, le garde-champêtre. Le ban, l'ar-
rière-ban c'étaient les hommes du canton qui devaient
aller en guerre sous les ordres de leur chef. Quant à

la caractérisque *B* nous la ferons connaître en son lieu ainsi que toutes les autres consonnes dont je n'ai pas encore déterminé la fonction d'une manière suffisante.

Dans le sens de négation, *an* est d'ordinaire à la tête du mot, comme dans anarchie, anachorète, anathême, anecdote ; l'anecdote, c'est ce qui n'est point divulgué encore ; l'anathême, c'est une formule prononcée contre quelqu'un ; l'anachorète, est le parfait solitaire, celui qui ne fait pas partie d'un chœur ; l'anarchie, c'est l'absence d'un gouvernement ferme et solide, c'est l'état auquel l'abus des écrits politiques, des discours de tribune, des raisonnements de café ou de cabaret, finit toujours par réduire les peuples.

Quelquefois néanmoins, il n'y a pas de sens privatif au mot qui commence par *an*, comme dans analyse ou réduction d'une chose à ses principes, à ses *an*, dans analogue, c'est-à-dire dans *an* conforme à un autre *an*.

Maintenant, si nous retournons la consonne *n* comme nous l'avons fait pour *ar*, *ad*, *al* et leurs analogues nous y trouvons une idée négative ; nous aurons le *nan* des enfants, le *nenni* de notre vieux langage français, le *nani* de nos provençaux plus poli que le *noun* tout sec.

Jusqu'ici nous avons considéré l'angle toujours plus aigu auquel la vie peut être comparée, cet angle qui n'aboutit enfin qu'à une absence d'intervalle, à une impossibilité d'être ; si nous sortons de l'animalité pour considérer d'autres genres d'existence, un angle toujours plus ouvert se développera devant nous.. Ce sera le sujet d'un des paragraphes qui vont suivre ; mais auparavant, il nous faut revenir sur *ar*, sur ce fondement mystérieux du *Romancium Occidental*.

XXXVI.

Et qu'on ne dise point que *an* ne vient pas de *ar* ; quelques noms à notre portée soumis au scalpel philologique donneront à ce fait autant d'évidence qu'en pareille matière on peut en désirer. Ne tenons aucun compte des lettres officieuses, auxiliaires ou complémentaires ; ne cherchons qu'à remonter de *an*, *en*, *in*, *on*, *un* à *ar*, *er*, *ir*, *or*, *ur*. Comme à l'ordinaire, notre marche ne sera pas bien droite ; mais quelques déviations inévitables ne la rendront pas moins sûre.

Il y a une fable d'Anthée, géant de Libie, fils de Neptune et de la terre, qui, dans ses luttes continuelles avec des géants querelleurs, batailleurs comme lui, harassé, épuisé, las, tombant de faiblesse, abattu, couché sur la terre, sa mère, reprenait sur le sein qui l'avait nourri des forces nouvelles et remportait la victoire au moment où il paraissait l'avoir perdue sans retour. Cette fable revient assez au sujet dont je m'occupe et à la manière dont je le traite. Mon point de départ, n'aura pas été mal pris, si en revenant sur mes pas je trouve la confirmation de ce que j'ai avancé hardiment quelquefois, mais toujours dans une même ligne, malgré de fréquents écarts à droite et à gauche.

J'ai dit , par exemple , que *An* est une inflexion d'*Ar.*
Eh bien , l'autre jour, en excitant aux premiers essais
de la parole une petite fille de quinze mois , pleine de
volonté et d'intelligence , je ne pouvais pas obtenir
qu'elle prononçât ni *Ar*, ni *Av*, ni *Af*, ni aucune de ces
trois consonnes finales placées à la tête d'un mot.
Après *ta*, *ma*, *ba* et *pa*, elle avait beaucoup de pro-
pension à dire *an*, *am*. *Ana*, — allez, — *enè*, — ve-
nez. — Il me semble que les enfants du premier homme
durent faire ainsi ; ils trouvèrent plus aisé d'appeler
leur père Adam qu'Aram, et au lieu d'Eva ou Hava ,
ils avaient plutôt fait de dire *Am* qui, en arabe, signifie — mère.

Les Dioscures ou fils du Dieu, c'est-à-dire, de Jupiter , Castor et Pollux , étaient aussi appelés *Anactes* ,
et leur temple s'appelait *Anactorium* ; or *Anax* ou *Ar-*
nac, en grec , veut dire prince , roi , homme d'en haut,
de haut lieu ; *ar* s'est donc fléchi en *an.*

J'ouvre un dictionnaire latin ; j'y trouve qu'*anus* ,
signifie proprement un rond , un cercle. Rond est la
traduction de *Rotundus* ; mais , en négligeant *T* , qui
marque l'impulsion donnée à ce qui roule , nous avons
round , rond , c'est-à-dire, *Or* s'inclinant en *On* et
annonçant son existence avec force par *R* placé à la
tête du mot. Pour mieux dire , rond est une formation de *Or-On*, de la montagne en bas , rouler de
la montagne en bas , comme l'Oronte, comme l'Araxe,
comme l'Arach , etc. ; et rouler n'est autre que Or-
ouler, Or-ourer pareillement déformé.

Nous avons déjà parlé d'*Annus* , de cette circulation du temps, toujours si lente pour les ambitieux qui attendent sans cesse, et si rapide pour l'homme sage, aux espérances modestes, qui ne songe qu'à vivre paisiblement et sans trop d'encombre.

Dans le mot Sang on trouve encore *an* pour exprimer la circulation, cette circulation qui est la vie, le signe, le gage de la vie.

Anus est la vieille courbée par les ans. On peut dire qu'*Anus* ne signifie pas seulement un rond, mais encore tout ce qui fléchit, tout ce qui ploie, tout ce qui se courbe, un tas de blé, par exemple ; car, un tas de blé se courbe et s'arrondit sous son propre poids ; et c'est le sens primitif d'*annona*, — tas de blé de la récolte — Observons en passant et par anticipation que *Tas* est *An* ou plutôt *Ar* subjugué, fléchi, assoupli, en *As* par l'impulsive *T*. Nous avons déjà vu *As* marquant l'unité de poids, de mesure. Dans *tardus*, — lent, tardif, l'impulsion se retrouve, mais avec un moindre effet ; l'objet a peu fléchi, il est resté *Ar*, il a été empêché, arrêté.

Notre vieux langage français, plus rapproché, comme on a pu le voir déjà, du *Romancium occidental*, avait une expression qui figure fort bien dans une pièce de vers charmante du poète Théophile ; pour dire l'an passé, l'année dernière, on disait *antan*, — l'autre an, — l'an qui avait décliné tout entier derrière l'année courante. Dans cette petite pièce fort mélancolique et fort belle, le poète se demande ce que sont devenues des femmes célèbres par leur beauté qu'il avait vues ou dont la renommée lui avait appris le mérite ; puis il finit chaque strophe par dire : *mais où sont les neiges d'Antan ?* Combien de fois, en songeant à toutes ces grandes choses, ces choses éclatantes, rutilantes, étourdissantes, que les hommes de mon âge ont vues, n'avons-nous pas sujet de dire : où sont ces neiges pures comme les premiers rêves d'une jeune fille, qui, cet hiver dernier, par un attrait inexplicable, appelaient ma pensée sur les cîmes les plus sourcilleuses de la montagne qu'elles revêtaient de splendeur, et m'y faisaient retrouver, dans le vague le plus doux, toutes les illusions de gloire et d'amour qui enchantèrent le plus ma jeunesse ? Il y a longtemps qu'elles sont fondues, et que la présente année 1847 pousse la sœur qui l'a précédée dans cet abîme ou plutôt dans ce tas de ruines invisibles qu'on appelle le passé et où nous allons nous rendre avec elles d'un pas si rapide, quels que soient les liens par lesquels nous tenons à ce monde, qui fatigue tant et qu'on ne peut quitter !

On ne doit pas confondre l'Annone avec l'abondance. L'Annone peut exister sans l'abondance ; c'est le cas des mauvaises récoltes ou des récoltes médiocres. *Abundantia* (ab-und-antia), présente un surcroît de biens. *Ob* et par conséquent *ab* signifie enflure, débordement. *Ab*, en arabe, veut dire père. Quand à *und* et *antia*, nous en traitons actuellement.

Il a été question de *Darne*, — fragment ; — faisons abstraction de la consonne *D* de détacher, et gardons *arn*. Ainsi que nous l'avons reconnu tout au commencement de ce livre *Ar* devient *Al*, *An*, etc., et

nous avons une mesure de longueur appelée aune ;
eh bien ! en Espagnol l'aune c'est la *varra*, où l'on voit
Ar reparaître avec énergie et redoublement

L'aune, en provençal, s'appelle *canne* comme en
Hébreu. Can-ob (canope), c'était la mesure du débordement dans l'antique Egypte. Ce nom avait passé à
une ville. Quand on mesure avec la canne ou avec
l'aune, on incline la mesure de manière qu'elle s'a-
dapte à la ligne horizontale ou au plan de l'objet qu'on
mesure. *Ar*, comme on voit, s'incline et devient *An*,
autant de fois que cette opération est reprise. Dans le
mot *varra*, cet acte est exprimé par *V*, au point de
départ et par *arra* ou *ar* redoublé, ce qui revient au
même.

Maintenant, qu'est-ce que l'ennui ? C'est une surabondance de vie pour les fainéans, pour quiconque ne sait
pas user du temps pour rendre soi et les siens plus
sages et plus heureux.

Les fables de l'Asie placent la demeure primitive
des céréales sur les bords de l'Euphrate ou au pied
du Mont-Himalus, dans l'Inde. Les fables grecques font
cet honneur aux campagnes d'Enna. *Enna* veut dire, à
mon avis, les tas de grains et de vivres.

D'où la place qu'on appelle à Marseille Canebière
a-t-elle tiré son nom ? Etait-ce le marché aux chanvres
ou la corderie ou l'un et l'autre ? Ou bien faut-il chercher autre part l'origine de ce nom fameux ?

En latin, on appelait *Canava* une petite pièce après
la salle à manger, la buvette, la cantine. De *Canava*
nous avons fait canavette, caisse à mettre du vin, de

l'huile ou des liqueurs en bouteilles. Nous en avons aussi fait cave et cabaret. Dans les temps anciens, le peuple et quelquefois même des personnes de qualité, préféraient des réduits appelés *Canabœ*, nos cabarets d'aujourd'hui, pour se livrer au plaisir de la table et aux amusements en pleine liberté. Suétone appelle ces lieux *diversoriæ tabernæ*. Dans la mosaïque de Palestrina et dans les peintures d'Herculanum on voit de ces *canabœ*, treillages ou baraques, et au-dessous, des personnes qui boivent et se divertissent. Une inscription de Gruter mentionne le *genium Canabensium*, le génie des taverniers. Remarquez, ici, le changement de *C* en *T*, dont nous avons parlé plus haut, et qui proprement de Caverne, a fait Taverne. Peut-être ces *Canabœ* étaient-elles construites avec des roseaux ou cannes. Est-il possible qu'au fond du port de Marseille, au lieu appelé aujourd'hui la Canebière, il y ait eu de ces *diversoriæ tabernæ* pour les gens de marine et de commerce ?

Maintenant, expliquons la différence qu'on faisait d'*Arundo* à *Canna* et à *Calamus*. Dans *Arundo*, roseau, — nous trouvons, *Ar*, — courant d'eau quelconque, — puis *undo* qui ressemble à *unda* et paraît exprimer le balancement continuel, l'ondoyement alternatif des longues feuilles et du panache des roseaux. *Canna* est moins qu'*Arundo* ; la canne s'élève à une moindre hauteur ; *An* est une inflexion de *Ar*. Dans Cannes et dans Cannier, nous voyons beaucoup de *Ans* réunis, rassemblés ; c'est le sens imprimé par *C*. *Calamus* est encore plus petit que *Canna*, puisqu'on donne ce nom au tuyau de blé , à la paille qui soutient l'épi ; jettons en passant un regard sur *Calamitas* qui est au propre le brisement des tuyaux de blé par la grêle , par le vent.

Al exprime quelque chose de plus grêle que *An* ; *Ar* devenu *Al* monte toujours et s'élève à l'infini comme dans *Allah* , *Eloah*. Ce qui s'élève si haut devient de plus en plus tenu , imperceptible. C'est ce qu'exprime avec énergie l'initiale *L* dans *linea* , par exemple. *Ir* , rayon , devenu *in* par inflexion est particularisé dans sa ténuité par *L*.

Le mot *Lanx* , — bassin , plat , — comprend une inflexion de *Ar* avec une expansion exprimée par *X* final ; nous connaissons la fonction de *X* changé en *SS* dans bassin. Un bassin à force d'expansion peut - être le bassin des mers.

On appelle *Lancha* en italien et en espagnol un esquif large, une chaloupe. *Lancha* c'est *Lanx* ; *X* est devenu *CH*.

Dans *Lance* , *lancer* , *s'élancer* il y a toujours une inclinaison relativement à *Ar* , caractéristique de la hauteur absolue. Cette inclinaison , passant à l'état de courbure , se fait remarquer aussi dans l'ancre des navires.

En espagnol , *ancho* , *anchura* , veulent dire large, largeur ; en latin c'est *latitudo*. Le français est revenu à l'*Ar* primitif, tandis que le latin avait passé à *at* où *T* présente aussi une idée d'étendue. C'est la rivière à traverser , *argen* , qui a donné à nos pères les mots large, largeur.

Après tout ce qui précède , je n'ai pas besoin d'expliquer les hanches du corps.

Dans Annexer, Annexion, l'inclinaison de *Ar* est manifeste.

Pour ne pas perdre de vue *L*, cette lettre si importante rencontrée dans mon chemin , et sur laquelle il n'est pas inutile de revenir plus d'une fois comme sur d'autres consonnes non moins vives, je n'ai pas achevé ce que j'avais à dire sur la Canebière de Marseille.

Les cordes marseillaises étaient fort estimées autrefois. J'ai vu des actes relatifs à la pêche où l'on impose l'obligation de ne pas en employer d'autres. Il y a même un règlement de l'an 1467 d'une sagesse et d'une rigidité trop souvent négligée à l'égard des productions et des industries locales qu'on ne saurait trop améliorer et qu'il faut conserver du moins dans la perfection qui a fait leur renommée. C'est là que le patriotisme de clocher devrait agir, et non pas dans mille tracasseries puériles, dans mille contestations ridicules , dans mille debats étranges dont en province on est chaque jour assourdi. Deux articles de ce réglement sont remarquables. Je suis obligé de les traduire en français, le langage dans lequel ils sont écrits étant trop barbare.

« Item, tous lesdits Subrestans (inspecteurs), auront pouvoir , quand ils visiteront les chanvres et qu'ils en trouveront de pourris et de mauvais , de les brûler sans craindre aucune répréhension.

« Item, tous lesdits Subrestans auront pouvoir, quand ils en trouveront de pourris mêlés avec des bons , et que selon Dieu et leur conscience, ils reconnaîtront que les pourris avaient été mêlés de la sorte frauduleusement et malicieusement, de faire brûler les bons et les pourris tous ensemble, pour servir d'exemple que dans le chanvre il ne faut pas frauder ainsi, etc.

La même prescription regarde l'*aouffe* ou *spart*.

Quelques recherches sur ces deux mots ne seront pas sans intérêt.

Le mot *spartum* est latin ; Pline parle des *sparteries* ou lieux remplis de *sparte* et non pas de genêts d'Espagne comme on lit dans les dictionnaires. Le genêt d'Espagne est une autre plante. Peut-être le nom de la ville de Sparte n'a-t-il pas une autre origine. Les Catalans, avec leurs *espartenas* ou espartilles, se rapprochent, peut-être, des anciens Spartiates par la chaussure, comme ils leur ressemblent, certainement, par la bravoure et la force d'âme.

Pausanias donne à ce nom de Sparte une autre origine. Lacédémon, successeur d'Eurotas et dont la mère s'appelait Taygète, avait épousé Sparté, fille du dernier roi mort sans enfant mâle, et dès qu'il eut pris possession du royaume, il voulut que tout le pays et ses sujets portassent le nom de sa femme. Mais ce sont là des origines grecques, c'est-à-dire, des fables.

La Sportule ou portion que les grands de Rome donnaient à ceux qui venaient leur faire la cour le matin, était mise dans un cabas de spart, et, de là, lui venait son nom. Le spart est appelé jonc, genêt. Dans jonc et genêt on ne peut que voir des herbes sortant en grande abondance. *On*, *en* s'y montrent avec l'aspiration *J* qui marque l'impulsion comme dans *ire*.—aller — et avec *C* ou *T*, signes de multiplicité l'une et l'autre. Quand à *Spartum*, je crois qu'il vient de *Spargere*; c'est une herbe qui se répand beaucoup, qui foisonne, qui s'éparpille.

Dans la Grèce antique, les peuples dont les demeures étaient éparses dans la campagne comme nos bastides, s'appelaient *Spartes* : autre explication à donner au nom des Spartiates.

Ces deux verbes — répandre et foisonner, — nous représentent encore *an* et *on*. Le verbe *runcare* —sarcler, arracher les mauvises herbes,— suppose *uncare*, et *uncare*, c'est notre verbe français joncher.

Tombent et de leur tronc JONCHENT au loin la terre,

a dit l'abbé Dellile dans un vers dur, mais pittoresque.

De spart ou de jonc et de genêt à aouffe, auffe, l'intervalle philologique est assez grand; essayons, néanmoins de le franchir.

Ce n'est pas un radical d'une petite valeur que ce *Av*, *Af*, déjà tombé sous nos yeux. En hébreu *Or*, — lumière, *Avor,*—lumière calorique. D'*Avor* vient le provençal *Abrar* allumer et le français *brûler*, ainsi que *braise*. Effort peut être imaginé sous la forme *évort*; d'où l'on voit que ce radical *av*, *ev*, *af*, *ef* et les consonnes *V* et *F* sont de la plus grande énergie; ils portent en eux l'idée de tout ce qui sort par effluves, de tout ce qui s'élève et se projette avec force. *Avis*, c'est l'oiseau qui s'élève dans les airs, c'est l'animal qui jouit de la plus grande force impulsive. Le vaisseau *navis*, est porté sur les ondes comme si la mer le lançait de son sein. Dans vomir on retrouve toute l'énergie de *V* ainsi que dans *Vomer*, — le soc de la charrue ; — et remarquez bien que *Vomex*, le haut du soc de la charrue, le point d'où la terre en s'écartant se dérobe des deux côtés, nous révèle dans *X*, une fonction d'épanouissement que nous avons déjà plusieurs fois reconnue.

Avec quelques nuances que nous distinguerons plus tard, on reconnaîtra aussi beaucoup d'énergie dans *Ab* et *Ap*, ainsi que dans les consonnes *B* et *P*. *Ab*, *abou*, c'est père, en arabe ; *Ben*, c'est fils. *Bara*, en hébreu, signifie — faire de rien ; — c'est justement ce que nous faisons, ami lecteur, une langue primitive avec le radical *Ar*, avec presque rien.

Revenons à Aouffe, Auffe ; c'est *Ar* dans toute sa force d'expansion, dans toute sa puissance ; c'est une herbe qui pousse et croît comme les mauvaises herbes ont coutume de faire, c'est-à-dire, vite, abondamment, opiniâtrément. Observons, toutefois, que ces mauvaises herbes ne sont telles que par rapport au blé, qu'elles étouffent et qui est pour nous un objet plus précieux. Touffe, d'où étouffer, a la même origine que Aouffe ; et étoffe n'en a pas d'autre non plus. Le développement de ces nouvelles idées qui ont surgi tout-à-coup de mon travail n'est pas nécessaire. Quand nous voyons la fleur sortir instantanément du bouton, admirons la fleur sans demander comment elle est sortie.

XXXVII.

Dans ce règlement sur *lous canebes* , *filats et auffes* , fait le 6 février 1467, par des citoyens que le conseil de la cité de Marseille avait élus à cet effet, et qui étaient Sen Jaume Guassin , Sen Bertrand Caudollo, Sen Peyroun Imbert et Sen Pierre Sauze , on lit quelques autres mots explicables peut-être , d'autant plus qu'ils rentrent, pour la plupart, dans le groupe de radicaux dont, en ce moment, nous sondons les adhérences , nous scrutons les connexions.

Nous commencerons par *Sarti* , qui n'est autre que la hart de notre vieux langage français , et qui est l'origine de serrer, serrure , enserrer, etc., de *Sarsura,* — ravaudage , de *Sartus* , — rétabli, refait , — de *Sarcire* , — racommoder , — de *Sarcina* , — paquet de hardes , de hardes même , — de *Sarcinator*, tailleur, — du mot essart , essarter , qui veut dire défricher , etc. , etc.

Filatr est un terme générique , ce qu'en français nous appelons filet, dans ce vieux provençal était *Sar* ou *Sarri*. Quand nos pécheurs disent *leis ars de pesco* , ils font , je crois , une petite transposition ; c'est probablement *lei sars de pesco* , — les filets de pêche — qu'ils devraient dire. Les filets qui ne sont pas de pêche s'appèlent *eissarris, issarris;* c'est ce que, dans le français supposé de nos campagnards provençaux , on appelle *enserres* , expression qui, du reste, est conséquente , bien qu'elle n'appartienne pas au véritable français , car il est d'usage de n'appeler panier que ce qui est fait avec des scions d'arbres, des roseaux fendus, des brins d'osier ou de jonc, bien que le pain d'où ce nom est venu puisse être mis dans un cabas, dans un sac de cordes, etc. Panier, comme on dit dans l'intérieur, ne pourrait donc pas remplacer *enserre*. La matière dont ils sont faits l'un et l'autre n'est pas la même. Les Espagnols appellent *Seron* ce qu'en français on appelle banne ou panier, et *Seron* vient de *sar*, filet.

Couffin et cabas viennent d'auffe, d'après tout ce qui précède.

En provençal nous appelons *ooumarino* l'osier ; dans *oou* nous retrouvons *of*, analogue à *af*, à *ef*, etc. Il y a toujours ici abondance de végétation, comme dans *nouffe* et dans *avaussè*, ainsi nomme-t-on ce petit chêne si vivace qui couvre de sa verdure nos plus arides rochers. D'ailleurs, *ooumarino* n'est qu'une transformation assez marquée de *vimen*.

Dans Quintilien *sarracum* où l'on retrouve notre serrer, enserrer, serre, etc., veut dire charrette, voiture pour les fardeaux pesants ; c'est encore un de ces termes d'agriculture que *Ar* façonne et domine ; il en est de même de — sarment, — ce qui rampe sur la terre, sur l'*arvum*, sur l'*arbor*, etc. En provençal, sarment est *gaveou*, l'*ar* est devant *av*. Le mot français Javelle est identique à *gaveou* ; il y a dans tous ces produits de la terre une grande impulsion de bas en haut, une grande force végétative, c'est ce que *av*, *af* est chargé d'exprimer.

Le verbe évanouir présente cette impulsion qui vient d'en bas, qui s'incline et fléchit sous le poids du temps, comme tout ce qui n'est pas éternel. Combien de fois nos désirs les plus modestes ne s'évanouissent-ils pas comme la fumée qui, d'abord, s'élève, puis s'abaisse sous le poids de l'atmosphère, s'étend, s'écarte au gré de tous les vents et disparaît ! Le lecteur n'a pas besoin qu'on lui fasse distinguer dans évanouir, dans incliner, dans élever, dans s'étendre et même dans souffle, dans venir et vent, les radicaux dont la dissection nous occupe. Même dans s'affaisser, nous rencontrons *af*, mais à contre-sens ; et l'expression adverbiale — d'abord — tient de près à ce mot fictif et hypothétique *avort* que nous avons indiqué.

L'*Escagno* est un paquet de corde ou de fils d'une longueur déterminée. Ce mot a été formé de *scandere* — monter, mesurer en hauteur. — Le *scandalum* de la Bible signifie la chute de celui qui a voulu s'élever ; scandaliser, c'est donner l'exemple de s'élever au-dessous de la loi divine, ascension qui aboutit infailliblement à une chute. En provençal, un scandal est une mesure de capacité pour les liquides, et, par conséquent, une mesure en hauteur ; pour les Espagnols, c'est de plus une sonde. Dans *escagno* et dans *escandal* on retrouve l'hebreu *cane* — mesure. — On pourrait dire la même chose de *canaba*. — cabaret, — lieu où l'on vend du vin à pot et à pinte.

La *booude*, le *booudoun* ou le *boou*, c'est proprement la corde enroulée. Ces mots viennent de *volvere* ou *bolbere* qui, primitivement, a dû dire rouler du haut d'une montagne. — Dans de vieux actes relatifs à la pêche, il est question de la plage de *boou-*

dourin ou *boudourin* ; c'était une plage où l'on tirait le *boou*, la grande seine. Je pense que le nom de Bandol, appelé autrefois *Boundor*, *Bendor*, vient de là.

Les *brimés*, éléments de la corde, me paraissent venir de *primi* — premiers fils. — *Prim*, *prime*, est une chose mince ; en français nous disons — brin ; — mais brin est un substantif. Nous apprendrons à connaître bientôt les nuances qui existent entre *N* et *M*, nuances dont jusqu'ici nous n'avons pu nous occuper.

Revenons un moment à *Sarti* — corde, — en italien *Sarte*. L'inflexion de *R* en *N* que nous connaissons, nous aiderait peut-être à saisir la valeur de Cynthe dans Aracynthe qui signifierait, à ce qu'il semble, —chaîne de montagnes. — A ce compte, *cordillera de los andes*, traduirait exactement Aracynthe ; *Andes* pour *Ara*, et *Cordillera* pour *Cynthe* ; d'ailleurs *ceinture*, ne s'éloigne guères do *Cyntho*, moins, surtout, que *Cingulus*, nouvel exemple de l'influence plus prononcée et plus vive de certains radicaux primitifs sur le français que sur le latin. Le Cynthus, montagne de l'île de Délos, qui avait donné son nom au Dieu du jour et à Diane sa sœur, avait-il dans sa forme quelque rapport avec une ceinture, une frange?

A propos des Andes d'Amérique, nous jetterons un coup d'œil sur notre Cantal d'Auvergne. On a voulu traduire Cantal par *Mons Celticus* ; nous expliquerons plus tard, ce que nous entendons par Celtes : en attendant, il me semble que Cantal tient à *quantitas*, à *quantum*, etc. Ce *plomb* du Cantal avec ses flancs n'est pas étranger au radical dont nous cherchons à présenter la valeur. Le Cantal n'est pas un pic , ce n'est pas un *K'aff,* origine d'affreux , précipice affreux , c'est une immense inclinaison en tous sens, une calotte fort étendue , dont les neiges éclatent au loin et bien par dessus les boules d'étain , ornement des clochers de Saint-Flour, si brillantes , si étincelantes, qu'on les prendrait quelquefois pour les rayons concentrés du soleil, quand il se couche.

D'où vient le mot *Candidus* — blanc ? — La Crête a été nommée , par les modernes , Candie ; est - ce à cause de la blancheur des terres , blancheur qui ne ferait pas supposer une fertilité bien grande, ou à cause des larges-flancs de ce Mont-Ida, espèce de Cantal , qu'on appelle encore aujourd'hui *Monte-Giove* , montagne de Jupiter , montagne importante s'il en fut *Candidus* , — blanc , — soit par le feu , soit par la neige aurait confondu son origine avec les *ans* ou les croupes des monts , tantôt couverts de neiges , tantôt blanchissants aux feux du soleil , des signaux et des volcans. Dans nos colonies, les nègres appèlent Candiot , un petit maître, un freluquet , un important. Un *trigo candial* , en espagnol , est un froment menu et blanc, de première qualité. Le mot froment ou forment , comme on disait autrefois , tient à *far* , avec changement de *a* en *o* ; c'est chose qu'il n'est plus nécessaire de répéter.

On a fait venir denrée de *denarius* ; mais c'est bien plutôt *denarius* qui vient de denrée. Une denrée c'est ce qu'on prend du tas *an* ou *en*. Il y avait , autrefois , un droit de prise attribué au seigneur et même en quelques lieux au bourreau sur les denrées qu'on apportait au marché. A un prix fixe et à des termes de crédit convenus, le seigneur du lieu et le bourreau pouvaient prendre, avant tous autres habitants, ce qui leur convenait le mieux des denrées ou du gibier exposé en vente. On appelait ce droit havage, *havagium*, du mot *hava*, soulèvement, force de bas en haut. Etait-ce à cause des soulèvements sinistres opérés par la main du bourreau, et des autres actes qu'il était dans le cas d'exercer envers les vendeurs de mauvaise foi, qu'il pouvait ainsi, à l'égal du seigneur, prendre, soulever, choisir et emporter le meilleur fruit, le meilleur gibier du marché ! Dans le pays espagnol, j'ai vu, de mon temps, le bourreau jouir de cette prérogative. J'ignore s'il en est de même aujourd'hui.

La phalange macédonienne était une multitude d'hommes armés, de fantassins. Les phalanges du doigt sont les parties du doigt qui fléchissent, ce sont les enfants, les fils du doigt. *Infans* peut bien signifier qui ne parle point, qui ne sait pas encore parler, sans que, pour cela, le radical *an* et la consonne *F*, dont nous connaissons l'origine, soient moins à considérer dans ce mot. Le petit d'un animal, tout ce qui ne fait que de naître est *infans*.

Et qu'on ne dise point que *an* ne vient pas de *ar*. *Artus* signifie membre, *articulus*, petit membre ou jointure, et *an* voulant dire ce qui fléchit et s'incline, exprime bien dans phalange le doigt qui fléchit.

Cet adverbe latin *an*, qui exprime le doute et dont la caractéristique *N* appartient au groupe des con-

sonnes liquides avec lesquelles on fait allusion au mouvement , aux mutations , était un article dans certaines langues , ainsi que nous l'avons déjà vu. Comme
d'autres articles faisant aujourd'hui partie de certains
mots qu'ils précèdaient auparavant , mais avec séparation , il a servi à former les mots *animus* , *anima* ;
nous l'avons déjà vu aussi. Mais *animus*, *anima* , exprime tout ce qui n'est pas matière et qui , pourtant ,
fait agir la matière , en telle sorte que , la matière est
non seulement le voile, voile souvent très-épais et très-
lourd , mais encore l'agent de l'âme. Comme agent ,
la matière a , dans l'homme , des organes ou instruments d'une perfectibilité merveilleuse ; ce sont les
doigts de la main. Aussi , paraît-il qu'à ces doigts , à
ces organes merveilleux , à ces organes qui fléchissent avec tant de souplesse, on a donné en des temps
bien reculés le nom d'*an*, le même nom qu'à l'âme , à
l'esprit. Pour les latins *animus* c'était l'*an* caché , profond , intime , ou plutôt c'était le souffle , le vent ou
succession de souffles , d'aspirations , d'inflexions.

Jetons en avant une idée qui s'éclaircira et se fécon-
dera d'elle-même. *Manus* ou *man* a signifié les doigts
repliés , fermés ; *panus* ou *pan* , c'était la main étendue. Les italiens appellent *spanna* la longueur de la
main ouverte. Cette mesure est autrement appelée
Palmo, et dans notre Midi pan , empan.

J'ai idée que , *pœna* , — châtiment , — a quelque
rapport avec la main ouverte , étendue ; le châtiment
primitif a été *alapa*, — le soufflet. — On trouve dans
Pausanias ce qui suit : « Si , en sortant de *Dromos* ,

(il décrivait la ville de Sparte), vous allez du côté de l'Orient, vous trouverez un temple dédié à Minerve, *Axiopœnas* ou Vengeresse ; on prétend que ce fut Hercule qui le fit bâtir après la terrible vengeance qu'il tira d'Hippomon et de ses fils ; et ce surnom vient de ce qu'autrefois les châtiments des hommes étaient appelés du nom de *pœné*. » Il semble que du temps de Pausanias le mot grec *poiné* n'était plus en usage dans cette acception. En provençal nous appelons *pénè*, un panaris, mal qui vient au bout des doigts.

Le Dieu Pan, c'était la nature même, la nature se produisant à la surface de la terre, c'était tout ce qu'on peut atteindre avec la main. Au lieu de *pan*, on a dit *pill* en certaines langues ; de là est venu le mot piller. Prendre vient de *pan*, — main ouverte, — de même que *penté*, — cinq, — vient des cinq doigts de la main.

La préposition *penes*, — au pouvoir de, — le nom substantif *penus*, — provisions, — *penuria*, — disette, absence de provision, provisions consommées, dissipées, viennent de *pan*, main étendue. *Penarius*, — office, dépense ; — *penas*, — logis, maison, famille, — *penetrale*, — le lieu le plus retiré d'un édifice, le verbe *penetrare* viennent également de *pan* changé en *pen*. On peut même dire que la préposition *per*, — par, — est la main étendue et non fléchie encore, l'objet qui va et ne s'est pas encore arrêté. Quand le père de famille partage le pain à ses enfants, c'est *pars*, quand ils l'ont dans la main c'est *panis*. *Par*, — égal, vient de ce partage du père de famille. Ce que je dis de *panis* pourrait s'appliquer à *pannus*. *Manus* voudrait dire l'ensemble des *ans*; *cer manus* qu'on trouve dans le plus vieux latin serait le créateur de tout ; *pan* et *pannus* annonceraient des divisions de ce tout, des appropriations de quelques parties de ce tout. *Cer manus* c'est le Dieu bon , le créateur qui absorbe en lui tous les êtres , et les répand à son gré , la source infinie d'où tous les êtres émanent.

Du reste le changement de *R* en *N* pour marquer une inclinaison ou une condescendance , une faveur est assez marqué dans le *Donum* des latins — don — qui , en grec, est *Doron* ; Pandore, c'est-à-dire toute sorte de dons.

Dans certaines langues, *gant* signifie main , c'est-à-dire , la réunion des doigts recueillis , resserrés de manière à ne pouvoir pas se plier davantage. C'est le sens affecté à *G* , sens rapproché de l'idée qu'apporte *M* placé devant *an*. On dit *morior* quand on ne peut plus se dresser , quand on ne peut plus quitter cette ligne horizontale où la vieillesse , la maladie, un accident funeste nous ont jeté , appliqué. Le verbe provençal *agantar* — prendre avec la main , — ne vient pas du gant qui couvre cette main , mais de la main même. Ce mot paraît nous être venu du Nord. Du reste , *G* recueille , absorbe , réduit à sa dernière expression , comme dans *Gracilens*, *Gracilescere* , *Gracilitas* , etc. C'est une consonne dévorante, qui absorbe, engloutit, comme un gouffre, comme la mort. Affreux , c'est l'extrême hauteur de l'*Aff* ou *K'aff* , et *Ouffre* , précédé de *G* , nous donne l'extrême profondeur où

tout s'abîme et disparaît , où tout s'engloutit. Dans ce
dernier mot , *L* est pour *R* et *T* précipite.

Nantum , nant, ce même mot qui a formé le nom
de la ville de Nantes, signifie eau courante. En Savoye
on appelle *Nant* une chute d'eau. Nous avons au pied
de la Sainte-Baume le village de Nans. *Natare* est venu
probablement de la même source que *Nantum*. Il y a
cette différence entre *Natare* et *Nare* que , dans ce
dernier , par l'absence de *T* on ne suppose point d'effort ; et c'est ce que le père Commire a fait entendre
dans ce vers si gracieux au sujet d'un papillon que le
Zéphir enlève , emporte, entraîne çà et là légèrement
et sans peine :

> Florem putares nare par liquidum æthera ;

« vous diriez d'une fleur qui nage dans les airs limpides. »

Il se peut que *N* de *Nantum* soit un débris de l'article *an*, comme dans l'espagnol *Naranja* , — orange , etc.

Du reste , on trouverait , au besoin , dans Diane,
sœur d'Apollon, sœur du Soleil , l'inclinaison *an* qui
convient au jour qui naît , qui monte, et au jour qui
décline et va mourir. La *diane* militaire n'exprime pas,
n'annonce pas autre chose.

En , — vie, fontaine , — n'est autre que *er* avec
inflexion de *R* en *N*. Une fontaine qui, sortant d'un
rocher jaillit et retombe sur la terre, est comme une
inflexion , comme la vie. Mais les fontaines du désert,
il ne peut être question , ici , que de ces fontaines-là ,

tombent en des lieux plus souhaitables que ceux où se consument nos jours. Même la dure surface des rochers, quand il s'y forme un peu de mousse, a cent fois plus de charmes que ces voies âpres et rudes où nous marchons à travers les palais de marbre, le long des promenades sablées et sous les beaux arbres qui ombragent les royales demeures. Quelles haltes heureuses n'ai-je point fait au bord des fontaines solitaires, quand surtout des myrtes et des lentisques, ces végétaux de mon pays, s'élèvent tout auprès parmi les gazons et les violettes réjouissant les yeux par la verdure si nette et si douce de leurs feuilles lustrées, sous un beau soleil d'hiver qui les dore, et répandant au sein du bocage cette odeur particulière, ces champêtres parfums qu'on respire comme un baume salutaire, parfums bien plus doux que ceux de la rose, fleur toujours agréable des parterres et des salons, mais fleur classique et depuis bien longtemps fanée en poésie, Non, ce n'est pas la rose qu'elle préférait, mais bien les myrtes et les lentisques, cette Vénus Morpho, cette Vénus un peu sauvage, qu'on représentait voilée, avec des chaînes aux pieds; car, Tyndare, à ce que disaient les Grecs, lui avait mis ces chaînes pour donner à entendre combien la fidélité des femmes envers leurs maris doit être inviolable.

Mais que signifie ce *V* de Vénus ? Il m'a paru qu'il faisait dire à ce nom si profané de Vénus, à ce nom tant affadi par les Graces et les Amours, il m'a paru qu'il lui faisait dire — éruption de vie. — Vulcain ou Volcan, c'est le même nom, signifie — éruption du feu blanc. — *Canus* s'applique plus particulièrement au feu et *candidus* à la neige. *Canus*, *canities*, c'est le partage des vieillards, des fronts que les années ont dévastés, sans y apporter toujours la sagesse, et *candidus*, c'est le lot de la jeune fille qui se mire dans le cristal des fontaines.

Pour croire que *En* est une contraction d'*Even*, d'où *Ven*, j'aurai pour garant, au besoin, l'*Eveoune*, l'Uveaune du territoire de Marseille, ainsi qu'Evenos, autrement appelé *Ebro* ou *Nebro*. *Even* aurait donné directement naissance à *Evenire*, ainsi qu'à *Venire*. Je n'ai pas besoin d'insister sur la probabilité de ces contractions ; les accidents philologiques de ce genre sont si multipliés dans le langage du peuple ! A *Even* nous ne pouvons dérober la force de bas en haut ; *Ev* est tellement identique à *Ef*, *V* se substitue si naturellement à *F*, que *vis* signifie force. Dans Evenos, *Even* désigne une fontaine qui sort du milieu des rochers volcaniques, et *Ébro* qui n'est autre qu'*avor*, *abor*, *abrar*, se rapporte au village élevé sur ces mêmes rochers, avec ses maisons bâties en pierres noires, d'où le peuple avait pris occasion de le regarder moitié par croyance, moitié par malice, comme le séjour des *masques* ou méchantes fées.

Fors, en latin, équivaut à *Sors*, parce que *F* exprime dans ce mot la volonté de sortir de l'urne où sont interrogées soit les destinées à la volonté inflexible, soit les vœux des citoyens manifestés par leurs suffrages. *Velle*, *volo*, c'est encore pousser de bas en haut, du cœur vers le ciel : telle est la force de cette volonté qui s'attaque à tout et va frappant à toutes les portes où l'espérance lui indique des fortunes à faire, des connaissances et des talents à acquérir, d'honnêtes désirs ou de fatales passions à contenter !

La fontaine qui tombe et coule en sortant d'un rocher, c'est bien *Er* devenu *En*. *En* marque l'inclinaison, la pente de l'eau. *En* se présente dans ce mot même de pente, comme dans *Pen*, montagne en pointe, et qui n'est pas taillée à pic. Rappelons-nous ce qu'on a vu de *C* prenant la place de *T*, et l'on trouvera dans Piton le diminutif de Pic.

Fenum — foin, — n'est autre que *Venum*, et *Venenum*, c'est le suc des plantes. Comme dans nos climats tempérés, les herbes vénéneuses ont le plus de suc, on a nommé *Venenum* ce suc abondant, ce suc en général laiteux. P, se transformant avec facilité en *V*, poison n'est autre que *Voison* ou foison ; or, foison c'est proprement l'abondance des herbes, du foin.

En celed, en Hébreu, veut dire *fons temporis*, *fons temporaneus*, — torrent, — selon ce que je trouve dans le bon abbé Pluche, ce docte sacristain de je ne sais plus quelle église de Paris, qui écrivait ses livres à la lumière de la lampe nuit et jour allumée devant le maître-autel. Nous observerons ici que *temps* traduit *ciel* dans ces expressions fréquemment employées « le temps est beau, le temps est sombre, » c'est-à-dire, le ciel, etc.

De *Celed* on pourrait faire dériver encore *Celer*, — vîte, léger, — et *En Celed*, sans forcer le sens, pourrait bien être aussi — fontaine de vie. Quoiqu'il en soit, il y a dans *En* une inclinaison comme dans *Senex*, — vieillard. — L'*Ex* de ce dernier mot rappelle l'*ilex*, le chêne-vert, qui, de ses rameaux, ombrage de nombreux rejettons poussant et grandissant à ses pieds, fier et superbe dans sa paternité, car il n'a pas perdu ses enfants ou du moins il n'a pas senti les coups de la cognée qui les lui enlevait. Heureux arbre !...

Les Arabes appellent une fontaine *Aïn*. Dans leur langue, une source non jaillissante est *Cheurchar*, venu de *Chourreug*, qui signifie déchirer. Le vieux mot français Sourdre, n'est pas très-eloigné de *Cheurchàr*. Sourdre signifie sortir de bas en haut, c'est le *Surgere* des latins, avec un *D* à peu-près aussi impulsif que le *T* de sortir.

Or se change en *On* comme *Er* et comme *Ar*. Des pentes rangées en tous sens autour d'un axe forment un mont, *mons*. *Fons*, c'est le nom qui est resté aux fontaines, n'est autre que *En* devenu *On*, avec *F* au lieu de *M*. *Sons*, — coupable, — voudrait dire, à mon avis, homme qui ploie sous le fardeau de ses crimes, qui suit la pente de ses crimes et marche à la punition, au supplice. Le *S* de *Sequi*, *Sequor*, donne à cette explication plus qu'une apparence de raison.

Sonare ne serait-ce pas faire retentir de ses cris la montagne *On* ? C'est dans les montagnes que la voix résonne davantage au moyen des échos et qu'on éprouve le besoin de s'appeler, de suppléer par des cris au service interrompu des yeux.

Qu'est-ce que les ondes, *undæ*, sinon de petites éléva-tions qui se forment, s'inclinent et vont se succédant à l'infini sur la surface immense des mers ? *Onus*, — charge — et *Pondus*, — poids, — me paraissent également venir de *Or* avec inflexion. *Onus* était peut-être la charge des légumes et des fruits recueillis par l'*Olitor*, tandis que *Pondus* en était le poids ; *P* marque ici la tendance en bas, comme dans *pes* — pied.

XXXVII.

Un retour sur les précédents paragraphes est nécessaire. C'est une enquête sérieuse que nous faisons ; il faut interroger à plusieurs reprises, frapper et sonder coup sur coup, visiter et revisiter. Nous avons cité le terme honorifique Sen ; d'où vient-il ? On dit qu'il procède de *Senex* ; je croix plutôt que *Senex* procéde de *Sen*, et qu'*ex*, ce radical explétif, accumulatif, marquant la charge, le poids des rameaux qui retombent et s'affaissent, rend ici le poids des années qui chargent et accablent le vieillard. *X*, avec cette idée de surabondance, de trop plein, se présente dans soucieux, orgueilleux, dédaigneux, etc. Dans *Exire* on ne voit que l'action de sortir d'un bois touffu, d'un fourré, etc., comme dans *Evadere*, on reconnaît une forte impulsion de bas en haut. Le verbe français *Evaser* rend cette impulsion visible ; car elle y est plus forte que dans *Exire*.

En Italie, on disait *Ser* et *Messer* ; en France, on a dit Sire et Messire. Au commencement du 17° siècle, on donnait aux gros bourgeois, aux riches marchands, le titre de Sire qui, maintenant, n'appartient plus qu'aux rois. En Provence et en Espagne on disait *Sen* et *Monsen*. *Ser*, n'est autre que *Sar* de l'antique Orient, dont nous avons dit quelque chose au commencement de ce livre ; c'est le *herus* des latins , le *heros* des Grecs , le *herr* des Tudesques. Un pauvre hère est un pauvre sire. Dans *Sen*, *R* a fléchi en *N*, comme dans *anac*, *Ar* a fléchi en *An*. *Anac*, c'était un prince inférieur , subalterne et non pas un roi des rois. *S* dans *Sar* est une aspiration comme *H* dans *Herus, Heros , Herr*. C'est à quoi il faut bien prendre garde. *S* de *Sequi, Sequor*, a une valeur tout autre.

Ac dans *anac* porte une idée de surveillance , de conduite , de gestion ; c'est le même *ac* qui , dans *actor*, exprime l'acte de pousser , de mener , ce qui est le fait du berger en sous ordre , du valet de berger.

Le verbe *Sancire* , — accorder, — est une expression toute royale ; c'est le souverain , en italien *Sobe-rano*, celui qui domine les autres hommes inclinés devant lui , c'est l'arbitre suprême qui s'incline à son tour pour relever un suppliant à genoux et pour lui tendre l'objet de sa demande. Les Saints. *Sancti*, sont ceux à qui le Seigneur a daigné accorder l'objet de tous leurs vœux , c'est-à-dire , son Paradis.

Me sera-t-il permis de placer ici une conjecture , une idée de hasard , sur Marquer et Manquer ? Marquer , c'est imprimer sur la toison des animaux , sur la peau des esclaves , le signe du maître. Dans Manquer , *R* a décliné , il a fui , il ne se trouve plus ce *R*, caractéristique de l'existence ; la bête ou l'esclave manque.

Ente pour Greffe est le même que *Ens* , participe présent du verbe *Esse*. Dans greffe on trouve *Eff* ou *Eve* , la force qui vient d'en bas et *Gr* qui marque , à mon sens , l'adoption , la maternité , comme dans *Gremium* , l'acte de recueillir , d'enserrer , de réunir , comme dans *Granum* , — grains ou tas de blé enser-rés , d'où grenier et grange , comme dans *Gramen* , — multiplicité de racines qui embrassent la terre et que la terre serre dans son sein.

Le français et le provençal ont également le verbe Nantir. Mais le sens n'est pas tout-à-fait le même. Le verbe français peut se décomposer de cette sorte : *En antir*, mettre en possession de cela , greffer cela , *E* a disparu , s'est effacé par l'usage , s'est usé comme de-vant d'autres mots. Le verbe provençal signifie tout simplement croître. *N* qui précède *antir* est purement euphonique. *Poou pa antir* serait trop dur ; *poou pa nantir* s'échappe plus aisément des lèvres. N'oubliez pas que *N* est une consonne liquide.

Mais qu'est-ce que *N* dans *Nudus* ? *Udus* , — mouillé, — *Nudus*, — qui n'est pas mouillé. — Ce qui n'est pas mouillé, serait-ce donc ce qui va entrer dans l'eau ou qui en sort ? Il y aurait de la pudeur dans cette expression.

Farol et *faron* signifient , en espagnol, fanal ; les feux de signaux , dans le moyen - âge , s'appelaient *farossia*. Ce n'était pas de l'île sur laquelle on l'avait élevé que le phare d'Alexandrie tirait son nom , mais bien de l'*Ara* antique , avec addition de la force de bas en haut , exprimée par *ph* , *f* ou *v*.

J'ai dit que le Pyrée d'Athènes devait son nom à *Pyr*, — feu ; au port de Phalère on pourrait bien assigner une origine semblable ; l'un et l'autre de ces ports ont dû avoir un phare.

Et *fanum*, d'où fanatique, ne vient il pas également de phár , far ? N'est-ce pas la guérite où se tenaient les observateurs , les guetteurs , appelés au moyen-âge Esgards , Aycards , Gueyrards, Gueyroards, noms de famille devenus très-communs dans nos cantons ? *Gueyre* , impératif du verbe *Gueirar* — regarder, — est encore en usage ; l'adjectif Hagard tient à cette famille. *Agachas* en languedocien veut dire regardez. Nous aurons occasion de revenir là-dessus. Cette guérite avec son toit incliné ou sa voûte a élé remplacée sur nos montagnes par des oratoires de Saint-Jean , de Saint-Cyr , de Notre-Dame de la Garde. Le fanatiquo , n'est-ce pas celui qui veille à l'observation des lois, au maintien des principes avec un zèle , une ardeur qui choque les indifférents et qui était un devoir pour ceux qui , du haut de leur montagne et dans leur guérite , voillaiont de jour et de nuit à la sûreté du pays.

Garder vient de *Ara* et garnison ausssi. Le garde était celui qui allumait le feu , qui avait soin du feu , qui *agebat* et *gerebat* , car, le sens de *G* est dans ces verbes. Nous avions une tour appelée la *Gardette* ; il y a le nom de famille *Gardet* et je crois que Gardanne a voulu dire celui qui garde les aires , les tas de blé, l'annone, *gard-anne*.

Quelle est l'origine du mot Vuide ? On a pu la pressentir dans *vacua* , *terra autem erat inanis et* VACUA.

Qand les montagnes se soulevèrent et sautèrent comme
des beliers, *sicut arietes*, et les collines comme les petits
agneaux , *sicut agni ovium* , expressions qui ne paraissent plus extravagantes à nos savants et que la géo-
logie a trouvé posées dans les livres saints comme des
pierres d'attente merveilleuses, ainsi que bien d'autres
expressions toujours mieux comprises de nos jours ,
quand donc les montagnes furent lancées en haut, les
eaux qui couvraient la terre tombèrent dans les vides,
dans les creux. Nous appelons *ouide*, en Provence ,
des canaux souterrains ou à ciel ouvert pratiqués dans
les fonds pour l'écoulement des eaux surabondantes ;
ouàde en arabe signifie rivière ; *V* est venu s'adapter à
ouidè pour former vuide , vide , comme il s'adapte à
vougne en latin *ungere* , comme il s'est adapté à *en* de
Vénus. Car, *V* non-seulement exprime l'écorce, la pel
licule de la terre sur laquelle coulent ou séjournent les
eaux , mais, il est encore la caractéristique d'une force
comme dans *lever, soulever*, etc.

Que *in* vienne de *ir* , nous en aurions au besoin une
preuve en regardant à ce qui se passe quand il rencontre *R*, comme dans irresponsable , irréfléchi. Une
observation analogue peut se faire à l'égard de *ad* ,
comme dans *quadratus* , qui est devenu carré. Ici *ad*
est redevenu *ar*. Le *mons* des Latins est resté *morro*,
en Espagne , dans les colonies françaises il est devenu
morne.

Mais *Homo* , qu'est-ce ? *Sar* ou *Har* est devenu *Hor*,
comme il est devenu *Ser* ou *Her* par changement de
voyelle, puis *Hom* par la double inflexion qui est dans

M., dans cette lettre qui caractérise *Humus*, humiliation et *Mors*. *Hom* est celui qui s'incline et se prosterne devant le *Sar* ou *Ar* ; c'est le sujet ; c'est l'*homme* des temps féodaux, celui qui devait *hommage* au seigneur. *Omnis*, tout homme venant ; *Omnes*, tous les hommes. *Nis* et *Nes* tiennent, selon toute apparence, à l'article primitif *an*, mis à la queue et non plus à la tête ; *omnes*, c'étaient tous ceux qui venaient après le *sar*, à la queue du *sar*.

Le pronom *On* n'est autre chose que *Hom* avec une inflexion simple au lieu d'être double. *On dit*, c'est-à-dire, *homme dit* ; homme en général, *Omnis*.

On est devenu *Un*, comme l'*uncia* des Latins est devenue notre once, par substitution de voyelle. *Om, on, un*, figurent l'unité, ainsi que l'ont fait *an* et *in*. Tout ce qui a vie est un dans son existence. Ainsi *an*, *en*, *in*, signifiant vie, exprimaient, par cela même, une unité, rendaient compte d'une unité. Une phrase de Montaigne nous fera mieux comprendre : « Pour moi, « dit-il, de ce que je n'en croirai pas *un*, je n'en croirais pas cent *uns*. »

Après avoir écrit sur *On* ce qui précède, j'ai voulu consulter Vaugelas et voici ce que j'ai trouvé :

« Je crois, dit Vaugelas, que ce ne sera pas une « curiosité impertinente de savoir l'étymologie de ces « deux mots *On* et l'*On* ; ils viennent, sans doute, « d'*hommes* ou de l'*homme*, comme si *on dit* voulait « dire *homme dit*, et que, l'*on dit* voulût dire l'*homme* « *dit*. Mais par succession de temps, parce qu'on en « a besoin à tout propos, on l'a abrégé et on l'a écrit

« comme on l'a prononcé. Ce qui confirme cela, ce sont
« les poètes italiens, qui se servent ordinairement
« d'*huom* pour *huomo*, avec le verbe qui commence
« par une consonne, *huom brama*, pour dire *on dési-*
« *re ; huom temo*, pour dire *on craint*. Mais, si l'on
« en veut une preuve convaincante et non pas une
« simple conjecture, c'est que les Allemands et pres-
« que toutes les nations septentrionales, expriment
« notre *on* par le même mot qui, dans leur langage,
« signifie *homme* qui est *man*. D'autres disent avec
« beaucoup moins d'apparence qu'il vient d'*omnis*. »

An, *on*, *un* peuvent se rendre par (il est, — une
chose est). *Dicitur*, — on dit, — c'est-à-dire, il est
dit, une chose est dite.

XXXVIII.

Il y aurait beaucoup à dire encore sur la lettre *N* et
sur les autres consonnes déjà plus ou moins longuement explorées. Mais je ne dois pas mettre dans l'exposé de mes idées toutes simples, dans la suite de mes
aperçus faciles à vérifier, l'acharnement de l'esprit
philosophique, la ténacité de ces hommes à systèmes
qui prétendent, par exemple, organiser le monde et
ne parviennent qu'à bâtir des châteaux en Espagne,
châteaux pleins de détours et de tromperie comme le
palais de Circé l'enchanteresse.

Je ne fais office que de pionnier, c'est le métier qui
va le mieux à ma taille et à mes forces. J'explore des
lieux incultes, j'arrache et brûle des broussailles, je
fais du jour, je détermine et plante par-ci par-là

quelqués jalons ; d'autres achèveront la route. Je livre mes idées à l'appréhension hardie et soudaine de quelques ignorants comme moi , non à la discussion des gens hérissés de savoir et d'inquiétudes d'esprit.

Ce n'est pas mon affaire de pousser par art et suggestion les idées qui me viennent à l'aventure ; si elles ont vie , elles se pousseront assez d'elles-mêmes , et en pousseront d'autres.

De tout ce qui précède , je puis extraire , toutefois, quelques données qui me paraissent n'être plus à l'état de vapeurs. D'autres y resteront quelque temps encore; mais j'espéré que ces vapeurs finiront par se condenser et se fixer. Un peu de patience et nous arriverons à quelque chose. Ce que je n'aurai point éclairci en deux fois, je l'éclaircirai en trois. Passons donc en revue les jalons sur lesquels on peut le plus compter.

R a pour caractéristique *Rus* , tout ce qu'il y a d'inculte dans la campagne, la nature et l'homme à l'état sauvage.

A *D* on peut rapporter *Dens*, ce qui divise et encore ce qui descend , ce qui déprime.

T, c'est le marteau. *D* se rapproche beaucoup de *T* ; ce qui descend obéit à une force de haut en bas , comme celle du marteau.

C ou *K* rassemble ; il touche aussi à *T*. Sa caractéristique pourait être prise dans cette expression *Coge pecus*, « tiens le troupeau réuni et pousse-le. »

S ou *C* doux est tantôt une aspiration et peut alors s'élever à tout ce qu'il y a de plus haut, *Cœlum, Sidus*; il caractérise l'effet que le verbe « suivre » exprime.

L parle aussi de hauteur ; mais de cette hauteur qui se détache toujours plus de ce qui l'entoure ; c'est la hauteur ou la longueur toujours plus mince et plus tenue. Au fond, sa caractéristique serait *Linea. Levate,* — levez-vous, — l'exprime aussi fort bien.

F et *V*, deux puissantes consonnes, expriment l'action de bas en haut. La caractéristique de *F* pourrait être *ferax* — fertile, — ou *fenum*, — toute herbe qui pousse. — La caractéristique de *V* c'est *vita*.

X, Nous avons parlé de cette lettre comme indiquant le trop plein, ce qui verse, ce qui s'épanouit de tout côté. La préposition *ex* en est la plus évidente caractéristique.

N marque la force de bas en haut déclinant, s'écartant du rayon perpendiculaire du moment même qu'elle commence à s'exercer. C'est l'angle droit qui devient de plus en plus aigu et se termine par la confusion des deux côtés de l'angle en un seul rayon de cercle.

M indiquerait un angle de plus en plus ouvert, cet angle se termine par l'addition définitive d'un des côtés à l'autre de manière à ne former plus qu'un diamètre de cercle, et non pas simplement un rayon comme *N*. Ou plutôt, et ceci va beaucoup mieux à toutes les idées que cette consonne recouvre, *M* peut être figuré par les bras en croix, par ces bras en croix de Moïse, quand il priait sur la montagne pour le salut de son peuple, par ces autres bras en croix qui, sur le Golgota, avant d'être percés de clous, s'étaient levés pour embrasser le monde, et qui l'embrassèrent, en

effet, dans les étreintes ineffables du pardon et de l'a-
mour. *Amane* en arabe signifie sauf-conduit, amnistie,
amare est l'emploi le plus heureux de ce radical *Am*
dont nous aurons bientôt à nous occuper, et dont la
caractéristique la plus heureuse peut être rapportée à
deux bras en croix, à la croix de la rédemption, au
signe vénéré des Chrétiens.

XXXIX.

Admirable rencontre que je viens de faire dans cette
course capricieuse au milieu des plus anciens éléments
de la parole ! Quand je l'ai commencée, j'étais en face
du Mont Ararath où s'arrêta l'Arche de Noë ; maintenant, au milieu de mon pèlerinage, me voilà en face
du Golgotha. Noë veut dire. — cessation. — L'inclinaison rapide, la décadence subite, la destruction
du genre humain s'arrêta dans la personne de Noë ;
le salut du monde entier fut opéré par les bras en
croix de Jésus, dont le nom veut dire Sauveur. Ces
deux noms marquent bien la différence du vieux monde
au monde nouveau ; le vieux monde représenté par
le Mont Ararath et par le Sinaï, deux points dans l'immensité, deux bornes dans l'espace, le nouveau, appelé du sommet du Golgotha pour entrer dans l'église
chrétienne, qui embrasse l'univers.

En traversant le monde politique et littéraire où je
m'arrête peu, car j'y trouve toujours plus d'embarras,
d'équivoques, d'impasses et de sujet de troubles, j'ai
entendu bourdonner certaines paroles qu'on voudrait

bien nous donner pour des inspirations prophétiques ,
et qui promettraient au Judaïsme un avenir dont certes
il fera bien de ne pas se flatter. On n'a qu'à mettre en parallèle le Sinaï et le Golgotha pour voir que
de l'un il n'est pas possible de retourner à l'autre.

« La gloire du Seigneur habita sur Sinaï, l'enve-
« loppant d'un nuage pendant six jours... La gloire du
« Seigneur était comme un feu ardent sur le sommet
« de la montagne , devant les enfants d'Israël..... Et,
« lorsque Moise descendait du Mont-Sinai , il tenait à
« la main les deux Tables du témoignage , et il igno-
« rait que sa face était rayonnante , à cause qu'il s'é-
« tait approché de Dieu... Or, Aaron et les enfants
« d'Israël voyant que sa face rayonnait ainsi , furent
« saisis de crainte et reculèrent devant lui... »

Voilà pour le Mont-Sinai et pour la loi sévère qui
y fut donnée , voici pour le Golgotha et pour l'œuvre
de miséricorde , qui , au temps annoncé par les pro-
phètes , y fut accomplie.

« Et ils vinrent en cet endroit qu'on appelle Golgo-
« tha , c'est-à-dire , lieu des crânes ou têtes de
« morts. »

Ce lieu , connu des Hébreux sous le nom de Golgotha , était par les Romains appelé *calvaria* , c'est-à-
dire , lieu où l'on fait mourir les criminels et où on les
enterre avec les instruments de leur supplice.

D'après ce qu'on a vu jusqu'ici et ce qu'on verra par
la suite , le nom de Sinai aurait désigné la montagne
qui s'est inclinée sous la gloire du Seigneur , et *calva*
ria , le ventre , le sein qui renferme la pourriture et

qui est recouvert par *C*, *calvus*, *c-alvaria*. C'est ainsi que *calix*—le calice,—contient et renferme la liqueur qu'on y a versée, que le clou, *clavus*, remplit et recouvre l'ouverture qu'il a faite, et qu'à la différence d'un volcan avec son ouverture centrale ou cratère, *cal* ou *caou*, ainsi que nous le verrons par la suite, indique un plateau, un sommet de montagne large et uni, sans cratère comme sans piton. Le calvaire était donc un plateau où l'on mettait à mort les criminels au milieu des crânes de ceux qui les avaient précédés dans ce lieu d'horreur. Crâne tient à *cal* au moyen des substitutions dont nous avons à peu près surpris le secret; *calvus*, chauve et *calvities* viennent à l'appui de ce que j'avance.

Maintenant, entre le Sinai et le Calvaire, quel intervalle! quel abîme! Il fallait la mort d'un Dieu pour le combler, cet abîme... Non, le mystère de la rédemption n'aura pas été jeté sur l'océan des siècles comme une simple goutte d'eau dans la mer!... C'est au Judaïsme à venir enfin au Calvaire, au lieu où les prophéties qu'il reconnaît lui-même ont reçu leur exécution. Le Christianisme ne peut pas plus rétrograder au Mont-Sinaï que les fleuves ne remontent à leur source. La fraternité de tous les hommes ne peut pas être absorbée par l'égoïsme judaïque. Au lieu d'attendre que les peuples vinssent à lui, le judaïsme aurait dû aller à eux, mais par la parole, non par le commerce. Comment espère-t-il prendre la place de ce que la voix des apôtres, leurs souffrances, leur courage, leur humilité, leur abnégation, leur constance iné-

branlable ont fait ? Comment la religion de la crainte
prévaudrait-elle sur la religion de l'amour ? Comment
la croix reculerait-elle devant les éclairs et les foudres
de Sinaï ? Le sang versé sur la croix n'a-t-il pas éteint
et réduit au silence ces éclairs et ces foudres ? La tête
du Christ, penchée sur son sein, n'a-t-elle pas apporté
au monde plus de consolation que la face de Moïse ?
Non, quoiqu'ils fassent à leur reveil inattendu, les sec-
tateurs de Moïse n'ont qu'à venir à nous pour se rendre
vraîment dignes de la gloire de leurs ancêtres. S'ils
veulent être grands comme leurs pères le furent, qu'ils
prennent leurs inspirations au pied de la croix, comme
ont fait tous les peuples modernes sur qui l'ombre de
quelque grandeur durable a été jetée d'en haut. Savoir
amasser des trésors n'est pas le chemin unique pour
s'asseoir au trône des destinées humaines ; il y a quelque chose de plus puissant que l'or, c'est le génie des
arts, l'esprit chrétien et les vertus qu'il inspire.

XL.

Dans la seconde partie de cet ouvrage, nous étudie-
rons les radicaux suivants de la série AER : Am, As,
Ast, At, Ax. Puis, entrant dans la série ABER, nous
nous occuperons de Ab, Af, Av, Ap, Ac, Ak, Ag,
Aj. Nous suivrons le même procédé qui nous a fait
avoir jusqu'ici d'assez heureuses rencontres.

Ainsi que dans la première partie, après avoir fait
un certain nombre de pas en avant, il m'arrivera plus
d'une fois d'en faire quelques-uns en arrière. Une ex-

ploration en ligne droite serait impossible. Pour s'enquérir, il faut aller de çà et de là, avancer et rétrograder, non par caprice mais par besoin. La bienveil-
lance du lecteur voudra bien ne pas se rebuter. D'ailleurs, n'est-ce pas la marche qu'il aura suivie lui-
même dans la lecture de cet ouvrage, allant quelquefois plus loin et plus sûrement que moi dans le champ
des inductions, comme dans celui des préparations et
des recherches ?

Nous ne devons pas avoir hâte d'arriver, mais d'aller; de clorre; mais d'ouvrir, d'ouvrir sans cesse, plus
curieux d'aspects nouveaux et de données inattendues
que pressés d'établir au milieu de conjectures continuelles et successives la résultante à laquelle il faut
s'arrêter. Notre principale besogne est de chercher,
non de juger.

Tant que la fonction d'une lettre ne me sera pas
suffisamment connue, il m'arrivera encore, comme il
m'est arrivé déjà, de la regarder simplement comme
une lettre officieuse, auxiliaire, sans dire quel office
elle rend, quel secours elle apporte ; plus tard, on
lui appliquera le stigmate qui lui convient. En attendant, ne préjugeons rien pour n'avoir rien à retrancher. Il vaut mieux ajouter sans cesse et après coup.

Je ne promets pourtant pas d'amener toujours à force
de labeurs et d'enquêtes le trait définitif, la teinte qui
achève l'image, le mot qui complète l'idée; la lumière
ne sera pas toujours et partout également vive, également nette. Mais il est des sciences qui se piquent de
régulariser les choses humaines et dans lesquelles on

rencontre des ombres plus épaisses, des lacunes plus larges qu'on n'en trouvera ici ; et ces ombres, ces lacunes des sciences les plus ambitieuses peuvent recouvrir et renfermer beaucoup de dangers et de piéges, tandis que notre œuvre, toute imparfaite qu'elle puisse être, n'en renfermera aucun, nos erreurs se sont innocentes comme nos découvertes ; nous n'aurons pas plus à nous repentir des unes que des autres.

Quant aux réflexions que j'ai cru pouvoir me permettre sur des sujets qui tiennent à ce sentiment moral effacé de plus en plus parmi nous, ou à cet art de gouverner les hommes qui depuis longtemps est en butte à toutes les divagations, à tous les brigandages de la pensée, je n'y ai pas regret ; je ne promets pas d'en faire à l'avenir de moins amères. Il faudrait n'avoir ni yeux, ni oreilles, pour rester impassible à tout ce qui se dit et se fait. Les plus profondes méditations sur les temps et les choses qui ne sont plus ne doivent pas être une absorption improductive, mais une expansion féconde ; un exercice de pure fantaisie, mais une occasion de mettre au jour tout ce qu'on croit pouvoir servir les intérêts véritables du présent.

Je ne chercherai pas non plus à me disculper d'un certain entraînement vers des questions qui, au premier abord, ne semblent être que locales ; je ne suis point classique, en politique surtout ; on a dû s'en apercevoir. Les politiques du siècle ont horreur de tout ce qui n'est pas général, de tout ce qui ne plane pas, avec leurs songeries funestes, au-dessus de la société actuelle ; moi, si j'ai horreur de quelque chose, c'est,

il faut l'avouer, de ce qui ne va point terre à terre,
de ce qu'on ne peut pas vérifier autour de soi et à peu
de lieues à la ronde. S'il arrive toutefois qu'en partant
de bien bas on monte à quelque chose d'assez élevé,
c'est un bonheur qu'assez volontiers je souhaite aux
classiques dont je parle, mais qu'on ne saurait leur
promettre ; car jusqu'ici nos faiseurs d'utopies en voulant s'élever bien haut ne sont jamais parvenus qu'à
l'infime, au niais, à la satisfaction des esprits stupides
et au dégoût de ceux qui conservent encore quelque
idée du grand et du beau, quelque germe de sagesse,
quelque portion de sens commun.

FIN DU PREMIER VOLUME.